1960

Ein guter Jahrgang

ungen · Afrika
g · Der charism
t · Der Ost-Wes
lstand für alle?
Zeit · Wissensc
· Performance
thriller · Das Jal
Frühe Erinnerun
gelernt! · Die S
dheit · Zwische
ugend · Die Flin
lschaft im Wan
nderungen · A
ändig · Der cha

Thomas Wimborn

1960
Ein guter Jahrgang

Weltbild

Inhalt

Zeit der Veränderungen 4

Historisches

Seite 5

Afrika wird unabhängig 6
Der charismatische Präsident 9
Der Ost-West-Konflikt 12
Wohlstand für alle? 15
Das Erbe der NS-Zeit 18
Wissenschaft und Technik 22
Performance, Pop und Psychothriller 24
Das Jahr der Rekorde 29

Chronik 62

Meine Geschichte

Seite 33

Frühe Erinnerungen 34
Jetzt wird gelernt! 38
Die Spiele meiner Kindheit 45
Zwischen Kindheit und Jugend 49
Die Flimmerkiste 51
Gesellschaft im Wandel 55

Über dieses Buch 64

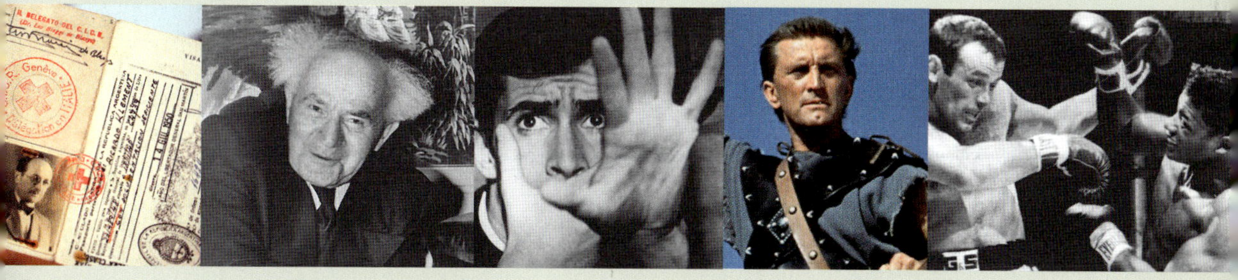

Zeit der Veränderungen

Liebe Leserin, lieber Leser
des Jahrgangs 1960,

unser Geburtsjahr hatte es in sich: Der junge, sympathische John F. Kennedy wurde zum amerikanischen Präsidenten gewählt. Durch die U-2-Spionage-Affäre verschärfte sich der Ost-West-Konflikt erneut. 17 afrikanische Staaten traten den Weg in die Unabhängigkeit an. Die Antibabypille wurde erfunden, und die ersten Lebewesen, die zwei Hunde Strelka und Belka, kehrten wohlbehalten von einem Ausflug in den Weltraum zurück. In Brasilien wurde nach den Entwürfen von Oscar Niemeyer eine neue Metropole aus dem Boden gestampft, mit der man den Traum von der »idealen« Stadt wahr machen wollte. 1960 ist außerdem das Jahr, in dem die Beatles gegründet wurden. Insgesamt kann man wohl sagen, dass sich die Welt 1960 rasant veränderte – und das eine oder andere Ereignis gab sogar Anlass zur Hoffnung.

Wenn Sie 1960 in der Bundesrepublik geboren sind, dann sind Sie wie ich einer von 968 629. So viele Kinder kamen im bis dahin geburtenstärksten Jahrgang hierzulande zur Welt. Wir wuchsen hinein in eine Zeit, als Konrad Adenauer, der »ewige Kanzler«, noch regierte, die Zeit der vielbeschworenen Vollbeschäftigung, in der händeringend nach Arbeitskräften gesucht wurde, eine Zeit boomender Wirtschaft und eines Wohlstands, der nach und nach alle gesellschaftlichen Schichten erreichte.

Doch es gab damals auch kritische Stimmen. So warnte der Soziologe Ralf Dahrendorf 1965 vor einer Stabilität, die drohe, zur Starre auszuarten. Die Spannungen zwischen den Generationen nahmen zu. Die späten 60er- und die 70er-Jahre, die Zeit unserer Kindheit und Jugend, waren unruhige Jahre, Jahre des Aufbruchs und der Rebellion. Gegen die verknöcherten gesellschaftlichen Strukturen, die rigide Sexualmoral, den Vietnamkrieg und die mangelhafte Aufarbeitung des Nationalsozialismus protestierte die Studentenbewegung der 68er. Die Gesellschaft begann sich tiefgreifend zu wandeln. Und wir wurden Zeuge dieses Wandlungsprozesses – wenn wir auch die Anfänge nicht bewusst miterlebt haben, so hat er doch unser Erwachsenwerden geprägt.

Im ersten Teil dieses Buches schildere ich die wichtigsten Ereignisse unseres Geburtsjahres. Im zweiten Teil folgt eine persönliche Rückschau auf meine Kindheit und Jugend.

Vieles wird Ihnen bekannt vorkommen, manches vielleicht weniger, doch hat dieses Buch seinen Zweck erreicht, wenn es in Ihnen Erinnerungen weckt an Ihre eigene Kindheit und Jugend in den 60ern und 70ern.

Ihr Thomas Wimborn

Historisches

Was in unserem Geburtsjahr passierte, hat die Welt beeinflusst, in der wir aufgewachsen sind. Neben den weltpolitischen Ereignissen hinterließ auch scheinbar Nebensächliches seine Spuren.

Afrika wird unabhängig

Dass 1960 als »afrikanisches Jahr« in die Geschichte einging, daran erinnert sich heute kaum mehr jemand. Und doch war es das maßgeblichste Ereignis des Jahres: Innerhalb weniger Monate wurden auf einen Schlag 17 afrikanische Staaten von den Kolonialmächten Großbritannien, Frankreich und Belgien in die Unabhängigkeit entlassen. Bis dahin hatte es auf dem »schwarzen Kontinent« nur zehn unabhängige Staaten gegeben. Was also hatte die Kolonialmächte zu diesem Schritt bewogen?

Rückzug der Europäer

Die Europäer handelten keineswegs uneigennützig, etwa weil sie zur Einsicht gekommen wären, die Kolonisation sei ethisch nicht mehr vertretbar, oder plötzlich der Meinung gewesen wären, die afrikanischen Nationen hätten ein Anrecht auf Autonomie. Die Gründe für ihre plötzliche Rückzugsbereitschaft waren vor allem finanzieller Natur. Die Verwaltung der Kolonien war zu teuer geworden. Der Zweite Weltkrieg hatte die europäischen Kolonialmächte wirtschaftlich enorm geschwächt. So fragte der bekannte französische Journalist Raymond Cartier in Bezug auf die Kosten bereits am 18. August 1956 in einem Artikel in *Paris Match,* »ob es nicht richtiger gewesen wäre, das Krankenhaus in Nevers zu bauen [...] und ob der Asphalt der Route Razel in Kamerun auf einer französischen Landstraße nicht besser am Platz wäre.«

Hinzu kam der Druck durch die nationalen Befreiungsbewegungen Afrikas, der zu groß geworden war – die Menschen in den Kolonien hatten begonnen, sich zur Wehr zu setzen. Vor allem der lange und blutige Algerienkrieg (1954–1962) der Franzosen gegen die nationale Befreiungsfront (FLN) hatte zum Umdenken geführt – Algerien ist das einzige afrikanische Land, in dem die Unabhängigkeit gewaltsam erkämpft wurde. In Europa mehrten sich die kritischen Stimmen, die dazu aufriefen, das Verhältnis zu den Kolonien zu überdenken.

Politischer Neubeginn?

Der Übergang der 17 afrikanischen Staaten – darunter waren allein 14 Kolonien Frankreichs – in die Unabhängigkeit vollzog sich weitgehend gewaltfrei, unter Einsatz von politischen Mitteln wie Parteiorganisation und Wahlen, die aus den demokratischen Systemen der Mutterländer übernommen wurden.

Chaotisch verlief der Übergang einzig im früheren Belgisch-Kongo in Zentralafrika. Unmittelbar nach den Gründungsfeierlichkeiten brach ein blutiger Bürgerkrieg aus. Der zum

Wenige Monate nach ihrer Gründung wird die Republik Kongo durch einen Militärputsch zerschlagen. Im Dezember 1960 wird der gewählte Präsident Patrice Lumumba (vorn, 2. v. li.) auf Befehl von General Mobutu festgenommen. Die Nacht der Diktatur senkt sich über das Land.

Ministerpräsident gewählte Sozialist Patrice Lumumba wurde gestürzt und später ermordet. Zum Verhängnis wurde den Kongolesen, dass Belgien die Macht – und vor allem die Reichtümer des Landes – nicht wirklich aus den Händen geben wollte und daher keine echte Stabilität in der Region wünschte. Von den USA konnte der gewählte Präsident aufgrund der Blockkonfrontation des Kalten Kriegs keine Unterstützung erwarten. Der Oberbefehlshaber des Heeres, Joseph-Désiré Mobutu, richtete wenige Jahre später eine der grausamsten und langlebigsten Militärdiktaturen Afrikas in dem Land ein, das unter seiner Regierung Zaire hieß.

Doch auch die anderen ehemaligen Kolonien waren nach der Unabhängigkeit weiterhin eng an ihre »Mutterländer«, die sich auch in Zukunft wirtschaftlichen Nutzen erhofften, gebunden. Sie verblieben in der französischen Staatengemeinschaft Communauté bzw. im britischen Commonwealth.

Das Ende der Kolonialherrschaft in Afrika

Das Zeitalter der Kolonien in Afrika war aber noch lange nicht abgeschlossen. In Algerien brachte erst das Jahr 1962 das Ende der 132 Jahre dauernden französischen Kolonialherrschaft. Der Algerienkrieg forderte mehrere Hunderttausend Tote. 1960 hatten prominente französische Linksintellektuelle, unter ihnen Jean-Paul Sartre, ein aufsehenerregendes Manifest gegen die Algerienpolitik der französischen Regierung veröffentlicht. Sartre war schon früh zu einem Symbol des Widerstands geworden: Bereits in den 50er-Jahren hatte er auf öffentlichen Versammlungen und in seinen Publikationen die koloniale Tyrannei und Ausbeutung gegeißelt.

Die Regierung in Portugal sträubte sich besonders lange, ihre afrikanischen Kolonien aufzugeben. Erst nach einem Militärputsch im eigenen Land, der 1974 die 41 Jahre währende Diktatur beendete und die Demokratisierung vorantrieb, zog sich Portugal aus seinen Kolonien Mosambik und Angola zurück.

Andere Länder mussten noch länger warten: Namibia und Eritrea erlangten ihre Unabhängigkeit erst in den 1990ern. Heute ist Afrika bis auf die Insel Réunion, die auf Wunsch ihrer Bevölkerung unter französischer Verwaltung blieb, und die autonomen spanischen Exklaven Ceuta und Melilla in Marokko ein von kolonialer Herrschaft befreiter Kontinent. Doch an den Folgen der Kolonialisierung des 19. und 20. Jahrhunderts leidet Afrika bis heute. Neben den gravierenden wirtschaftlichen Problemen sind die katastrophalen Auswirkungen der Grenzziehungen der Kolonialmächte, die ohne Rücksicht auf die geschichtlich gewachsenen Gebiete erfolgten, bis heute spürbar.

1960: Das afrikanische Jahr

Ehemalige Kolonie	Unabhängigkeitstag	Früheres »Mutterland«
Kamerun	1. Januar	Frankreich
Togo	27. April	Frankreich
Madagaskar	26. Juni	Frankreich
Belgisch-Kongo (zwischenzeitlich Zaire, heute Demokratische Republik Kongo)	30. Juni	Belgien
Somalia	1. Juli	Großbritannien, Italien
Dahomey (heute Benin)	1. August	Frankreich
Niger	3. August	Frankreich
Obervolta (heute Burkina Faso)	5. August	Frankreich
Elfenbeinküste	7. August	Frankreich
Tschad	11. August	Frankreich
Zentralafrikanische Republik	13. August	Frankreich
Französisch-Kongo (heute Republik Kongo)	15. August	Frankreich
Gabun	17. August	Frankreich
Senegal	20. August	Frankreich
Mali	22. September	Frankreich
Nigeria	1. Oktober	Großbritannien
Mauretanien	28. November	Frankreich

Der charismatische Präsident

Knappe Wahlausgänge wie den bei der US-Präsidentschaftswahl von Al Gore gegen George W. Bush im Jahre 2000 gab es auch schon früher. Am 8. November 1960 gewann der demokratische Senator John F. Kennedy mit nur 113 000 Stimmen Vorsprung vor seinem republikanischen Gegenkandidaten Richard M. Nixon. Mit 43 Jahren wurde Kennedy jüngster Präsident in der Geschichte der Vereinigten Staaten von Amerika und löste den bis dahin ältesten, Dwight D. Eisenhower, ab. Dabei war seine Nominierung auch innerhalb der demokratischen Partei lange umstritten; dagegen sprachen sein »jugendliches« Alter, seine fehlende Regierungserfahrung sowie seine katholische Konfession, die Kritiker eine unzureichende Trennung von Kirche und Staat befürchten ließ. Dass Kennedy trotz dieser Einwände Erfolg hatte, ist nicht nur auf sein oft beschworenes Charisma zurückzuführen.

Dass John F. Kennedy auch noch die elegante Jacqueline an seiner Seite hatte, trug zu seinem Wahlerfolg bei.

Familienbande

Der 1917 in Boston als zweites von neun Kindern geborene John (»Jack«) F. Kennedy entstammte einer angesehenen und einflussreichen irischen Einwandererfamilie. Sein Vater, Joseph Kennedy, ein ehrgeiziger Banker und späterer Botschafter in England, war bereits mit 35 Jahren mehrfacher Millionär. Er wurde zum Begründer des Kennedy-Clans. Unbedingten Siegeswillen verlangte der Patriarch der Familie auch von seinen Söhnen, denen er zielstrebig den Weg in die große Politik ebnete. Der kränkliche Jack wurde dank der guten Beziehungen seines Vaters trotz Untauglichkeit in die Armee aufgenommen und kehrte als Held aus dem Zweiten Weltkrieg zurück. Nach 1945 arbeitete er zunächst als Journalist, bevor ihn sein Vater – John F. Kennedy war gerade 29 Jahre alt – zum Kongressabgeordneten aufbaute. Damit nahm er den Platz seines 1944 bei einem Fliegereinsatz getöteten Bruders Joseph jr. ein, für den die

Familie eine politische Karriere vorgesehen hatte. Auch John F. Kennedys darauffolgende Senatskandidatur wurde vom Familienclan professionell und akribisch vorbereitet. Sein acht Jahre jüngerer Bruder Robert war, wie auch später beim Präsidentschaftswahlkampf, sein Chefmanager. Vater Joseph half mit seinen persönlichen Beziehungen und finanziellen Ressourcen. Bereits bei diesen Wahlkämpfen zeigte sich, dass John F. Kennedy mit seiner jugendlichen Frische und seinem Optimismus die Massen begeistern konnte. Der Schriftsteller Norman Mailer schrieb später über seinen Eindruck von dem Kandidaten beim Nominierungsparteitag im Juni 1960: »Man sah ihn sofort [...]. In einem Moment schien er älter als die Wirklichkeit [...], fünf Minuten später [...] hatte seine Erscheinung eine Metamorphose durchlaufen, er sah wieder wie ein Filmstar aus, seine Gesichtsfarbe kräftig, sein Stil großartig, seine Gesten ausgeprägt und schnell, voll von geballter Vitalität.«

Kennedy war gebildet, kulturell interessiert und hatte Charisma wie kein anderer Politiker. Und das wusste sein Wahlkampfteam durch entsprechende Werbekampagnen und Aktionen effektiv zu nutzen. Im Gegenzug musste er seine zahlreichen Gebrechen – seit seiner Jugend litt er an mehreren Krankheiten, die ihm starke Beschwerden verursachten – vor den Augen der Öffentlichkeit verbergen.

Der demokratische Präsidentschaftskandidat John F. Kennedy begeisterte nicht nur über die Medien, sondern auch bei seinen Wahlkampfauftritten die Massen. Hier spricht er im Oktober 1960 vor einer Versammlung von Textilarbeitern in Manhattan.

Kennedy forever

Wer heute den Namen Kennedy hört, denkt neben der gescheiterten Invasion in der Schweinebucht auf Kuba und der Kubakrise 1962, als die Welt für kurze Zeit am Rande eines Atomkriegs stand, vor allem an seine berühmte Berliner Rede von 1963: »Alle freien Menschen, wo immer sie leben mögen, sind Bürger Berlins, und deshalb bin ich als freier Mann stolz darauf, sagen zu können: Ich bin ein Berliner«. Die unglaublich positive Ausstrahlung dieses Politikers ist bis heute unvergessen. Endgültig zum Mythos wurde JFK durch die bis heute nicht ganz aufgeklärte Ermordung in Dallas nach nur 1036 Tagen Amtszeit: Am 22. November 1963 wurde er während einer Wahlkampfreise Opfer eines Attentats.

Geschichten über seinen Familienclan sind nach wie vor eines der beliebtesten Themen in der Boulevardpresse.

Der Weg zum Ruhm

Auch in Intellektuellenkreisen genoss Kennedy zunehmende Popularität, spätestens mit seinem 1956 erschienenen Buch *Zivilcourage,* das noch heute in den Bücherregalen unserer Eltern steht. Das Werk wurde nicht nur ein Bestseller, Kennedy erhielt dafür auch den Pulitzerpreis. Obwohl seine Autorschaft vielfach angezweifelt wurde, konnte er den Rückenwind nutzen und bewarb sich 1956 für das Vizepräsidentenamt. Doch bei diesem Anlauf scheiterte er noch. Anders war es 1960: Das Wahlkampfteam um John F. Kennedy, dem zwei Brüder und zwei Schwäger Jacks angehörten, schaffte es, Vorbehalte wegen seiner fehlenden Regierungserfahrung, seiner katholische Konfession und seines jugendlichen Alters zu zerstreuen. Es war der erste große Medienwahlkampf, in dem auch die Inszenierung eines glücklichen Privatlebens nicht fehlte – mit Jacqueline Bouvier hatte John F. Kennedy die perfekte First Lady an seiner Seite. Frank Sinatra steuerte eine veränderte Version seines Hits *High Hopes* als Wahlkampfsong bei. Drei Schwestern Jacks warben in einer wöchentlichen Fernsehsendung *(Kaffee mit den Kennedys)* für ihren Bruder. Die Medientauglichkeit Kennedys wurde ausschlaggebend für den knappen Sieg im Präsidentschaftswahlkampf. Rückblickend erscheinen gerade die live gesendeten Fernsehdebatten mit seinem Kontrahenten Richard Nixon als wahlentscheidend – 70 Millionen Amerikaner sahen zu. Der souverän und abgeklärt auftretende John F. Kennedy ließ den nur vier Jahre älteren Nixon, amtierender Vizepräsident unter Dwight D. Eisenhower, schlecht aussehen.

Das Familienprojekt »Kennedy for President« war von Erfolg gekrönt. Anfang 1961 trat John F. Kennedy sein Amt an.

Der Ost-West-Konflikt

Die Amtszeit John F. Kennedys war im Wesentlichen geprägt von der Außenpolitik, und das hieß: vom Kalten Krieg, der auch in den 60er-Jahren andauerte. Kennedys Gegenspieler auf sowjetischer Seite war Nikita S. Chruschtschow. Auch der russische Staatschef galt ungeachtet seiner impulsiven Art zu Anfang manchem als Hoffnungsträger: Unter seiner Regierung war eine Tauwetterperiode angebrochen. Vorübergehend schien eine »friedliche Koexistenz« der konkurrierenden Systeme möglich, auch wenn Chruschtschow fest an die Überlegenheit des Kommunismus glaubte. Vom Wechsel in der amerikanischen Führung erwartete sich Chruschtschow viel: In einem veröffentlichten Telegramm an John F. Kennedy zeigte er sich überzeugt, dass sich das angespannte Ost-West-Verhältnis unter dem neuen US-Präsidenten deutlich verbessern würde und alle diesbezüglichen Probleme gelöst werden könnten.

In einer sowjetischen Karikatur steht das Pentagon am Pranger, nachdem die russische Luftwaffe ein US-Spionageflugzeug abgefangen hat.

Die U-2-Affäre

Spannungen gab es mehr als genug. Am 1. Mai 1960 war über der Sowjetunion ein amerikanisches Aufklärungsflugzeug vom Typ Lockheed U-2 abgeschossen worden. Der Pilot, ein Oberleutnant der US-Luftwaffe, konnte rechtzeitig den Fallschirm lösen, überlebte leicht verletzt und wurde von den Sowjets gefangen genommen. In einem spektakulären öffentlichen Prozess wurde der Angeklagte wegen Spionage zu einer zehnjährigen Freiheitsstrafe verurteilt. Die Beweise waren eindeutig, und den Amerikanern blieb nichts anderes übrig, als nach anfänglichem Leugnen einzugestehen, dass sie seit mehreren Jahren in den sowjetischen Luftraum eindrangen, um Raketenstandorte und Militäranlagen zu beobachten. Eisenhower, zu diesem Zeitpunkt noch US-Präsident, begründete das Vorgehen mit nationalen Sicherheitsinteressen und dem »Schutz der freien Welt«. Der sowjetische Ministerpräsident verlangte eine Entschuldigung, die ihm Eisenhower verweigerte. Daraufhin ließ Chruschtschow die anberaumte Gipfelkonferenz der vier Großmächte in Paris platzen, von der sich die Weltöffentlichkeit einen Schritt zur Beendigung des Kalten Krieges erwartet hatte. Chruschtschows wütende Reaktionen, die er in spektakulären Auftritten publikumswirksam inszenierte, sorgten weltweit für Schlagzeilen und schürten die Furcht vor einem neuen Weltkrieg. Ein Bild des aufbrausenden sowjetischen Staatschefs, der seine bäuerliche Herkunft wie ein Markenzeichen vor sich hertrug, ist besonders in Erinnerung geblieben: Auf der 15. Vollversammlung der Vereinten Nationen zog er seinen rechten Schuh aus und soll damit wütend auf den Tisch gehämmert haben, um damit zu unterstreichen, dass er die Kritik des britischen Premiers Harold Macmillan an dem jugoslawischen Staatschef Tito für unangebracht hielt.

Noch wirkt er friedlich: Chruschtschow (links oben) mit dem berühmten Schuh auf einer UN-Sitzung am 12. Oktober 1960.

Mitten in der Krise: Berlin

1960 befinden wir uns mitten in der seit 1958 andauernden Berlinkrise. Seit mehreren Jahren schon war die militärische Anwesenheit der Westmächte in Westberlin den Sowjets ein Dorn im Auge. 1958 hatte Chruschtschow in diesem Zusammenhang von einer »glimmenden Zündschnur« gesprochen und gefordert, die Stadt in eine entmilitarisierte Zone umzuwandeln, was die Westmächte energisch zurückwiesen. Zum Problem wurde, dass Berlin als Enklave des Westens in der DDR auf diese politisch und wirtschaftlich destabilisierend wirkte. Der sozialistische Bruderstaat war nicht in der besten Verfassung. Täglich verließen mehr unzufriedene Intellektuelle, Mediziner und andere Fachkräfte über Westberlin die DDR, um in Westdeutschland

Nur von Westberlin aus ist zwei Wochen nach Beginn des Mauerbaus im August 1961 noch der freie Zugang zum Grenzstreifen möglich.

Die Teilung Deutschlands

Nach der Verschärfung des Ost-West-Konfliktes kam das folgenschwere Jahr 1961. Die Vereinigten Staaten unter dem neuen Präsidenten John F. Kennedy ließen keinen Zweifel daran, Westberlin halten zu wollen, und sei es auf Kosten eines Krieges. Doch die Betonung lag auf *West*berlin. Das wurde von der Bevölkerung in Ost- und Westdeutschland gleichermaßen besorgt registriert. Die Zahl der DDR-Auswanderer erhöhte sich auf 20 000 pro Woche. Das Weitere ist bekannt: Während der ostdeutsche Partei- und Regierungschef Walter Ulbricht am 15. Juni 1961 verkündete: »Niemand hat die Absicht, eine Mauer zu errichten!«, waren die Planungen bereits in vollem Gange. Am 13. August 1961 wurden sämtliche Verkehrsverbindungen zwischen den beiden Stadtteilen unterbrochen; kurz darauf wurde mit dem Bau der Mauer begonnen. 28 lange Jahre war sie schmerzhaftes Symbol der Teilung Deutschlands.

zu leben. Die DDR-Führung drängte auf eine Lösung. In Westberlin forderten auf einer Großdemonstration am 1. Mai 750 000 Teilnehmer Freiheit und Selbstbestimmung für beide Teile der Stadt. Der regierende Bürgermeister Willy Brandt (SPD) bekräftigte: »Wir sind entschlossen, Herr im eigenen Haus zu bleiben.«

Doch nachdem der Ost-West-Konflikt durch die U-2-Affäre neu angefacht wurde, sah Chruschtschow eine Gelegenheit, auch den Status Berlins erneut infrage zu stellen. Chruschtschow forderte nun offen den Rückzug der Alliierten aus Berlin. Am 18. Mai 1960 sagte er auf einer Pressekonferenz nach dem gescheiterten Pariser Gipfel: »Berlin (West) liegt in der Mitte der DDR, eines sozialistischen Landes, und Berlin (West) ist kapitalistisch. Die beiden Systeme bilden einen Gegensatz, und das bedeutet die dauernde Gefahr eines Konflikts.« Das konnte man durchaus als Drohung verstehen.

Die DDR schottete sich schrittweise weiter ab: Am 8. September wurde der Reiseverkehr zwischen West- und Ostberlin beschränkt. Die BRD legte daraufhin die gemeinsamen Handelsbeziehungen vorübergehend auf Eis.

Wohlstand für alle?

In der DDR wurde 1960 die Zwangskollektivierung in der Landwirtschaft abgeschlossen. In der BRD schien währenddessen die Verheißung von Wirtschaftsminister Ludwig Erhard wahr zu werden: »Wohlstand für alle«. Es war das erste Jahr der Vollbeschäftigung.

Arbeitslose Ämter

Davon können wir heute nur träumen. Der Konjunkturaufschwung der späten 50er-Jahre führte 1960 in Westdeutschland zu Vollbeschäftigung – und zu einem eklatanten Arbeitskräftemangel, insbesondere in der Bau-, Metall- und Textilindustrie. Die Zahl der Arbeitslosen war aufgrund der stark expandierenden deutschen Wirtschaft seit 1955 stetig gesunken. Im Mai 1960 waren offiziell nur noch 153 161 Menschen ohne Arbeit, das entsprach etwa einem Prozent der erwerbstätigen Bevölkerung. Und es gab mehr als doppelt so viele offene Stellen. Das wirkte sich positiv auf Jugendarbeitsschutz und Lohnentwicklung aus, gab aber auch Anlass zur Sorge. Die *Frankfurter Allgemeine Zeitung* schrieb: »Die Anspannung in manchen Wirtschaftsbereichen hat ein ungewöhnliches Ausmaß erreicht. Aufträge müssen abgelehnt werden, die Lieferfristen werden länger, die Preise kommen wieder ins Gespräch.«

Westdeutschland hatte in diesen Zeiten die geringste Arbeitslosenquote der Welt. Nur den Arbeitsämtern ging die Arbeit aus: Auf fünf Erwerbslose kam ein Angestellter des Arbeitsamtes.

Gastarbeiter

Um das Problem zu lösen und die Produktion aufrechtzuerhalten, sah sich das Außenministerium gezwungen, in anderen europäischen Ländern um Arbeitskräfte zu werben. Das Arbeitsamt eröffnete in Verona und Neapel zwei Dependancen, über die allein in den Jahren 1959 und 1960 insgesamt 90 000 Arbeiter verpflichtet wur-

Lässt die Vollbeschäftigung Preise und Löhne steigen? Wirtschaftsminister Erhard (rechts) und DGB-Vorsitzender Richter im Gespräch.

den, meist für arbeitsintensive, geringqualifizierte Tätigkeiten. Doch der Arbeitskräftebedarf war noch lange nicht gedeckt. Weitere Anwerbeverträge wurden 1960 mit Spanien und Griechenland geschlossen, in den folgenden Jahren dann auch mit der Türkei, Portugal und Jugoslawien. 1964 wurde der einmillionste Gastarbeiter, ein Portugiese, in der Bundesrepublik begrüßt.

In der DDR schloss man ab Mitte der 60er-Jahre ebenfalls Abkommen mit dem Ausland – vor allem mit Vietnam, Mosambik, Angola, Kuba, Polen –, um durch die »Vertragsarbeiter« die Abwanderung auszugleichen.

40 Stunden sind genug

Man glaubt es kaum: 1960 betrug die durchschnittliche Arbeitszeit eines Industriearbeiters noch etwa 46 Stunden pro Woche. 1956 lag sie sogar bei 48 Wochenstunden, sodass Gewerkschaftler der IG Metall unter dem Slogan »Samstags gehört Vati mir« die Einführung der 5-Tage-Woche mit einer Arbeitszeit von 40 Stunden forderten. In anderen Nationen wie z. B. den USA war dies bereits seit 1940 Standard. Doch angesichts des Arbeitskräftemangels mahnte Bundeswirtschaftsminister Ludwig Erhard, der »Vater des Wirtschaftswunders«, man solle

Der erste Winter in Deutschland: Griechische Männer, die sich im Ruhrgebiet als Bergleute verdingt haben, treffen im November 1960 in der Bergbauleitstelle Essen-Heisingen ein. Sie wurden angeworben, um dem Arbeitskräftemangel in der BRD entgegenzuwirken.

lieber eine Stunde mehr als weniger arbeiten. Erst im Juli 1960 fand das Anliegen der Arbeiter Gehör. IG Metall und Arbeitgeber einigten sich auf die schrittweise Einführung der 40-Stunden-Woche bei vollem Lohnausgleich: 1962 sollte die Arbeitszeit auf 42,5, im Jahr 1964 auf 41,25 und 1965 dann auf 40 Stunden gesenkt werden. Die Menschen hatten also bald mehr Zeit, um den allgemeinen Wohlstand auch zu genießen. Das veränderte auch die Einstellung zur Arbeit: Anders als in der direkten Nachkriegszeit wurde das Leben nicht mehr so sehr von der Arbeit bestimmt. Freizeit wurde zu einem wesentlichen Wirtschaftsfaktor.

Mit Zwang vom Ich zum Wir

In der DDR änderte sich 1960 die Arbeitswelt der Bauern tiefgreifend. Am 14. April 1960 wurde die Kollektivierung der ostdeutschen Landwirtschaft für abgeschlossen erklärt. 84 Prozent der landwirtschaftlich genutzten Fläche der DDR wurden nun von Landwirtschaftlichen Produktionsgenossenschaften (LPGs) bestellt. In den über 19 000 Genossenschaften waren fast 400 000 Landwirte organisiert.

Begonnen hatte es mit dem Parteitag der SED im Juli 1952: Die Landwirte wurden aufgefordert, sich zu LPGs zusammenzuschließen. Vorbild waren die sowjetischen Kolchosen. An die Stelle der Einzelgehöfte traten fabrikähnliche Großbetriebe, die auf Ackerbau oder Tierhaltung spezialisiert waren. Ehemals selbstständige Bauern wurden zu Lohnarbeitern.

Ab 1960 hieß Landwirtschaft in der DDR: Arbeiten im Kollektiv. Erntehelfer bei einer LPG in Brandenburg.

Ende 1952 gab es bereits 2000 LPGs mit 37 000 Mitgliedern. Erfolgte der Beitritt anfangs noch auf freiwilliger Basis, wurde ab 1958 Druck auf sich widersetzende Bauern ausgeübt, der nach der Einführung der LPG-Pflicht 1959 massiv stieg. Die Bauern, die ihre Selbstständigkeit nicht aufgeben wollten, waren einem permanenten Überredungsterror vonseiten der Funktionäre ausgesetzt. In der Presse wurden die Abtrünnigen als »Feinde des Arbeiter- und Bauernstaates« gebrandmarkt. Ihnen drohten Sanktionen und Haftstrafen. Zahlreiche Landwirte entzogen sich der Zwangskollektivierung durch Flucht in die Bundesrepublik. Propagandistisch wurde die Kollektivierung, deren Ziel eine Steigerung der Produktion durch erhöhte Mechanisierung war, als »Bauernbefreiung« und als »Schritt vom Ich zum Wir« verkauft.

Das Erbe der NS-Zeit

Die Deutschen taten sich weiterhin schwer mit dem historischen Erbe aus dem Nationalsozialismus. Als sich 1960 mit Israels Premierminister Ben Gurion und dem deutschen Bundeskanzler Konrad Adenauer die Regierungschefs beider Staaten zum ersten Mal trafen, reagierte die Weltöffentlichkeit überrascht. Nur wenige Monate zuvor war es in Deutschland zu antisemitischen Ausschreitungen gekommen. Das hatte weltweit – insbesondere in Israel – große Besorgnis ausgelöst und in Deutschland eine Debatte um die versäumte Aufarbeitung angestoßen.

Ebenfalls im Jahr 1960 landete der israelische Geheimdienst einen großen Coup, als er Adolf Eichmann, den Organisator der nationalsozialistischen Massenmorde, in Argentinien dingfest machte.

Vertriebenenminister Theodor Oberländer (links) am Tag seines Rücktritts mit dem CDU/CSU-Fraktionsvorsitzenden Heinrich Krone.

Die »Sudelwelle«

Ab Weihnachten 1959 war es in der Bundesrepublik zu einer Serie antisemitischer »Vorfälle« gekommen, die bis in den Februar 1960 andauerten. Begonnen hatte die sogenannte »Sudelwelle« in Köln, wo die Synagoge und ein Denkmal für die Opfer des Nationalsozialismus mit Hakenkreuzen beschmiert worden waren. Man fürchtete schlechte Presse, zumal Vertreter der Opfergruppen und das Ausland begannen, von der Bundesrepublik Deutschland konkrete Maßnahmen zu fordern, die von der Aufklärung der Vorfälle bis hin zu der Entfernung von belasteten Personen aus öffentlichen Ämtern reichten.

»Die Vorstellung, ein dem totalitären Regime über ein Jahrzehnt erlegenes Volk könne sich das Zwangsgewand […] einfach vom Leibe reißen und damit die nächste Generation vor dem Einfluß der Erwachsenen, der Eltern wie der Erzieher bewahren, bleibt absurd«, hieß es in der *Frankfurter Allgemeinen Zeitung* unter dem Hinweis auf die versäumte Aufarbeitung der NS-Zeit. In der Presse und im Bundestag entbrannte eine Diskussion um die unbewältigte Vergangenheit.

Unter dem Namen Ricardo Klement lebte der ehemalige SS-Obersturmbannführer Adolf Eichmann, der Organisator der Deportationen in die Konzentrationslager, bis 1960 unbehelligt in Argentinien. Als angeblich Staatenloser war er 1950 mit einem falschen Pass des Roten Kreuzes eingereist.

Die Debatte wurde sehr kontrovers geführt. Selbst in Regierungskreisen hielt sich die These, es hätte gar keine antisemitischen Tendenzen gegeben, sondern es habe sich um eine von der DDR gesteuerte Aktion gehandelt, durch die die BRD während der Berlin-Krise diffamiert werden sollte. Doch in der DDR tauchten ab 1960 ebenfalls vermehrt judenfeindliche Schmierereien auf: Für das Jahr 1960 registrierte das Innenministerium der DDR entgegen der staatsoffiziellen Bekenntnisse zum Antifaschismus insgesamt fast 600 Fälle antisemitischer Hetze.

Trotz aller Widerstände brachte die »Sudelwelle« Bewegung in die Auseinandersetzung mit der historischen Erblast. Die Kultusminister der Länder beschlossen, die NS-Zeit stärker im Schulunterricht zu berücksichtigen und änderten die Lehrpläne dahingehend. Vertriebenenminister Theodor Oberländer (CDU) sah sich im Mai 1960 aufgrund seiner NS-Vergangenheit zum Rücktritt gezwungen – ein Schritt, den Bundeskanzler Adenauer ungeachtet der öffentlichen Meinung nicht guthieß.

Ein Massenmörder wird gefasst

Ein langer Arbeitstag war zu Ende. Der Mann, der sich Ricardo Klement nannte, war gerade auf dem Nachhauseweg. Seelenruhig stand er an der Bushaltestelle. Da schnappte die Falle zu. Drei Männer zerrten ihn in ein Auto und fuhren davon.

Die drei Männer gehörten dem israelischen Geheimdienst Mossad an. Der Entführte war Adolf Eichmann, ehemaliger SS-Obersturmbannführer und Organisator der sogenannten »Endlösung« und damit der Hauptverantwortliche für die Ermordung von etwa sechs Millionen Menschen. Die Agenten brachten Eichmann aus

Der NS-Verbrecher Adolf Eichmann (stehend, ganz links) während des ersten Prozesstages am 11. April 1961 vor dem Jerusalemer Bezirksgericht. Er war während der Verhandlung in einem schusssicheren Glaskasten untergebracht, um ihn vor Anschlägen zu schützen.

Argentinien, wo er seit 1950 unter falschem Namen gelebt hatte, in einer Sondermaschine nach Israel. Dort wurde ihm nach längerem Gefängnisaufenthalt der Prozess gemacht. Am 15. Dezember 1961, anderthalb Jahre nach seiner Ergreifung, wurde er zum Tod durch den Strang verurteilt und am 31. Mai 1962 hingerichtet. Um zu verhindern, dass Eichmanns Grab zur Pilgerstätte von Neonazis wird, verstreute man seine Asche im Meer.

Sowohl Argentinien als auch Deutschland hätten aufgrund der Entführung das Recht gehabt, Eichmanns Auslieferung zu fordern, doch zumindest die BRD zeigte kein Interesse daran.

Der 1906 in Solingen geborene Adolf Eichmann war im österreichischen Linz aufgewachsen, hatte die Schule ohne Abschluss verlassen und trat bereits 1932 der NSDAP und der SS bei. Er begann als Hilfskraft im Berliner Hauptamt des Sicherheitsdienstes der SS, wo er aufgrund seiner Disziplin und Skrupellosigkeit rasch Karriere machte. 1939 wurde er zum Chef der »Reichszentrale für jüdische Auswanderung« im Reichssicherheitshauptamt unter Reinhard Heydrich und war fortan zunächst verantwortlich für die Zwangsaussiedlung der Juden. Ab 1941 war Eichmann zuständig für die möglichst effiziente Organisation der Deportation von Juden aus Deutschland und den besetzten europäischen Ländern in Ghettos und Konzentrationslager und schließlich in die Vernichtungslager. Nach dem Ende des Zweiten Weltkrieges flüchtete er aus einem amerikanischen Internierungslager und lebte mehrere Jahre unerkannt und mit falschen Papieren in Deutschland. 1950 setzte er sich über Italien nach Argentinien ab, wo er seitdem als Ricardo Klement lebte und bei Daimler Benz arbeitete.

Der Schreibtischtäter

Während seines Prozesses gab Eichmann zwar zu, die Deportationen mitverantwortet zu haben, und er gestand auch ein, dass die Morde ein schweres Verbrechen waren, doch sich selbst hielt er im juristischen Sinne für unschuldig, da er nur Befehle seiner Vorgesetzten befolgt hätte: »Ich saß hinter meinem Schreibtisch und machte meine Sachen [...]. Ich habe gehorcht. Egal, was man mir befohlen hätte, ich hätte gehorcht [...]. Ich kam aus meiner Haut nicht heraus.«

Die Publizistin Hannah Arendt prägte angesichts dieses unscheinbar auftretenden Menschen, der nur seine »Pflicht« getan haben wollte, den oft zitierten Begriff von der »Banalität des Bösen«. Doch dass Adolf Eichmann mehr als der gehorsame Befehlsempfänger und Schreibtischtäter gewesen sein muss, als den er so sich gerne darstellte, belegen nicht nur seine Position und seine Entscheidungsbefugnisse, die eher einer leitenden Funktionärs- als einer einfachen Beamtentätigkeit entsprachen. Aussagen wie die seines Kollegen Rudolf Höß, des Kommandanten des KZ Auschwitz, dokumentieren seine nationalsozialistische Überzeugung, eine ausgeprägte antisemitische Haltung und ein hohes Maß an Eigeninitiative bei der Realisierung der Massenmorde.

Annäherung zwischen Israel und Deutschland

Am 14. März 1960 kam es in New York zu einem 90-minütigen Gespräch zwischen dem israelischen Regierungschef Ben Gurion und dem deutschen Bundeskanzler Konrad Adenauer.

Adenauer nutzte diese erste Begegnung mit Ben Gurion, um die Verantwortung der Deutschen für den nationalsozialistischen Völkermord einzugestehen und die sich daraus ergebende moralische Verpflichtung zu betonen. Er sagte Ben Gurion, der fest an ein neues, demokratisches Deutschland glaubte, weitere Unterstützung in Form von Wirtschafts- und Militärhilfen zu. 1961, anlässlich des Eichmann-Prozesses, hoben beide Politiker ihr Interesse an einem freundschaftlichem Verhältnis der Länder hervor. Doch erst am 12. Mai 1965 bot Deutschland Israel volle diplomatische Beziehungen an.

Offenbar stimmt die Chemie: Der israelische Premier Ben Gurion (links) und Bundeskanzler Adenauer bei ihrem ersten Treffen.

Wissenschaft und Technik

1960 gab es zwei Weltpremieren, die die meisten noch wenige Jahre vorher für Science-Fiction gehalten hätten: die Antibabypille kam auf den Markt, und die ersten Lebewesen kehrten unbeschadet von einem Weltraumflug zurück. Beide Ereignisse erweiterten die Spielräume der Menschen auf ganz unterschiedliche Weise und brachten so manches Weltbild ins Wanken.

Wettlauf im All

In den 50er- und 60er-Jahren begannen die Menschen, das Universum zu erschließen. Die Russen waren 1957 die ersten, denen es gelang, einen Flugkörper in die Erdumlaufbahn zu bringen. Sputnik 1 kreiste von nun an in 800 Kilometer Entfernung um die Erde und sendete Signale. Das Ereignis löste bei Amerikanern und Europäern in der Hochphase des Kalten Krieges den sogenannten »Sputnik-Schock« aus. Nicht nur die Reichweite der Trägerraketen ließ Sorgen aufkommen, sondern besonders die Frage, ob der Westen endgültig von der Sowjetunion überholt worden war. Der Wettlauf im All beschleunigte sich. Und die Russen legten gleich nach: Im selben Jahr schickten sie mit der Hündin Laika das erste Lebewesen in den Weltraum. Sie überlebte ihren Einsatz nicht. Am 19. August 1960 kam dann der Durchbruch: Die Hunde Strelka und Belka umrundeten die Erde 18 Mal, bevor sie einen Tag später gesund und munter zurückkehren.

Anders als ihre Vorgängerin Laika (im Bild, 1957) kehrten Strelka und Belka drei Jahre später lebend von ihrem Flug ins All zurück.

Doch die USA waren der Sowjetunion dicht auf den Fersen. Dem 1958 erfolgreich gestarteten ersten amerikanischen Satelliten Explorer 1 folgten bald weitere. Am 1. April 1960 brachten die Amerikaner mit Tiros 1 schließlich den ersten Wettersatelliten in die Erdumlaufbahn. Er ließ die Meteorologen jubeln, da er eine zuverlässigere Wettervorhersage ermöglichte. Im August 1960 schossen die Amerikaner einen Spionagesatelliten – Discoverer XIV – ins All.

Längst bereiteten sich die beiden Supermächte aber auf ein höheres Ziel vor: die bemannte Raumfahrt und die erste Mondlandung. Wie brisant der Wettlauf im All geworden war, belegt eine Äußerung John F. Kennedys aus dem Oktober 1960: »Die Kontrolle über den Weltraum entscheidet sich im nächsten Jahrzehnt. Wenn die Sowjets das Weltall kontrollieren, dann können sie die Erde kontrollieren [...]. Wir dürfen in diesem lebenswichtigen Wettlauf nicht hinterherlaufen. Um den Frieden und die Freiheit zu sichern, müssen wir erster sein.« Am 12. April 1961 folgt die Sensation: Der russische Kosmonaut Juri Gagarin umkreiste als erster Mensch die Erde. Doch der erste Mensch auf dem Mond ist 1969 Neil Armstrong – ein US-Amerikaner.

Die Einführung der Antibabypille

Am 18. August 1960 kam mit der Antibabypille das erste oral einzunehmende Präparat zur Empfängnisverhütung auf den amerikanischen Markt. Mitentwickelt wurde die Pille von dem österreichisch-amerikanischen Chemiker Carl Djerassi, der später auch als Schriftsteller in Erscheinung trat.

In der BRD war die Antibabypille erst ab dem 1. Juni 1961 erhältlich. Doch sie war im konservativen Nachkriegsdeutschland höchst umstritten und kollidierte mit den Moralvorstellungen vor allem der katholischen Bevölkerung. Daher wurde sie anfangs nur verheirateten Frauen verschrieben. Der Pharmakonzern Schering, der die Pille vertrieb, führte sie als »Mittel zur Behebung von Menstruationsstörungen« ein. Nicht nur die Kirchenvertreter, auch Ärzte und konservative Intellektuelle warnten in den Medien vor einer Zunahme von sexueller Freizügigkeit, Verantwortungslosigkeit der Jugend und einer Zerstörung der tradierten Ehe- und Familienordnung. In der DDR, wo die Antibabypille ab 1965 als »Wunschkindpille« auch unverheirateten Frauen kostenlos verschrieben wurde, gab es weniger Vorbehalte.

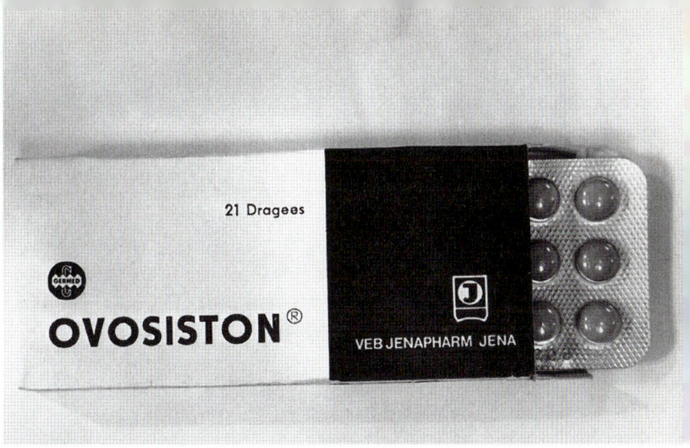

Systemgegensätze: In der BRD war die Antibabypille umstritten, in der DDR wurde sie als »Ovosiston« ab 1965 kostenlos abgegeben.

Die Pille hatte weitreichende Auswirkungen, nicht nur auf die sich wandelnde Einstellung zur Sexualität, sondern auch auf die Bevölkerungsentwicklung. Erreichte die seit 1955 ansteigende Geburtenrate in Deutschland 1964 mit 1 357 304 Geburten ihren Höhepunkt, begann sie ab 1965 kontinuierlich zu sinken. Doch einige Wissenschaftler vertreten die Auffassung, dass man zu Unrecht vom sogenannten »Pillenknick« spricht. Sie sehen den Grund für die sinkenden Geburtenzahlen primär in den sozialen Entwicklungen und im veränderten Selbstverständnis der Frauen.

Heute ist die Pille das am häufigsten verwendete Verhütungsmittel in den westlichen Industrieländern.

Performance, Pop und Psychothriller

Der jungen Künstlergeneration ging es nicht um Realismus, sondern um die Wirkung ihrer Werke auf die Alltagswelt. Der Siegeszug der Pop-Art begann, und die Performance setzte sich als Ausdrucksform durch. Wie künstlerische Visionen die Welt formen können, zeigt die am Reißbrett entworfene brasilianische Hauptstadt, die 1960 eingeweiht wurde. Auch in Film und Musik tat sich einiges: Die noch unbekannten Beatles machten sich auf, um die Welt zu erobern. Und Hitchcock zeigte uns mit *Psycho* einmal mehr, dass große Filmkunst nicht langweilig sein muss.

Blaue Frauen

Ein Skandal war 1960 schnell verursacht. Der Avantegarde-Künstler Yves Klein provozierte einen solchen, als er am 9. März 1960 in einer Pariser Galerie drei nackte Frauen mit blauer Farbe bemalte, dem nach ihm benannten und 1960 patentierten Yves-Klein-Blau. Unter seiner Regie wälzten sie sich anschließend auf an Boden und Wand angebrachten Papierbahnen. Dazu spielte ein Streichorchester eine »symphonie monotone«, die nur aus einem einzigen, 20 Minuten lang anhaltenden Ton bestand, worauf 20 Minuten der Stille folgten. Mit diesem Happening, in der Klein die Körper als Malwerkzeuge verwendete, wurde er zum Vorreiter der Performancekunst. Nur zwei Jahre später starb er im Alter von 34 Jahren an einem Herzinfarkt; doch in seiner kurzen Schaffenszeit gab er der zeitgenössischen Kunst wichtige Impulse.

Vision aus Stahlbeton

Mitten im Niemandsland der Savanne, fernab der Zivilisation, fast 1000 Kilometer entfernt von der bisherigen Hauptstadt Rio de Janeiro, entstand im Zentrum des Staatsgebietes die neue Hauptstadt Brasiliens: Brasília. Eine ultramoderne Idealstadt, die am Reißbrett entworfen wurde und ästhetische Maßstäbe setzen sollte. Verantwortlich waren der Stadtplaner Lúcio Costa und der Architekt Oscar Niemeyer, der sich mit Brasília einen Ruf als Erneuerer der architektonischen Moderne machte. Nach nur dreijährigen Bauarbeiten wurde die Stadt am 21. April 1960 vom brasilianischen Präsidenten Juscelino Kubitschek eingeweiht.

Die etwa ein Dutzend Repräsentationsbauten, die Niemeyer schuf – darunter das Parlamentsgebäude, die Kathedrale und mehrere Ministerien –, sind großzügig entlang der Hauptachse des kreuzförmigen Grundrisses der Stadt angeordnet. Die Betongebäude wirken in ihrer Monumentalität, ihrer eleganten Nüchternheit und mit ihren

Nachts scheint er zu schweben, der brasilianische Regierungspalast Planalto. Sein Architekt, der bekennende Kommunist Oskar Niemeyer, verabscheute die Beschränkung auf gerade Linien und rechte Winkel: »Das ganze Universum ist aus Kurven gemacht.«

weichen und kurvenreichen Konturen wie riesige Skulpturen.

Doch obwohl Brasília 1987 von der UNESCO in die Liste des Weltkulturerbes aufgenommen wurde, hat sich mittlerweile Skepsis breitgemacht. Aus heutiger Sicht erscheint uns diese »ideale« Stadtlandschaft merkwürdig kalt und unpersönlich. Auch Oscar Niemeyer gab später ein vernichtendes Urteil ab: »Dieses Experiment war nicht erfolgreich.« Er selbst lebe lieber im quirligen Rio de Janeiro.

Beatlemania

1960 gilt als das Gründungsjahr der Beatles, einer damals noch unbekannten Band aus Liverpool. Im Sommer des Jahres erhielt die Gruppe die Gelegenheit, in Hamburg aufzutreten. Bruno Koschmider, ein Unternehmer suchte für seine Hamburger Nachtclubs eine englische Musikgruppe und war dabei zufällig an den Liverpooler Geschäftsmann Allan Williams geraten, der in dieser Zeit Agent der Beatles war. Zur Band gehörten neben John Lennon, Paul McCartney und George Harrison bis 1961 Stuart Sutcliffe und bis 1962 der Schlagzeuger Pete Best, der dann durch Ringo Starr ersetzt wurde. Der Club Indra, in dem sie ab 18. August auftreten sollten, lag in der Großen Freiheit, einer Seitenstraße der Reeperbahn, und wurde hauptsächlich von Prostituierten und deren Kunden frequentiert. Die Beatles spielten viereinhalb Stunden täglich nonstop, an Wochenenden sogar sechs Stunden. Jedes Bandmitglied erhielt eine Gage von 30 DM pro Tag. Im Oktober wechselten sie vom Indra, das wegen Lärmbelästigung geschlossen wurde, in den Kaiserkeller, wo sie bis Ende November weiterhin täglich auftraten. Diese mörderische Tournee in Hamburgs Rotlichtviertel wird als entscheidend angesehen für

Die Beatles Anfang der 1960er, noch ohne Pilzköpfe und in ihrer ursprünglichen Formation (von links): Pete Best, George Harrison, John Lennon, Paul McCartney und Stuart Sutcliffe. Ringo Starr ersetzte Pete Best 1962 am Schlagzeug; Stu Sutcliffe verließ die Band bereits 1961.

den späteren Durchbruch der Beatles. Die langen Gigs zwangen sie, zu experimentieren und ihr Repertoire zu erweitern, nachdem sie bisher ausschließlich einstündige Auftritte absolviert hatten. John Lennon sagte dazu: »In Liverpool haben wir immer nur unsere besten Stücke gespielt, jedes Mal dieselben, also mussten wir uns was Neues einfallen lassen.« Das gab der musikalischen Entwicklung der Band einen Schub.

In den Jahren 1961 und 1962 hatten die Beatles erneut Engagements in St. Pauli, bevor ihnen 1963 der große Durchbruch gelang und sie zur berühmtesten und erfolgreichsten Band der Musikgeschichte wurden.

Hitchcock lehrt uns das Gruseln

1960 gelingt dem Regisseur Alfred Hitchcock mit dem Thriller *Psycho* sein erfolgreichster Kinofilm. Weltweite Einspielergebnisse von über 50 Millionen Dollar lassen auch die anfängliche Kritik an der ungewohnten Brutalität verstummen. »Pünktlich kommen … nichts verraten!«, stand auf den deutschen Filmplakaten. Der Meister selbst hatte angeordnet, keinen zu spät kommenden Kinobesucher mehr in die Vorstellung zu lassen. Die Besucher standen Schlange vor den Kinokassen. Und erschüttert verließen sie nach der Vorstellung das Kino.

Der Film schildert ein psychotisches Mutter-Sohn-Verhältnis, das zu mehreren grauenvollen Verbrechen führt. Norman Bates, gespielt von Anthony Perkins, leitet ein Motel am Stadtrand, in dem er zusammen mit seiner Mutter wohnt. Die Sekretärin Marion Crane (Janet Leigh) übernachtet in dem Haus. Norman lädt sie zum Abendessen ein. Zuvor jedoch hört Marion, wie er sich laut mit seiner Mutter streitet. Dann folgt eine der wohl berühmtesten Filmszenen: Janet steht unter der Dusche, als sie von einer vermummten Person in Frauenkleidern brutal erstochen wird. Die nur 45 Sekunden dauernde Szene wurde in sieben Tagen aus 70 verschiedenen Kamerapositionen aufgenommen. Die Schauspielerin Janet Leigh gab an, danach panische Angst vor dem Duschen gehabt zu haben. Vielen weiblichen Kinobesuchern scheint es ähnlich gegangen zu sein, wie Briefe empörter Eltern zeigten.

Von Anfang an spielt Hitchcock in diesem Film sein Talent für Suspense und Manipulation voll aus und führt den Zuschauer ein ums andere Mal auf eine falsche Fährte – bis die Schwester und der Freund der verschwundenen Marion im Keller von Normans Motel die mumifizierte Leiche seiner Mutter finden. Als dann auch noch Norman in Mamas Kleidern auftaucht, ist alles klar. Besonders bekannt wurde in diesem Zusammenhang Norman Bates' Film-Satz:

Anthony Perkins spielte den krankhaft mutterfixierten Serienmörder Bates in Hitchcocks 1960 entstandenem Meisterwerk Psycho.

»Der beste Freund eines Mannes ist seine Mutter.«

Psycho gilt als Meilenstein der Filmgeschichte, gewann aber wie so viele andere wegweisende Werke keinen der begehrten Oscars. Hitchcocks Drama war einer der ersten Psychothriller und hatte großen Einfluss auf die Entwicklung des Horrorfilms.

Das erste Autokino Europas

Ein günstiges Freizeitvergnügen mit der ganzen Familie inklusive Haustier und Picknickkorb – das erste Autokino Europas öffnete am 29. März 1960 in Gravenbruch nahe Frankfurt seine Pforten. Für 2,75 DM pro Person wurde der Autositz zum Kinosessel. Ein wellenförmiger Boden garantierte, dass das Auto leicht erhöht stand und man auch in der letzten Reihe noch freie Sicht auf die Breitbildleinwand hatte. Der Filmton kam damals noch aus kleinen separaten Lautsprechern, die in die Autos gehängt wurden. Erfunden wurde das Autokino in den Vereinigten Staaten. Ein findiger Geschäftsmann namens Richard Milton Hollingshead hatte angeblich als erster die Idee, die er sich flugs patentieren ließ. So entstand um 1933 das erste Drive-In-Theater. In den 50er- und 60er-Jahren waren derartige Freiluftlichtspiele sehr populär. In ihrer Glanzzeit gab es in den USA etwa 4000 Autokinos. Auch das Gravenbrucher Autokino war ein großer Erfolg und fand schon bald Nachahmer in ganz Deutschland. Heute gibt es in der Bundesrepublik insgesamt noch etwa zwei Dutzend Autokinos.

Filmstarts 1960

Der deutsche Film steckte 1960 in der Krise. Die noch heute bekannten Stars hießen Freddy Quinn und Liselotte Pulver, doch die Qualität der Produktionen ließ bis auf wenige Ausnahmen zu wünschen übrig. Das Publikum bevorzugte amerikanische Filme, und die Besucherzahl war durch das Anwachsen der Fernsehgemeinde rückläufig. Junge deutsche Filmschaffende holten sich ihre Inspiration vor allem bei zeitgenössischen französischen Werken. Diese Tendenzen spiegeln sich auch in den erfolgreichen deutschen Kinostarts wider:

Das süße Leben
Federico Fellinis *Das süße Leben (La dolce vita)* ist ein schonungsloses Gesellschaftsporträt der römischen Schickeria. Der Klatschreporter und Frauenheld Marcello, gespielt von Marcello Mastroianni, streift im nächtlichen Rom durch die mondänen Clubs. Berühmt wurde die Szene, in der Anita Ekberg in der Fontana di Trevi badet.

Außer Atem
Jean-Luc Godards *Außer Atem* wurde zum Klassiker der Nouvelle Vague, einer Bewegung junger Filmkritiker und Regisseure, die sich gegen das kommerzielle Kino wandten und eine neue, subjektive Bildsprache entwickelten. Mit der Erzählung der amour fou zwischen einem Gangster (Jean-Paul Belmondo) und einer Studentin (Jean Seberg) gelingt es *Außer Atem,* das Lebensgefühl der jungen Generation einzufangen.

Kirk Douglas als aufständischer Sklave in der Freiheitskämpfer-Saga Spartacus *(Regie: Stanley Kubrick).*

Ben Hur
Eine der aufwendigsten Produktionen, die je gedreht wurden, ist William Wylers Remake von *Ben Hur.* Charlton Heston in der Rolle des fiktiven jüdischen Fürsten Judah Ben Hur wird unschuldig zum Galeerendienst verurteilt und kehrt später zurück, um sich zu rächen. Der Film gewann elf Oscars. Besonders beeindruckend: das spektakulärste Wagenrennen der Filmgeschichte.

Spartacus
Ein weiterer US-Monumentalfilm startete in der BRD am 16. Dezember: *Spartacus* mit Kirk Douglas in der Hauptrolle. Nach zahllosen Erniedrigungen zettelt der Sklave Spartacus in einer Gladiatorenschule einen Aufstand an, der sich zur Revolte gegen Rom ausweitet. Der Film des damals noch wenig bekannten Stanley Kubrick beruht auf einer wahren Begebenheit. Er wurde mit vier Oscars ausgezeichnet.

Das Jahr der Rekorde

Ein einzigartiger, ganz unerwarteter Weltrekord in der Leichtathletik und eine überragende Olympiade, die das Fernsehen erstmals in die ganze Welt überträgt, ließen die deutsche Bevölkerung in unserem Geburtsjahr noch lange schwärmen.

Wie in den Jahren 1956 und 1964 trat auch 1960 eine gesamtdeutsche Mannschaft aus Sportlern beider deutscher Staaten an. Mit insgesamt zwölf Goldmedaillen schaffte sie es bei den Sommerspielen in Rom zur Überraschung aller auf Platz 4 des Medaillenspiegels, hinter den nach wie vor übermächtigen Sportnationen UdSSR und USA und dem Gastgeber Italien. Es war das beste Olympiaergebnis seit 1936. Armin Hary gewann als erster Deutscher den 100-Meter-Lauf, doch schon Monate zuvor hatte er die Menschen mit einem Fabelweltrekord begeistert. Im Fußball kann das Jahr 1960 mit dem legendären Spiel zwischen Real Madrid und Eintracht Frankfurt aufwarten. Und im Boxsport kam es zu einem Knock-out der besonderen Art.

Ein Sprint für die Ewigkeit

Fast hätte es den neuen Sprintrekord nicht gegeben: Der Läufer Armin Hary hatte nämlich eigentlich Startverbot. Der deutsche Leichtathletikverband hatte ihm untersagt, am Internationalen Sportfest in Zürich teilzunehmen, das für den 21. Juni 1960 angesetzt war. Denn bereits zwei Monate später, am 25. August 1960, begannen die Olympischen Spiele in Rom. Armin Hary, der Europameister über 100 Meter, galt als bester deutscher Läufer und sollte sich schonen. Was, wenn er sich jetzt noch verletzte? Nach langen Telefongesprächen erhielt er im letzten Moment die Starterlaubnis für den 100-Meter-Lauf, der für denselben Abend angesetzt war. Es blieben nur noch wenige Stunden Zeit – doch die letzte Maschine nach Zürich war aus-

Armin Hary bei seinem sensationellen Sprint in Zürich. Er war der letzte Europäer, der den Weltrekord im 100-Meter-Lauf hielt.

gebucht. Ein sportbegeisterter Passagier wurde zum Retter: Er überließ Armin Hary seinen Platz.

19.29 Uhr: Im Züricher Letzigrundstadion sitzen die 100-Meter-Läufer in den Startblöcken. Der Startschuss! Hary, den man wegen seines immensen Antritts den »blonden Blitz« nennt, geht ab wie eine Rakete. Seine Konkurrenten liegen schnell zurück. Hary erreicht die Ziellinie. Die Zeit wird gestoppt, und alle halten den Atem an. Die vier Stoppuhren zeigen 10,0 – 10,0 – 9,9 – 9,8. Das kann nicht sein, liegt doch der bisherige Weltrekord bei 10,1 Sekunden. Nach schier endlosen Diskussionen kommt das Schiedsgericht zu dem Schluss, dass es sich um einen Fehlstart gehandelt haben muss. Der Lauf wird annulliert und eine Dreiviertelstunde später wiederholt. Und das Unglaubliche passiert: Hary gewinnt mit einer Zeit von 10,0 Sekunden. Die magischen 10,0 Sekunden, von der die Athleten schon so lange träumten. Der Weltrekord sollte acht Jahre Bestand haben.

Als Armin Hary dann im August 1960 bei den Olympischen Spielen antrat, krönte er seine Sprinterkarriere mit zwei Goldmedaillen: Er gewann die 100 Meter mit 10,2 Sekunden, und er siegte mit der 4 x 100-Meter-Staffel.

1961, mit nur 24 Jahren, beendete er seine Karriere nach einem Knieschaden und aus Verärgerung über das Verhalten der Funktionäre des deutschen Leichtathletikverbandes, die ihn kurz zuvor wegen einer Lappalie für fünf Monate gesperrt hatten. Übrigens sprechen moderne Analysen der Fernsehbilder aus dem Züricher Letzigrund dafür, dass Harys damaliger Fehlstart gar keiner war.

Spiel der Superlative

»Mein erster Gedanke war, dieses Spiel sei ein Schwindel, geschnitten, ein Film, weil diese Spieler Dinge taten, die nicht möglich sind, nicht real, nicht menschlich.« So Sir Bobby Charlton nach dem Abpfiff eines der besten Fußballspiele, das die Welt jemals erlebt hat. Die Wundermannschaft von Real Madrid hatte gegen die Frankfurter Eintracht im Europapokal der Landesmeister im Glasgower Hampden Park 7:3 gewonnen. Madrid, das wegen der Eleganz seines Spieles und der traditionell weißen Trikots auch als das »weiße Ballett« bekannt war, bot Zauberfußball vom Feinsten gegen eine deutsche Mannschaft, die über lange Zeit hervorragend mitspielte und sich trotz Niederlage nicht zu schämen brauchte. Real Madrid hatte mit den Stürmern Ferenc Puskás und Alfredo di Stefano ein kongeniales Duo auf dem Platz, das dem gegnerischen Team keine Chance ließ. Di Stefano gelangen an diesem Nachmittag drei, Puskás vier Tore.

Mit diesem Sieg hatte Real Madrid den Europapokal der Landesmeister seit seiner erstmaligen Austragung 1955/56 fünfmal in Serie gewonnen. Madrid war die beste Vereinsmann-

Real Madrid feiert am 18. Mai 1960 im Glasgower Hampden Park seinen fünften Europapokal-Sieg in Folge. Die sieben Tore der »Königlichen« erzielten die Stürmerlegenden Alfredo di Stefano (vierter Spieler von rechts) und Ferenc Puskás (zweiter von rechts).

schaft der Welt – nicht zuletzt dank des überragenden Argentiniers Alfredo di Stefano, über den der frühere Bundestrainer Sepp Herberger sagte, er sei der »vollkommene« Fußballspieler. Di Stefano wurde mit Real Madrid in den Jahren zwischen 1954 und 1964 acht Mal spanischer Meister und schoss in den über 600 Spielen für Real 405 Tore.

Comeback eines Champions

Bis zu diesem Tag, dem 20. Juni 1960, war es noch niemals einem Boxer gelungen, einen verlorenen Weltmeistertitel zurückzuerobern. »They never come back« – so lautete die ungeschriebene Regel im Ring.

Der US-Amerikaner Floyd Patterson war 1956 Weltmeister geworden. Mit 21 Jahren war er der bis dahin jüngste Schwergewichtsweltmeister der Geschichte. Erst der 20-jährige Mike Tyson brach diesen Rekord 1986. Am 26. Juni 1959 stellte sich Patterson einem Kampf mit dem Schweden Ingemar Johansson. Es wurde Pattersons erste Niederlage, und es war eine besonders schmachvolle. Der Schwede, der wegen seiner unbarmherzigen Rechten als »Thors Hammer« bekannt war, drosch auf Patterson ein wie auf einen Sandsack. In der dritten Runde streckte er ihn mit seiner Rechten zu Boden, danach noch weitere sechs Mal. Diese Niederlage schrie nach einer Revanche.

Fast ein Jahr später, am 20. Juni 1960, war es so weit. Ingemar Johansson und Floyd Patterson standen sich erneut gegenüber. Patterson hatte sich gut vorbereitet: Immer wieder hatte er sich die Fernsehaufnahmen ihres letzten Kampfes angesehen und mit seinem Trainer Strategien ausgeheckt gegen den so schlagkräftigen Schweden. Mit Erfolg, wie bereits die erste Runde bewies. Schon bald hatte Johansson eine Platzwunde über dem linken Auge, die sich zusehends verschlimmerte. Doch »Thors Hammer« brachte Patterson einige Male in große Bedrängnis, bevor der Amerikaner den Schweden in der fünften Runde mit einem fulminanten Schlaghagel eindeckte und danach mit einem Volltreffer k.o. schlug.

Floyd Patterson hatte seine Boxkrone zurückgewonnen – es war ein historisches Comeback, das noch niemandem zuvor gelungen war. Floyd bestritt insgesamt 64 Kämpfe, von denen er 55 gewann. 1962 musste er seinen Titel an Sonny Liston abtreten. 1965 verlor er gegen Listons Bezwinger, den neuen Champion Muhammad Ali. Floyds letzter Kampf fand am 20. September 1972 statt.

Neben seinen Erfolgen wurde Patterson auch wegen seines eigenartigen Kampfstils berühmt, dem sogenannten »Peek-a-boo«-Stil, der von seinem Manager, der Trainerlegende Cus D'Amato, entwickelt worden war. Ständiges Wegducken und Auspendeln des Oberkörpers wechselt dabei mit einer überfallartigen Angriffstechnik. Es ist kein Zufall, dass der spätere Weltmeister Mike Tyson ebenfalls in diesem Stil boxte, denn Cus D'Amato war auch Tysons Manager und väterlicher Freund.

US-Herausforderer Floyd Patterson (rechts) holt sich am 20. Juni 1960 in New York den Titel vom amtierenden Schwergewichtschampion Ingemar Johansson zurück. Ein Jahr zuvor hatte er ihn an den Schweden mit dem Kampfnamen »Thors Hammer« verloren.

Meine Geschichte

Jede Biografie ist einzigartig. Trotzdem wird vieles, was der Autor in seiner Kindheit und Jugend erlebt hat, auch seinen Altersgenossen und -genossinnen bekannt vorkommen.

Frühe Erinnerungen

»Denn stets sind Erinnerungen süß, gleich, ob traurig oder heiter, denn sie gemahnen uns an die Unendlichkeit«, schreibt der französische Schriftsteller Gustave Flaubert in seiner Erzählung *November.* Manche meiner Kindheitserinnerungen stehen mir so klar vor Augen, als sei das alles gestern passiert, anderes wiederum ist verschwommen und unscharf. Vieles ist ganz aus meinem Gedächtnis verschwunden. Wie hießen beispielsweise meine Klassenkameraden in der Grundschule? Oder mein Klassenlehrer? Ich weiß es nicht mehr. Warum erinnert man sich an manche Dinge eher als an andere? Die Psychologen sagen, dass man sich emotional besetzte Ereignisse eher merkt als solche, bei denen Gefühle keine so große Rolle spielen. Doch Studien zeigen auch, dass wir uns im Alter von 50 Jahren anders erinnern als mit 30. Im Folgenden begebe ich mich auf eine Erkundungstour: Was ist geblieben von der Zeit, die wir in der Rückschau so gerne verklären?

Reise in die Vergangenheit

Gelegentlich kehre ich auch heute noch ins Haus meiner Kindheit zurück. Wenn ich den Weg zu unserem

Die Landschaft meiner Kindheit ist untrennbar mit meiner Erinnerung verbunden. Die Gegend an der Ruhr finde ich immer noch schön – doch zum Leben wurde es mir in meiner Jugend in der Provinz zu eng.

Reihenhaus hinaufgehe, vorbei an adrett gepflegten winzigen Vorgärten, betrete ich die Bühne der ländlichen Provinz. Aus dem Augenwinkel kann ich sehen, wie die Gardinen der Nachbarhäuser beiseitegeschoben werden. Und irgendwann, wenn ich mit meiner Mutter in der Küche beim Kaffee sitze, klingelt eine Nachbarin, um den Pfarrbrief vorbeizubringen. Hier passiert nicht viel. Deshalb wird jede Neuigkeit begierig aufgesogen.

Mein Heimatort liegt im Ruhrtal, am Rande des Sauerlandes, umgeben von Wald und saftiggrünen Wiesen. Die Ruhr fließt mitten durch die Gemeinde, die sich vom Tal über einen Berghang erstreckt. Eigentlich eine schöne Gegend – wären da nicht die unglaublich hässliche Fußgängerzone im Ortskern, den wir »Dorf« nennen, und die allzu kargen Türme der katholischen und evangelischen Kirchen. Auch sonst hat der Ort eher wenig zu bieten: ein sogenanntes Bürgerhaus – es ist der Stolz der Einheimischen – drei Gaststätten, drei Lebensmittelgeschäfte.

Die Ortsgrenzen haben sich seit meiner Kindheit kaum verschoben, die Einwohnerzahl ist sogar etwas zurückgegangen und liegt heute ungefähr bei 9000. Viele der flügge werdenden Jugendlichen zieht es hinaus in die Welt. Diejenigen, die blieben, arbeiten bei der Bank oder in der örtlichen Stahlindustrie. Es ist hier durchaus noch üblich, dass mehrere Generationen, Eltern, Kinder und Enkel, unter einem Dach zusammenleben. Das wichtigste Ereignis des Jahres ist hier das Schützenfest. Dann herrscht drei Tage lang Ausnahmezustand. Hier wurde ich geboren. Hier bin ich aufgewachsen.

Die ersten Jahre

Anfangs lebten wir noch in einer winzigen Mietwohnung am unteren Ortsrand. Es wurde eng und laut, als meine zwei Geschwister zur Welt kamen. An unseren Hausmeister, Herrn Jaucke, erinnere ich mich noch heute. Er wohnte ein Stockwerk unter uns und hat oft mit dem Besenstiel an die Decke geklopft. Er hatte einen Schmiss an der Backe und sah aus wie ein Nazi – zumindest so, wie ich mir als Kind einen Nazi vorstellte. Und ich glaube, er mochte keine Kinder. Wenn wir ihm im Treppenhaus begegneten, grüßte er mürrisch und schaute schnell weg. Doch meine Mutter hatte durch ihn ein willkommenes Druckmittel, um unseren Lärmpegel zu dämpfen. Mit dem Satz »Gleich kommt der Jaucke!« brachte sie uns zum Schweigen …

Der katholische Kindergarten war gleich gegenüber, auf der anderen Seite der Straße. Seit meiner Kindergartenzeit hasse ich warme Milch, was ich einer allzu gestrengen Nonne verdanke. Beim gemeinsamen Essen fiel mir mein mit Leberwurst bestrichenes Butterbrot, das mir meine Mutter jeden Morgen mitgab, in die warme Milch. Härtnäckiges Weigern,

Statussymbol Auto

Unser erstes Auto war natürlich ein VW-Käfer – der mit dem kleinen Heckfenster, wie sie noch bis 1963 gebaut wurden. Ein echter Blickfang, allerdings zu fünft ein wenig eng.

Unser nächstes Auto war der legendäre Ford Taunus 17M (P3), den alle liebevoll »Badewanne« nannten. Im Prospekt war die übersichtliche und luxuriöse Innenausstattung ganz treffend beschrieben: »Sie sind sofort mit ihm vertraut. Kein langes Suchen nach Hebeln und Tasten. Alle Bedienungsknöpfe bequem erreichbar. Links der Fingertipphebel: Blinkerhebel, Fernlichtschalter und Lichthupe in einem. Rechts vom Lenkrad der Schalthebel: das vollsynchronisierte Fordgetriebe schaltet sich spielend leicht. Das Leuchtband des Tachometers – bis 50 km/h grün, bis 100 km/h gelb und darüber rot – erleichtert die Geschwindigkeitskontrolle [...]. Vor dem Start noch ein prüfender Blick in die Runde. Freundliche Farben, geschmackvolle Polster und eine strahlende Helligkeit im Innenraum.« Mit bis zu 130 Stundenkilometern fuhren wir damit über die Serpentinen des Nürburgrings, ein für uns Kinder unvergessliches Erlebnis. Mit unserer Badewanne unternahmen wir lange Urlaubstouren bis zum Gardasee. Weniger erfreulich war das obligatorische Autowaschen jeden zweiten Samstag, bei dem alle mithelfen mussten. Vergnüglicher war da schon der Besuch der Waschstraße.

Unsere geliebte Badewanne wurde leider irgendwann ersetzt durch einen orangefarbenen Ford Consul. Und als der neue Wagen der Nachbarn vor der Tür stand, musste es auch bei uns bald wieder ein größeres Modell sein.

In den 60ern wurde das Auto der Deutschen liebstes Kind. Unser erster Wagen war der obligatorische Käfer – noch das Modell mit dem kleinen Heckfenster. Danach kam die legendäre »Badewanne«. Doch welche Marke man auch fuhr, am Samstag hieß es: Autowaschen.

Tränen – es half alles nichts. Unter den Augen der Ordensschwester musste ich die Suppe auslöffeln.

Dass gegessen wird, was auf den Tisch kommt, und nichts weggeschmissen wird, das galt damals uneingeschränkt, sowohl im Kindergarten als auch bei uns zu Hause. Unsere in den kargen Kriegs- und Nachkriegsjahren aufgewachsenen Eltern hatten eine andere Einstellung zum Essen als wir heute. Pünktlich stand das Essen auf dem Tisch, und was es gab, das bestimmte unsere Mutter, die für alles im Haushalt verantwortlich war. Gelobt wurde sie dafür nie, schmeckte es auch noch so gut. Essen war mehr eine Art Notwendigkeit, ein Ritual, dem man sich tagtäglich notgedrungen unterzog. Kreative Anregungen holte sich meine Mutter wie auch ihre Freundinnen bei Clemens Wilmenrod, dem ersten deutschen Fernsehkoch, der eigentlich gar kein Koch, sondern Schauspieler war. Er erklärte einmal in der Woche, wie man ein Hackfleischgericht, ein paniertes Schnitzel mit Konserven-Mischgemüse oder einen Rumtopf zubereitete. Fertigsaucen und Dosengemüse gehörten damals einfach dazu. Eine andere Küche setzte sich erst allmählich in den 70er-Jahren durch, als Paul Bocuse mit seiner »Nouvelle Cuisine« den Brühwürfelsuppen und dem zerkochten Gemüse den Kampf ansagte.

Auswärts essen zu gehen war – zumindest in unserem Umfeld – nicht verbreitet. Warum woanders das Mehrfache für etwas bezahlen, was

Hier bin ich mit meinen Geschwistern am Ostseestrand. Andere Familienurlaube verbrachten wir im Bayerischen Wald oder am Gardasee.

man zu Hause leicht selbst machen kann? Außerdem schmeckt es in den eigenen vier Wänden sowieso besser, und man konnte sicher sein, dass es nichts Ungewohntes geben würde. Viele aus unserer Elterngeneration – die der ehemaligen Kriegskinder – haben ihre Sparmentalität ihr ganzes Leben lang nicht ablegen können. Mein Onkel trinkt bis heute noch keinen »teuren« Kaffee außerhalb seines trauten Heimes. »Kann ich auch zu Hause«, ist seine übliche Begründung. In einem Restaurant einkehren, das tat man allenfalls bei größeren Familienfeiern, etwa bei der Erstkommunion. Oder natürlich im Urlaub, der meine Familie meist in den Bayerischen Wald, an die Ostsee oder an den Gardasee führte. Das Familienrestaurant schlechthin war eine bekannte Hähnchenbraterei, die in den 60er- und 70er-Jahren sehr beliebt war und in der man sich fast wie zu Hause fühlte.

Jetzt wird gelernt!

Als meine Geschwister in den Kindergarten kamen, wurde ich eingeschult. Während sie den ganzen Tag spielten, musste ich rechnen, lesen und schreiben lernen. Ich erhielt das erste Zeugnis. Es war wie damals üblich etwas knapp formuliert: »Führung: gut, Beteiligung am Unterricht: gut, Häuslicher Fleiß: gut«. Zusammenfassend: »Thomas hat einen sehr guten Anfang gemacht.« Aus heutiger Sicht etwas irritierend liest sich die letzte Zeile: »Unterschrift des Vaters oder des Stellvertreters: …« Meine Mutter hat damals unterschrieben.

Wie die Jahrgänge vor und nach uns traten auch wir Schulanfänger 1966 mit dem Beistand unserer Mütter zum »Ernst des Lebens« an.

Zumutungen

Dass der Schulunterricht jeden Tag um 8 Uhr begann, empfand ich als eine Zumutung – und heute geht es mir nicht anders damit. Doch es wurde mit den Jahren nicht besser, sondern schlimmer. Lag die Volksschule noch im Dorf, war das Städtische Gymnasium 20 Kilometer entfernt. Jeden Morgen pünktlich um 5.50 Uhr aufstehen zu müssen, um den ersten und einzigen Schulbus zu erreichen, der uns Hinterwäldler in die Stadt brachte, gehörte für mich zum täglich wiederkehrenden Albtraum meiner Schulzeit.

Lehrer kamen in der Rangfolge der Autoritätspersonen gleich nach unseren Eltern. Wie zu allen Zeiten gab es gute und schlechte, motivierende und demotivierende. Lehrer, die unsere natürliche Neugierde weckten und solche, die unsere Neugierde nahmen. Lehrer, die uns mochten und die wir mochten, und Lehrer, die wir an den Rand der Verzweiflung brachten, denen »die Nerven durchgingen«, häufig wegen Lappalien. Eine einfache Lüge reichte für eine saftige Ohrfeige vor der ganzen Klasse. Eine Episode hat sich mir besonders ins Gedächtnis eingebrannt. Tatort war der Musikunterricht: Es war irgendetwas geschehen, was unseren Lehrer zur Weißglut gebracht hatte. Er fragte: »Wer war das?«, und schwieg dann Unheil verkündend. Es folgte eine schier endlose Stille. Niemand meldete sich. »Wenn sich der Schuldige meldet, hat er nichts zu befürchten«, legte er nach. In der letzten Reihe hob jemand die Hand. Er solle nach vorne kommen, sagte der Lehrer. Ganz langsam stand der Angesprochene auf und gehorchte. Der Lehrer schlug so hart zu, dass es dem armen Schüler die Tränen in die Augen trieb. Wie ein geprügelter Hund ging er zurück zu seinem Platz. Danach mussten wir alle zusammen mehrstimmig singen:

»Auf de Schwäbsche Eisebahne
gibt's gar viele Haltstatione,
Schtuegert, Ulm und Biberach,
Meckebeure, Durlesbach.
Trulla, trulla, trullala ...«

Niemand protestierte. Schließlich waren wir erst neun Jahre alt.

Eine aussterbende Spezies

Auch auf der höheren Schule gab es einen älteren Lehrer, der gerne mal zuschlug und steif und unnahbar auftrat wie ein Oberbefehlshaber. Wir Größeren gaben ihm den ironisch-ehrfurchtslosen Spitznamen »Vati«. Er war ständige Zielscheibe unseres beißenden Spotts. Aber er gehörte glücklicherweise zu einer aussterbenden Spezies. Plötzlich trat eine neue Generation von Lehrern in unser Leben. Lehrer mit langen Haaren und zerzausten Bärten waren darunter. Die Neuen, die in den späten 60ern und

Verwechslungsgefahr

Als ich in die sechste Klasse kam, die bei uns in Nordrhein-Westfalen noch bis Mitte der 70er-Jahre »Quinta« genannt wurde, war ich überrascht, festzustellen, dass ich nicht der einzige Thomas war. Es gab in dieser Klasse insgesamt sieben Schüler mit diesem Vornamen. Ähnlich wird es denjenigen unter Ihnen gegangen sein, die Sabine oder Susanne heißen. Spitznamen hatten Hochkonjunktur.

»Thomas« war mit Ausnahme von zwei Geburtsjahrgängen zwischen 1957 und 1969 stets der meistvergebene Jungenname in Deutschland. Warum das so war, das wäre eine Untersuchung wert.

Hier in absteigender Reihenfolge die zehn beliebtesten Mädchen- und Jungennamen des Jahres 1960:

Mädchen	Jungen
1. Sabine	1. Thomas
2. Susanne	2. Michael
3. Petra	3. Andreas
4. Birgit	4. Peter
5. Gabriele	5. Frank
6. Andrea	6. Uwe
7. Martina	7. Klaus/Claus
8. Ute	8. Stefan/Stephan
9. Heike	9. Jürgen
10. Angelika	10. Jörg

aus: Knud Bielefeld, www.beliebte-Vornamen.de

in den 70ern ihr Studium abgeschlossen hatten, waren anders. Einige zeigten offen ihre Abneigung gegen das Schulsystem und den Notenzwang. Der Französischlehrer guckte während der Klausur ständig aus dem Fenster und übersah bewusst jede Schummelei. Manche Lehrer begannen mitten im Unterricht Persönliches zu erzählen, machten sich angreifbar. Die Unterrichtsstunde glich zunehmend einem freien Gedankenaustausch auf gleicher Augenhöhe. Gruppendynamik war angesagt. Für einige von uns – auch für mich – war das höchst ungewohnt, und wir hatten damit ziemliche Probleme.

Nieten und Noten

Wie zu allen Zeiten gab es auch damals Lehrkräfte, die voll und ganz bei der Sache waren, und andere,

Schwarze Pädagogik

Die Züchtigung von Kindern hat in Deutschland eine lange Tradition. Davon zeugen auch unzählige Sprichwörter und Redensarten wie »Wöchentlich ein Klaps dem Sohn, macht ihn munter, frisch und fromm« oder »Versohlter Hosenboden ist goldener Boden«. Unsere Väter rezitierten sie immer wieder gerne, in Erinnerung an ihre eigene Kindheit, in der Lehrer und Väter ungehorsame Kinder noch ganz selbstverständlich mit dem Rohrstock oder der Gerte züchtigten. Auch wenn unsere Väter die Prügelstrafe in dieser Form nicht unbedingt mehr anwandten – die meist mit süffisantem Unterton vorgetragene Drohung, »die Ohren lang zu ziehen« oder die Warnung »Sonst gibt's was hinter die Löffel!« kam ihnen auch gegenüber ihren eigenen Kindern noch leicht über die Lippen.

Eine Ohrfeige war bis weit in die 70er-Jahre hinein ein Kavaliersdelikt, das allerdings mehr als früher mit einem schlechten Gewissen behaftet war – auch wenn die nachträgliche Entschuldigung, dass einem die Hand »ausgerutscht« sei, auf der anderen Seite klang, als sei das doch kaum der Rede wert. Die tradierte Überzeugung, dass gelegentliche Schläge »noch niemandem geschadet« hätten, war tief im Bewusstsein der Familien verankert und wurde von Generation zu Generation weitergegeben. Nicht zuletzt der Studentenbewegung der 68er ist es zu verdanken, dass hier allmählich ein Umdenken stattgefunden hat. Die autoritäre Erziehung geriet in die Kritik, und mit ihr das Züchtigungsrecht. Auch neue Erkenntnisse über die psychischen Folgeschäden der Prügelpädagogik wurden in der Öffentlichkeit wahrgenommen. Doch die bürgerlich-konservativen Parteien leisteten lange hartnäckigen Widerstand. In den Klassenzimmern der BRD wurde das Züchtigungsrecht für Lehrer 1973 abgeschafft, in der DDR schon 1949. Das elterliche Züchtigungsdie resigniert hatten und den im Lehrplan vorgeschriebenen Unterrichtsstoff mehr oder weniger herunterspulten. Wir hatten zum Beispiel einen Kunstlehrer, der, nachdem er den Unterricht eröffnet und die Aufgabenstellung verkündet hatte, ins Nebenzimmer verschwand und uns mit unseren Zeichenblöcken allein ließ. Es war ein offenes Geheimnis, das er dort ein kleines Fernsehgerät stehen hatte, das er ausgiebig nutzte.

Noten mussten natürlich auch vergeben werden; die Frage war nur, wie. Die Hausaufgabe in den Fächern Physik und Geografie bestand stets darin, bis zur nächsten Stunde ein Kapitel (meist war es eine Seite) aus unserem Lehrbuch vorzubereiten. Jede Stunde begann wie die vorhergegangene: Der Lehrer holte ein kleines rotes Notenbuch aus seiner Aktentasche, blätterte die Seiten um, und alle, die nicht aufgerufen wurden,

recht jedoch bestand als Gewohnheitsrecht weiterhin. Statistische Erhebungen aus den 70er-Jahren belegen, dass 90 Prozent aller Eltern körperliche Strafen guthießen und anwandten.

Die von Deutschland im Jahre 1992 ratifizierte UN-Kinderrechtskonvention verpflichtete dazu, das Kind vor jeglicher Form körperlicher und geistiger Gewaltanwendung zu schützen. Doch erst im Jahr 2000 folgte der längst überfällige Schritt: Ein generelles Züchtigungsverbot wurde beschlossen und gesetzlich verankert. In § 1631 Abs. 2 BGB heißt es nun: »Kinder haben ein Recht auf gewaltfreie Erziehung. Körperliche Bestrafungen, seelische Verletzungen und andere entwürdigende Maßnahmen sind unzulässig.« Körperliche Bestrafung ist in Deutschland seitdem also ohne Ausnahme verboten. In anderen westlichen Ländern ist die elterliche Züchtigung bis heute erlaubt, so zum Beispiel in England und in 23 von 50 amerikanischen Bundesstaaten.

In Veröffentlichungen wie Der Kinderspiegel. Wie das Kind sein soll *wurden die Generationen vor uns zum Gehorsam angehalten.*

Nach vorn treten zu müssen, um Auswendiggelerntes zum Besten zu geben oder an der Tafel vorzurechnen, war für die meisten eine Qual.

atmeten auf. Hatte man aus irgendeinem Grunde keine Zeit gefunden, die Hausaufgabe zu machen, hieß es gleich: Setzen, Sechs. Um das zu vermeiden, schloss ich einen Handel mit meinem Vordermann, der 2 DM damit verdiente, dass er sein Erdkundebuch so hielt, dass ich den Text problemlos ablesen konnte, wenn ich hinter ihm stand. Dass dem Lehrer nichts auffiel, als ich Satz für Satz vorlas und er mir sogar noch eine Eins dafür gab, das gehört für mich zu den unerklärlichen Rätseln meines Schulalltags.

Für Schüler, denen jegliches Verständnis für ein Fach fehlte, war das Auswendiglernen eine Möglichkeit, trotzdem zurechtzukommen. Und die Lehrer akzeptierten das im Allgemeinen. Doch es funktionierte nicht immer. Das Kapitel über Messschieber – mir war schleierhaft, wen das interessierte, und vor allem, wozu *ich* das wissen sollte – paukte ich mir ein wie ein Gedicht. Doch als ich dann tatsächlich aufgerufen wurde, bekam ich einen Anfall von Lampenfieber. Nach mehreren Versuchen, meinen Text aufzusagen, gab ich auf. In meiner Panik gestand ich: »Ich habe den ersten Satz vergessen.« Des Physiklehrers Antwort: »Dann fangen Sie halt beim zweiten an«, löste tumultartiges Gelächter aus, das mir noch heute in den Ohren klingt.

Auf Klassenfahrt

Eine willkommene Abwechslung inmitten des öden Schulalltags brachte die obligatorische Klassenfahrt, die mich und meine Klassenkameraden nach Berlin führte. Es war auch eine Lehrstunde in Zeitgeschichte: Wir besichtigten ausgiebig die Berliner Mauer, die es schon länger gab, als unser Gedächtnis zurückreichte. Dennoch hatten viele, auch ich, sie noch nie in natura gesehen. Es war nicht so sehr die Mauer selbst, der man sich auf westdeutschem Gebiet ja ungehindert nähern konnte, sondern die endlose, wie ausgestorben wirkende Fläche dahinter mit ihren Panzersperren, Stacheldrahtzäunen und Wachtürmen, die mich sprachlos machte. Das war Kriegsgebiet. Dann passierte etwas. In einem Wachturm sah man ein Fernglas aufblitzen. Zwei Jugendliche spazierten seelenruhig auf dem Mauerfirst

Bei unserer Klassenfahrt nach Berlin machte ich vom Westteil der Stadt aus diese Fotografie von zwei Jugendlichen, die auf der Grenzbefestigung entlang liefen – eine Szene, die es gar nicht hätte geben dürfen. Bis heute weiß ich nicht, was es damit auf sich hatte.

entlang. Wie waren sie hinaufgekommen? Die Mauer war an dieser Stelle immerhin fast vier Meter hoch, und die Mauerkrone wurde durch eine Betonrolle verstärkt, die das Hinaufklettern verhinderte. Ich habe keine Ahnung, wie die Jugendlichen wieder herunterkamen. Ich weiß auch nicht, ob das »Mauerlaufen« öfter vorkam. Berühmt wurde der Fall des kanadischen Friedensaktivisten John Runnings, der 1986 mit einer selbstgebauten Leiter die Berliner Mauer erklomm, auf der Mauer entlangbalancierte und die Mauerkrone mit einem Vorschlaghammer bearbeitete, bis ihn die DDR-Grenzsoldaten herunterzerrten und festnahmen. Nach drei Monaten Haft wurde Runnings, der als »Mauerläufer« und »Vater aller Mauerspechte« bekannt wurde, in den Westen abgeschoben.

Natürlich besuchten wir auch den Ostteil der Stadt. Zusammen mit dem langhaarigsten Schüler unseres Gymnasiums wurde ich, der ich eher zu den seriös und unauffällig aussehenden Jungen gehörte (wahrscheinlich machte mich gerade das besonders verdächtig), von den Grenzbeamten beiseite genommen und in einem separaten Raum des Grenzübergangs 30 Minuten lang detailliert über meine Pläne und meine Herkunft befragt. Da unser Aufenthalt in Ostberlin zeitlich beschränkt war, warteten die Mitschüler bereits ungeduldig. In der Stadt durften wir uns dann frei bewegen. In kleinen Grüppchen machten wir uns auf den Weg. Wir kümmerten uns wenig um die Mahnung unseres Lehrers, Passanten auf keinen Fall D-Mark gegen Ostwährung zu tauschen, wenn sie uns darum baten. Seine Befürchtung war, wir könnten dabei von der Volkspolizei (VoPo) beobachtet werden, oder es könnte sich bei den harmlos erscheinenden Fußgängern um Mitarbeiter der Stasi handeln. Nach Besichtigung von Fernsehturm, Pergamonmuseum und Berliner Dom ging es zum neu eröffneten Palast der Republik, dem teuersten Bauwerk der DDR, das 2008 abgerissen wurde. In dem riesigen, als Kulturpalast konzipierten Gebäude, das zugleich Sitz des DDR-Parlaments war, und das von den Ostberlinern wegen seiner zahllosen Deckenleuchten angeblich »Erichs Lampenladen« genannt wurde, aßen wir in einem der gut frequentierten Restaurants. Nach längerem Warten wurde uns wie in einem Kino ein freigewordener Platz zugewiesen. Ostberlin wirkte auf mich damals, als wäre die Zeit vor einigen Jahren stehen geblieben. Das kann aber auch an dem grauen, bewölkten Tag gelegen haben.

In den 60ern hatte man Mut zur Farbe, wie unsere für die damalige Zeit typische Wohnzimmereinrichtung zeigt.

Hinaus ins Leben

Die Kultusminister hatten 1972 eine Reform der gymnasialen Oberstufe beschlossen. Das starre Klassen- und Unterrichtssystem der 11. bis 13. Schulklasse wurde ersetzt durch eine individuell wählbare Kombination von Kursen. Das sollte den Übergang zum Studium an der Universität erleichtern. Als ich in die Elfte kam, war die Neuregelung auch an unserem Gymnasium weitgehend umgesetzt. Ich wählte die Leistungskurse Deutsch und Biologie, als Grundkurse belegte ich meine Lieblingsfächer Religion und Kunst. Ich hätte lieber Religion und Kunst zu meinen Leistungskursen gemacht, doch so frei wählbar war es dann doch nicht. Das Abitur schaffte ich mit 3,3 gerade eben so. Danach durfte ich endlich die wirkliche Freiheit des Studiums genießen, das meiner Art des Lernens mehr entsprach. Befreiend war dieser Schritt für mich auch in anderer Hinsicht: Zum ersten Mal konnte ich relativ eigenständig wählen, wo ich leben wollte. Ich nutzte die Chance, um der Enge meines Heimatortes zu entkommen und möglichst weit weg zu ziehen. Zunächst studierte ich in Tübingen, später in München und Madrid.

Die Spiele meiner Kindheit

Als Kinder waren wir ständig in Bewegung und langweilten uns (fast) nie – außer auf den obligatorischen Sonntagsspaziergängen mit der ganzen Familie, deren Teilnahme wir irgendwann schlicht verweigerten. Und über einen Mangel an Spielkameraden konnten wir uns nicht beklagen. Die Familien in den Nachbarhäusern hatten alle Kinder in unserem Alter. Klingelten sie nicht bei uns, klingelten wir bei ihnen. Meist genügte lautes Rufen, und ein paar Minuten später standen sie vor der Tür, falls nicht vorher ihre Mutter am Fenster erschien, um uns abzuwimmeln. Kinderspielplätze gab es damals bei uns noch keine – wir hätten sie auch nicht gebraucht.

Unsere Spielplätze waren die noch wenig befahrene Straße, die Wiese hinter unserem Haus und die Wälder der Umgebung.

Die Natur vor der Haustür

»Achtjährige Stadtkinder kennen keine Tiere mehr«, las ich vor Kurzem in einer bayerischen Tageszeitung. Berichtet wird da von einer Münchener Grundschulklasse, die einen Bauernhof besuchte. Dabei stellt sich heraus, dass mehr als ein Drittel der Zweitklässler noch nie im Leben einer Kuh oder einem Pferd begegnet waren, die Hälfte der Kinder verwechselten Scha-

An Spielkameraden herrschte in unserer Nachbarschaft kein Mangel – immerhin gehörten wir zu den geburtenstarken Jahrgängen. Von den Erwachsenen weitgehend unbehelligt tobten wir uns aus und gingen draußen auf Entdeckungstour.

fe mit Ziegen und Kaninchen mit Hasen. Einige hielten Kühe sogar für Lamas. Der Abstand zur Natur scheint immer größer zu werden. Welch ein Kontrast zu meiner eigenen Kindheit! Die Natur war für uns ein riesiger Abenteuerspielplatz, der nächste Bauernhof nur 100 Meter entfernt. Wenn wir den Weg abkürzen wollten, und das wollten wir meistens, kletterten wir durch den Stacheldrahtzaun und liefen an den Kühen vorbei die Wiese hinunter. In einem flachen Nebenarm der Ruhr wateten wir mit Netzen, immer auf der Suche nach uns unbekannten Fischen und Amphibien. Wir fingen Wasserskorpione, die wir zu Hause in ein mit Wasser gefülltes Glas setzten und mit lebenden Spinnen und Motten fütterten. In abgeholzten sonnigen Waldflächen gingen wir auf die Suche nach Mauereidechsen, die wir in einem selbstgebauten Terrarium zusammen mit ein paar Fröschen auf unserer Terrasse hielten und beobachteten. Im Gang vor der Kellertür züchteten wir Mehlwürmer, desweiteren machten wir uns täglich auf die Suche nach Regenwürmern und kleinen Spinnen. Die Tiere wollten versorgt werden. Auf der Wiese hinter unserem Haus hoppelten zwei Kaninchen. Im sogenannten Spielkeller drehte ein Hamster im Laufrad seine Runden. In einem großen Käfig in der Küche kümmerte sich unser Wellensittichpärchen um seinen frisch geschlüpften Nachwuchs. So nach und nach entstand bei uns zu Hause ein richtig kleiner Privatzoo.

Wir wussten noch nichts von Computern, aber in der heimischen Flora und Fauna – hier ein Grünspecht – kannten wir uns aus.

Die Wälder unserer Umgebung hatten viel zu bieten: In einem Steinbruch suchten wir mit einem kleinen Hämmerchen bewaffnet nach Fossilien und seltenen Gesteinsarten. Im nahegelegenen Wildpark musste man immer damit rechnen, dass einem plötzlich Wildschweine mit ihren Frischlingen über den Weg liefen. Dann war Vorsicht geboten. In halsbrecherischem Tempo befuhren wir mit unseren Fahrrädern einen steil abfallenden, holprigen Waldweg. Das war unsere Übungspiste. Wir waren quasi die Erfinder des Mountainbikes.

Die Tierliebe ging bei mir noch ein Stück weiter als bei meinem Bruder, der mich auf meinen Erkundungstouren – jede war ein Abenteuer – fast immer begleitete. Ich begann mich für die heimische Vogelwelt zu begeistern. Bald schon kannte ich jeden Vogel mit Namen, kannte ihre Gewohnheiten und wusste sie anhand ihres Gesangs zu unterscheiden. Das Fernglas wurde zu meinem ständigen Begleiter. Die Liebe zur Natur hat mich bis heute nicht verlassen. Das Beobachten eines Grünspechts, der sich auf der Wiese in meinem Garten niedergelassen hat und seinen langen Schnabel mit schnellen, ruckartigen Bewegungen in die Erde stößt, um nach Ameisen und Regenwürmern zu suchen, fasziniert mich noch genauso wie in meiner Kindheit.

Quartette waren ein Dauerbrenner, und man konnte eine Menge lernen. Etwa, dass die BRD bei der WM 1974 gegen Chile 1:0 gewann.

Vom Hüpfkästchen zum ersten Kettcar

Die Bürgersteige und Wege meiner frühen Kindheit waren vollgemalt mit sogenannten Hüpfkästchen. Trügt mich meine Wahrnehmung, oder ist dieses Spiel heute fast ausgestorben? Weitere Spiele, an die ich mich erinnere, und die wir, weil man dafür so gut wie nichts brauchte, zu jeder passenden oder unpassenden Gelegenheit spielten, waren *Schnick, Schnack, Schnuck,* das einige von Ihnen als *Schere, Stein, Papier* kennen werden (kürzlich erfuhr ich zu meiner Verwunderung, dass es mittlerweile sogar eine *Schnick-Schnack-Schnuck*-Weltmeisterschaft gibt), *Ich sehe was, was du nicht siehst, Teekesselchen, Ich packe meinen Koffer, Schiffe versenken, Hängemännchen, Stadt-Land-Fluss* oder *Stille Post.* Draußen spielten wir natürlich auch Schubkarrenrennen, *Blinde Kuh* und vieles andere. Wir übten uns als Schauspieler beim Kasperletheater, beim Nachspielen von Gottesdiensten oder Fronleichnamsprozessionen – alles nur Denkbare stand auf unserem Spielplan.

Unsere bevorzugten Brettspiele waren die ewigen Klassiker wie Mühle oder Halma, und natürlich mochten wir das Geschicklichkeitsspiel Mikado. Um viel Geld ging es, wenn wir zusammen mit unserem Opa mütterlicherseits *Mensch ärgere dich nicht* spielten. Er legte immer ein Zwei- oder Fünfmarkstück in die Mitte. Wir brauchten aufgrund unseres niedrigeren »Einkommens« nur zehn bis fünfzig Pfennig einzusetzen. Gewann er, ließ er das Geld nicht selten einfach liegen, und der Einsatz wurde nochmal erhöht. Beim nächsten Spiel ging

Schon mein Vater spielte als Kind leidenschaftlich Tipp-Kick, und bei uns war das Fußballspiel im Maßstab 1:100 ebenso beliebt. Wer das bewegliche Bein seiner Spieler geschickt mit der Feile bearbeitete, bekam sogar die Bananenflanke hin. Die Figuren werden seit 80 Jahren produziert.

es dann um alles. Jede vermeintliche »Kippe« konnte zu heftigen Auseinandersetzungen führen, die gelegentlich im wütenden Umwerfen aller Spielfiguren endeten.

Andere bei uns beliebte Spiele waren *Memory, Domino, Scrabble, Kniffel* (ganz wichtig!), Tipp-Kick (das schon mein Vater in seiner Kindheit mit Leidenschaft spielte) und später dann *Monopoly, Stratego,* Schach, und natürlich das Flohspiel, das wir einfach nur »Schnipsen« nannten und in dem wir es zu wahrer Meisterschaft brachten. Jeder Mitspieler bekam sechs kleine und einen großen Chip einer Farbe. Spielfläche war der Teppichboden unseres Kinderzimmers. Mit dem großen Chip musste nun versucht werden, die kleinen Plättchen in einen Holzpilz zu schnippen. Ein Treffer aus vier Meter Entfernung war irgendwann keine Seltenheit mehr.

Erwähnen muss ich an dieser Stelle natürlich auch die Matchboxautos, Quartette und Baukästen, sie waren Wegbegleiter unserer gesamten Kindheit. Die Legosteine wurden, aus welchem Grund auch immer, irgendwann von *Plasticant* abgelöst. Aus den blauen, rohrförmigen Kunststoffteilchen, die mit gelben Steckdübeln verbunden wurden, erbauten wir Häuser, Autos, Flugzeuge … Der Fantasie waren keine Grenzen gesetzt. Auf *Plasticant* folgten Modellbaukästen für Schiffe und Flugzeuge. Der »originalgetreue« Nachbau der HMS Victory, des berühmten Flaggschiffes von Admiral Nelson in der Seeschlacht von Trafalgar, war mein Prunkstück und ließ mich von fernen Zeiten träumen.

Zwischen Kindheit und Jugend

Während meine Schwester häkelte und strickte, sich mit ihren Freundinnen zum Reden traf, ihr neuestes Hanni-und-Nanni-Buch las oder sich Gedanken über die Ausgestaltung ihres Poesiealbums machte (in das zu schreiben mein Bruder und ich uns hartnäckig weigerten), trafen wir Jungen uns nachmittags zum Fußball (eine Mannschaft fand sich schnell zusammen) oder fuhren mit unseren neuen Kettcars und Fahrrädern um die Häuser. Und als wir älter wurden, kamen natürlich neue Interessen hinzu.

Ein Hobby muss her

Irgendwann war es an der Zeit, sich »richtige« Hobbys zuzulegen. Mein Bruder und ich, wir entschieden uns für das Briefmarkensammeln und die Fotografie. Begnügten wir uns anfangs noch mit dem Ablösen der Briefmarken, die uns tagtäglich auf Briefen und Postkarten begegneten oder die uns nette Nachbarn und Verwandte vorbeibrachten, gingen wir bald darauf zum Einkauf uns wertvoll erscheinender Marken und Markenblöcke über. Alle 14 Tage kam Post von Marken Paul: ein Heft voll mit wunderschönen Briefmarken. Einige behielten wir, den Rest schickten wir wieder zurück. Es war gar nicht so einfach, sich bei der Auswahl der begehrten Objekte zu beschränken. Wenn dann eine Woche später die Rechnung eintraf, konnte meine Mutter ausgesprochen zornig werden.

Fürs Fotografieren sollte es eine Spiegelreflexkamera sein – alles andere war »Weiberkram«. Wir starteten einen regelrechten Wettbewerb, fachsimpelten über Brennweiten und Belichtungszeiten, darüber, welches die besten Kameras und Objektive seien und welchen Film man zu welcher Gelegenheit benutzte. Als zu Weihnachten dann eine Yashica FR 1 unter dem Christbaum lag, die damals immerhin 700 DM kostete (heute ist sie für 20 Euro erhältlich), war ich glücklich. Meine Freude wurde etwas getrübt, als mein Bruder ein Jahr später mit der Contax RTS das Flaggschiff der Firma bekam.

Erste Erfahrungen mit Literatur

Bücher, die ich hasste, waren: Siegfried Lenz' *Deutschstunde, Sansibar oder der letzte Grund* von Alfred Andersch, *Der Schimmelreiter* von Theodor Storm, Friedrich Dürrenmatts *Die Physiker* und Bertold Brechts *Das Leben des Galilei* … Es waren allesamt Bücher, die ich in der Schule lesen und interpretieren musste. Keines davon habe ich je wieder zur Hand genommen. Merkwürdig, dass sich bestimmte Bücher, wahrscheinlich die akademischen und moralisch belehrenden, eher für den Schulunterricht eignen als andere. Ich bin heute mehr denn je davon überzeugt, dass subjektive Empfindungen, die sich selten bis gar nicht interpretieren lassen, der Antrieb zum Lesen sind. Das kam im Deutschunterricht meiner Kindheit und Jugend eindeutig zu kurz. Ich hoffe, das ist mittlerweile anders.

Mein erstes Buch, ein Geschenk meines Opas, war *Der Schatz im Silbersee* von Karl May. Es war auch das erste Buch, das ich meinem Bruder komplett vorlas, und es sollte nicht das letzte bleiben. Mein jüngerer Bruder und ich schliefen im selben Zimmer, und so wurde das nächtliche Vorlesen bald zur Gewohnheit. Leider war mein Bruder immer dann, wenn es anfing, richtig spannend zu werden, schon eingeschlafen.

Die »Bibliothek« meines Vaters, der immerzu Bücher kaufte, ohne sie zu lesen, war eine Fundgrube. Hier verschaffte ich mir einen ersten, natürlich subjektiven »Überblick« über die Weltliteratur. Ein Buch, in dem ich immer wieder blättern und lesen musste, war C. W. Cerams *Götter, Gräber und Gelehrte*. Insbesondere die Erzählung über die Entdeckung des Grabes von Tut-anch-Amun durch den britischen Archäologen Howard Carter faszinierte mich. Der »Fluch des Pharao«, dem unzählige Grabungsteilnehmer zum Opfer fielen, ließ mich nicht mehr los. Die Fotografien der Graböffnung mit dem fassungslosen Blick Carters werde ich mein ganzes Leben lang nicht vergessen. Das Foto des mumifizierten Gesichtes des Pharaos – ich hatte niemals zuvor etwas so Unglaubliches gesehen. Dass ich später Archäologie studierte, dafür ist unter anderem dieses Buch verantwortlich. Allerdings hat sich meine Liebe zur Literatur dann doch noch durchgesetzt: Immerhin wurde ich nicht Archäologe, sondern Lektor.

Meine Top Ten der 70er-Jahre

Während meine Eltern James Last hörten und meine Schwester mitsang, wenn Abba und die Bee Gees im Radio liefen, begann ich mir meine ersten Schallplatten zu kaufen. Hier mein »Soundtrack« der 70er:

- Electric Light Orchestra: *Can't Get It Out Of My Head* (1974)
- Genesis: *A Trick Of The Tale* (1976)
- Jethro Tull: *Too Old To Rock'N'Roll: Too Young To Die* (1976)
- Cheap Trick: *I Want You To Want Me* (1977)
- Elvis Costello: *Watching The Detectives* (1977)
- Patti Smith Group: *Because The Night* (1978)
- Ramones: *I Wanna Be Sedated* (1978)
- Blondie: *Denis* (1978)
- Dire Straits: *Sultans Of Swing* (1979)
- The Clash: *London Calling* (1979)

Die Flimmerkiste

Bei uns war es noch anders als heute, wo Kinder stundenlang vor der Flimmerkiste sitzen und der Fernseher zur Standardeinrichtung vieler Kinderzimmer gehört. Unsere Eltern waren der festen Überzeugung, dass Fernsehen die kindliche Entwicklung beeinträchtige und zuviel davon »ungesund« sei und dumm mache, ähnlich wie die Comic-Hefte, bei deren Lektüre man uns nur äußerst ungern sah. Was unsere Neugier und unser Interesse nur um so mehr weckte.

Vergnügen in Serie

Die erste Fernsehsendung, die ich und meine Geschwister gucken durften, dauerte knapp fünf Minuten. Kurz vor sieben Uhr erschien ein kleiner Mann mit weißem Bart und Zipfelmütze auf dem Bildschirm. Er hatte einen merkwürdigen Gang, den wir gerne parodierten. Mit dem Gutenachtgruß »Auf Wiedersehn und schlaft recht schön!« endete das *Sandmännchen,* das uns nicht müde, sondern erst richtig wach machte, sodass wir, da unsere Zimmer direkt ans Wohnzimmer grenzten, noch lange den nachfolgenden Sendungen für Erwachsene lauschen konnten.

In Anbetracht der Tatsache, dass es damals nur drei Fernsehprogramme gab – erst Mitte der 80er starteten die ersten privaten Sender –, war die Auswahl an Kindersendungen schon recht groß. Heute etwas peinliche Serien wie *Flipper, Lassie* und *Daktari* schauten wir ebenso gern an wie die immer noch geniale Augsburger Puppenkiste. *Urmel aus dem Eis* und *Bill Bo und seine Kumpane* sind zeitlose Kunstwerke. Und natürlich die unvergleichliche Blechbüchsenarmee, die schnelle Eingreiftruppe, angeführt von Don Blech, dem trotteligen Blechbüchsengeneral – obwohl ich schon zwölf oder 13 war, als sie scheppernd über den Bildschirm zogen, sah ich

Von den Verfilmungen der Puppenkiste mochte ich die Abenteuer von Don Blech besonders. Sie stammten aus der Feder von Max Kruse.

sie mir gerne an. Ebenso wie die dänischen *Pat und Patachon* oder *Stan und Ollie* und *Die kleinen Strolche,* alles Filme, die früher noch regelmäßig als Serie liefen. Mit Buster Keaton und Charlie Chaplin konnten wir dagegen wenig anfangen.

Catweazle, ein alter, schrulliger angelsächsischer Zauberer, der im elften Jahrhundert lebt und auf der Flucht vor den England überfallenden Normannen per Zauberei in die 1970er-Jahre katapultiert wird, hat uns an den Bildschirm gefesselt, genauso wie die *Bezaubernde Jeannie,* ein Flaschengeist in Form eines jungen blonden Mädchens, das ihrem Befreier – ausgerechnet ein NASA-Astronaut – alle Wünsche erfüllen muss.

Routinierte Spannung versprachen die in den 60er-Jahren gedrehten Karl-May-Verfilmungen, die ständig wiederholt wurden, *Rauchende Colts* und natürlich *Bonanza* mit dem schwergewichtig-gemütlichen, uns Kindern sehr sympathischen Hoss Cartwright (Dan Blocker), der leider viel zu früh starb.

Einer meiner ganz persönlichen Lieblingsfilme war die wesentlich ältere mehrteilige Fernsehserie *Soweit die Füße tragen.* Meist wurde sie um die Weihnachtszeit wiederholt. Es handelt sich um die Verfilmung einer wahren Begebenheit um den deutschen Soldaten Clemens Forell, der im Jahr 1945 in der Sowjetunion zu 25 Jahren Zwangsarbeit verurteilt wird, zu Fuß flieht und nach unglaublich entbehrungsreichen und dramatischen Jahren 1952 seine Heimatstadt München erreicht.

Die Bezaubernde Jeannie *(Barbara Eden als weiblicher Flaschengeist) brachte ihren »Meister«, den NASA-Astronauten Tony Nelson (Larry Hagman) unablässig in Schwierigkeiten. Aus Gründen der Sittlichkeit war ihr Kostüm so geschnitten, dass man den Bauchnabel nicht sah.*

Der US-amerikanische Schwimmer Mark Spitz auf dem Weg zur Goldmedaille im Finale über 200 m Delphin, aufgenommen bei den Olympischen Sommerspielen in München 1972. Insgesamt erschwamm er sieben Mal Gold und stellte ebenso viele neue Weltrekorde auf.

Live und in Farbe

Weltweite Liveübertragungen im Fernsehen sind heute Standard. In meiner Kindheit waren sie eine Sensation. An meine erste Livesendung kann ich mich noch gut erinnern. Es war in der Nacht von 20. auf den 21. Juli 1969. Um halb drei Uhr nachts weckte uns mein Vater. Eine halbe Stunde später saß die ganze Familie schlaftrunken vor dem Fernseher, als kurze Zeit darauf, um 3.56 Uhr, Neil Armstrong als erster Mensch überhaupt den Mond betrat. Allerdings habe ich die Mondlandung seither so oft gesehen und so viel darüber gelesen, dass sich Erinnerungen und Wissen unauflösbar miteinander vermischen.

Das nächste Großereignis, das weltweit – erstmals über Satellit und in Farbe (letzteres war in der Bundesrepublik ab 1967 möglich) – im Fernsehen übertragen wurde, waren die Olympischen Sommerspiele 1972 in München, die ersten Olympischen Spiele in Deutschland nach 1936, an der so viele Länder und Athleten wie nie zuvor teilnahmen. Der amerikanische Schwimmer Mark Spitz holte sage und schreibe sieben Goldmedaillen. Die erst 16-jährige Ulrike Meyfahrt gewann zur allgemeinen Überraschung mit 1,92 Meter die Goldmedaille im Hochspringen. Im Medaillenspiegel lag wieder einmal die Sowjetunion vorn, vor den USA, der DDR und der Bundesrepublik Deutschland. Zum ersten Mal waren die Deutschen mit zwei getrennten Mannschaften vertreten.

Doch fünf Tage vor ihrem Ende wurden die so unbeschwerten, »heiteren Spiele« überschattet von einer schrecklichen Katastrophe: Der Geiselnahme eines palästinensischen Terrorkommandos im Quartier der israelischen Sportler, die in einem Blutbad endete. Die Bilder der mit Strumpfmasken verhüllten Terroristen auf den

Zum Zeichen der Trauer nach dem Terroranschlag bei der Olympiade 1972 in München stehen die Flaggen auf Halbmast.

Balkonen und den Scharfschützen in Trainingsanzügen auf den Dächern des Olympischen Dorfes werde ich nie vergessen, ebenso wenig das Foto des völlig ausgebrannten Hubschraubers auf dem Flughafen Fürstenfeldbruck. Die Spiele wurden nach nur einem Trauertag fortgesetzt. IOC-Präsident Avery Brundage sprach den umstrittenen Satz: »The games must go on«.

Zwei andere sportliche Highlights, die ich im Fernsehen verfolgt habe, haben für mich bis heute nichts von ihrem Glanz verloren. Das erste war die ebenfalls in Deutschland ausgetragene Fußballweltmeisterschaft 1974. Nach einer miserabel gespielten Vorrunde, von der vor allem das 0:1 gegen die DDR, das berühmte »Sparwasser-Tor« in Erinnerung blieb, holte die bundesdeutsche Elf im Endspiel gegen die Niederlande doch noch den Weltmeistertitel. In der 43. Minute erzielte Gerd Müller das entscheidende 2:1.

Das zweite Großereignis war der Boxkampf des Jahrhunderts in Zaire (»Rumble in the Jungle«) zwischen Muhammad Ali und dem körperlich überlegenen George Foreman, den Ali durch eine taktische Meisterleistung völlig unerwartet gewann.

Das Olympia-Attentat in München

Am Morgen des 5. September 1972 überwanden acht palästinensische Terroristen den zwei Meter hohen Zaun und drangen unbemerkt in das Olympische Dorf ein. Im israelischen Quartier verletzten sie einen Trainer und einen Sportler tödlich und nahmen neun Israelis gefangen. Die Terroristen des Kommandos »Schwarzer September« forderten die Freilassung von über 200 arabischen Gefangenen in Israel sowie der inhaftierten RAF-Mitglieder Ulrike Meinhof und Andreas Baader. Die völlig missglückte Befreiungsaktion auf dem Flughafen Fürstenfeldbruck endete in einem Desaster: Alle neun Geiseln und ein deutscher Polizist starben. Von den acht Attentätern überlebten drei. Palästinensische Extremisten pressten sie zwei Monate später durch eine Flugzeugentführung frei. In der BRD wurde aufgrund der Erfahrung von 1972 die Anti-Terror-Einheit GSG 9 gegründet.

Gesellschaft im Wandel

Etwas, was wir, die Angehörigen des Jahrgangs 1960, heute oft nicht wahrhaben wollen: Die Zeit, in die wir hineingeboren wurden, war eine zutiefst konservative mit einem gesellschaftlichen Konsens und Regeln, die heute geradezu altertümlich anmuten. Die Starre der Adenauerzeit, die 1949 begonnen hatte und erst 1963 endete, spürte man noch weit bis in dieses Jahrzehnt hinein.

Kinder der Kriegskinder

Was hat die Kriegskindheit unserer Eltern mit uns zu tun?

»Ach, ihr habt hier doch nichts erlebt«, sagte meine Mutter vorwurfsvoll und ärgerlich an die Adresse meines Vaters gerichtet, wenn er in wenigen Sätzen über seine Kindheit im Krieg berichtete, über den Hunger, den er durchlitten hatte. Über die Bombardierung der Möhneseetalsperre, die eine regelrechte Sintflut im Ruhrtal ausgelöst hatte. Über die aufgedunsenen Toten, die vor dem örtlichen Krankenhaus aufgebahrt worden waren. Wir Kinder waren immer erschrocken, wenn sie das sagte. Das nannte sie »nichts erlebt«? Sie, die anders als mein Vater aus einer großen Stadt im Rheinland kam, schilderte im Gegenzug in ähnlich knappen Worten ihre Flucht ins entfernte Thüringen, die sie großenteils zu Fuß, nur mit einem Leiterwagen ausgerüstet, hatte bewältigen müssen, und die Rückkehr in die total zerbombte Stadt. Und weiter? Meine Eltern erzählten von all dem nicht ausführlich, es waren nie mehr als kurze Statements. Und es waren immer dieselben. Danach redete man wieder über das Essen, die Arbeit oder die neuen Nachbarn. Es war so, als hätten meine Eltern ein geheimes Abkommen getroffen, nichts über ihre Kindheit während des Krieges zu erzählen, ein Schweigeabkommen. Wir Kinder wagten es nicht, nachzufragen, wir fühlten das Unbehagen, spürten, dass da etwas war, was Mutter und Vater lieber verdrängten.

Die Generation der Kriegskinder war konfrontiert mit Zerstörung, Flucht und Tod. Gesprochen hat kaum jemand über seine Erlebnisse.

Angestoßen durch das 2002 erschienene Buch *Im Krebsgang* von Günter Grass, in dem die Leiden der deutschen Bevölkerung während des Krieges geschildert werden, entstand erst in den letzten Jahren eine ganze Reihe von Büchern und Filmen, die das Thema beleuchten. Angesichts der deutschen Schuld und der vielen Opfer des Nationalsozialismus war es lange tabuisiert. Doch aktuelle psychologische Untersuchungen belegen, dass jedes zweite deutsche Kriegskind – also die zwischen 1930 und 1945 Geborenen – beschädigt bis traumatisiert ist. Aufschlussreich fand ich in diesem Zusammenhang die Schilderungen von Anne-Ev Ustorf in ihrem Buch *Wir Kinder der Kriegskinder* (2009). Es ist nicht nur das Schweigen über das Erlebte. Die Unfähigkeit, über Gefühle

Die Unfähigkeit zu Trauern *nannten Alexander und Margarete Mitscherlich 1967 ihr Buch über den Umgang der Deutschen mit der NS-Zeit.*

zu sprechen, eine Überbetonung des Funktionieren-Müssens, übertriebenes Sicherheitsdenken: das alles kommt mir bekannt vor. Dass unbewältigte Traumata an die nächste und sogar übernächste Generation weitergegeben werden können, macht mich mehr als nachdenklich.

Aufklärung? – Fehlanzeige!

In der Schule wurde im Juni 1969 das neue Fach »Sexualkunde« eingeführt, was besonders in katholischen Kreisen heftige Proteste auslöste. Es reichte schon, dass neuerdings mit großen Plakaten für die neuen Aufklärungsfilme geworben wurde, die in den 60er- und 70er-Jahren für volle Kinosäle sorgten. Über die Plakate drang die Kunde von diesen Filmen sogar bis zu uns Kindern; natürlich weckten sie unsere Neugier, doch das hieß noch lange nicht, dass uns unsere Eltern mit verlässlichen Informationen versorgt hätten. So gesehen sind wir zwischen den Generationen gelandet: In den Familien herrschte, was das Thema Sexualität anging, Stillschweigen, und für die Filme waren wir zu jung. Aufgeklärt wurde man, wenn überhaupt, auf der Straße.

Helga – Vom Werden des menschlichen Lebens, der im Auftrag der Gesundheitsministerin Käte Strobel gedreht wurde, war 1967 der erste Aufklärungsfilm, der eine real gefilmte Geburt in Nahaufnahme zeigte. Die Bilder lösten unter männlichen Kino-

Pioniere der Aufklärung: Bundesfamilienministerin Käte Strobel (links) stellt 1969 den Sexualkunde-Atlas *vor, der im Schulunterricht eingesetzt werden soll. Sie initiierte auch den Aufklärungsfilm* Helga. *Rechts Hauptdarstllerin Ruth Gassmann mit Oswalt Kolle.*

besuchern zahlreiche Ohnmachtsanfälle aus. Die von der 24-jährigen Ruth Gassmann gespielte Helga stellt Fragen, die die älteren Jugendlichen (FSK: ab 18) ihren Eltern nicht zu stellen gewagt hätten. Spielhandlungen wechseln mit Grafiken und Animationen, die von sachkundigem medizinischem Personal erläutert werden. Was uns heute belehrend und unfreiwillig komisch erscheint, war damals eine Sensation.

Oswalt Kolle, Sohn eines angesehenen Psychiaters, geht in seinen Filmen noch einen Schritt weiter, indem er Trieb und Lust mehr in den Vordergrund stellt. Sex sei nicht nur zum Kindermachen da, erklärte er. Aber auch er verzichtet in *Das Wunder der Liebe* von 1968 nicht auf begleitende Belehrungen und den wichtigen Hinweis, dass sein Film unter Mitwirkung von Universitätsprofessoren gedreht wurde, mit denen er in der Anfangssequenz des Films eine Viertelstunde plaudert. Nachdem Sexualwissenschaftler Giese erklärt hat, es reiche nicht, »dass einer eine Geige hat – es komme darauf an, wie er damit spielt« und Kolle zu zärtlichen, nicht zu hastigen Bewegungen rät, folgen einige Spielszenen mit jüngeren und älteren Paaren, die das Gesagte demonstrieren. Jede Szene musste Kolle vorab mit Jugendschützern durchdiskutieren und genehmigen lassen. Es nützte nichts. Dieser und seine nachfolgenden Filme waren handfeste Skandale in der biederen Bundesrepublik. Und obwohl allein *Das Wunder der Liebe* von mehr als sechs Millionen Bürgern gesehen wurde, erntete er heftige Kritik, besonders vonseiten des Staates und der Kirche. Er verstoße gegen Sitte und Moral, wurde ihm vorgehalten. Bei der Fortsetzung des Films im Jahr darauf ermittelte sogar die Staatsanwaltschaft.

Bis in meine Jugend hinein war die »Hausfrauenehe« mit dem Vater als alleinigem Familienoberhaupt noch gesetzlich festgelegt.

Von Trauschein und Familienplanung

Auch wenn die Tabus langsam fielen und die sexuelle Revolution, beschleunigt durch die 68er-Bewegung, nicht mehr aufzuhalten war, die Verhältnisse vielerorts, gerade in ländlichen Gegenden wie der unseren, waren noch anders. Die traditionelle Ehe galt weiter als das Nonplusultra. Sogar im Bürgerlichen Gesetzbuch stand, dass die Ehefrau sich primär um den Haushalt und um die Kinder zu kümmern hatte und der Mann zum finanziellen Unterhalt der Familie verpflichtet war. Dieser »Normalfall« herrschte auch bei uns: Die Domäne meiner Mutter war das Haus, während mein Vater, der Industriekaufmann war, sich Jahr um Jahr in der Firma hocharbeitete. Die Frau durfte nur erwerbstätig sein, wenn der Mann es gestattete. Diese sogenannte »Hausfrauenehe« wurde erst Mitte 1976 abgeschafft. Und auch Gesetze wie der Kuppelparagraf waren noch bis Anfang der 70er-Jahre gültig. Demnach war es unverheirateten Paaren verboten, eine gemeinsame Wohnung zu beziehen. Vermieter und Eltern, die das Zusammensein unverheirateter Paare duldeten, mussten auf der Hut sein. Bei Zuwiderhandlung konnte eine Haftstrafe verhängt werden. Um überhaupt an eine Wohnung zu kommen, entschlossen sich daher viele, schnellstmöglich den Bund der Ehe einzugehen. Bei einer Schwangerschaft war besondere Eile geboten. Ein uneheliches Kind brachte einen in Verruf. Ich erinnere mich noch, wie abschätzig meine Eltern – auch in späteren Jahren – über Nachbarn und Bekannte sprachen, die sich scheiden ließen oder in »wilder Ehe« lebten. Das war einfach in den Köpfen drin.

Doch dass sich schon etwas verändert hatte und der Wunsch nach größtmöglicher individueller Freiheit nicht mehr umkehrbar war, zeigten die empörten Reaktionen auf die 1968 veröffentlichte päpstliche Enzyklika »Humanae Vitae«, in welcher Papst Paul VI. die patriarchalische Familienstruktur verteidigte und das Verbot der Empfängnisverhütung bekräftigte. Die öffentliche Kritik deutscher Katholiken an der »Pillenenzyklika« war so heftig, dass sich die Bischöfe genötigt sahen, eine eigene abgemilderte Erklärung abzugeben, in der sie die

Einnahme der Pille, die seit 1961 in Deutschland erhältlich war, der individuellen Gewissensentscheidung der Gläubigen überließen. Dass ein Teil der Katholiken, möglicherweise auch meine eigenen Eltern, nach diesen widersprüchlichen Aussagen verunsichert waren und unter Gewissenskonflikten litten, ist anzunehmen.

Zeit der Spannungen und Widersprüche

Die späten 60er- und die anbrechenden 70er-Jahre waren eine explosive, unruhige Zeit, eine Zeit des Umbruchs, der Spannungen und Widersprüche. So glatt und selbstverständlich, wie sich in der oft verklärenden Rückschau alte, konservative Denkmuster mit einem Mal auflösen und eine neue Zeit anbricht, war es sicher nicht. Besonders, wenn das Elternhaus kräftig gegensteuerte. Mein Vater, der zeitlebens ein überzeugter CDU-Wähler war, hat die Weltläufte meiner Kindheit und Jugend mit seinen abfälligen Kommentaren über Linke und Kommunisten unablässig begleitet. Dass 1969 unter Willy Brandt eine sozialliberale Ära begann, die unter Helmut Schmidt fortgeführt wurde, hat ihn nicht gerade begeistert.

Ich selbst kannte in der siebten Klasse des Gymnasiums noch nicht einmal alle Minister der aktuellen Regierung, wie mein Vater irritiert feststellte. Es dauerte eine Weile, bis mein Interesse für die aktuellen politischen Entwicklungen und die Debatten der Bundespolitik erwachte. Aber an einigen politischen Ereignissen kam auch ich nicht vorbei.

Die Anschläge der RAF, die die Bundesrepublik seit 1970 erschütterten und die im Deutschen Herbst 1977 gipfelten, waren ein Thema, das uns alle beschäftigte. Unter meinen Mitschülern gab es hin und wieder Sympathieäußerungen, die ich erschrocken zur Kenntnis nahm.

Aus der Wahl 1969 geht Willy Brandt (Mitte) als Sieger hervor. Er wird der erste sozialdemokratische Bundeskanzler der BRD.

Die Abtreibungsdebatte polarisierte quer durch die Familien. Mit Parolen wie »Mein Bauch gehört mir« oder »Ob Kinder oder keine, entscheiden wir alleine« demonstrierte die bundesdeutsche Frauenbewegung gegen das bestehende Abtreibungsverbot in Deutschland. Zentrale Forderung war die Legalisierung des Schwangerschaftsabbruchs und die Streichung des Paragrafen 218. Im Gedächtnis haften blieb ganz besonders der provokative Titel des *Stern* vom 6. Juni 1971. Unter der Schlagzeile »Wir haben abgetrieben!« bekannten insgesamt 374 Frauen, einen Schwanger-

Chronologie des deutschen Herbstes

Im Jahr 1977 erreichte der Terror der Roten Armee Fraktion seinen Höhepunkt. Am 7. April wurden in Karlsruhe der Generalbundesanwalt Siegfried Buback und zwei seiner Begleiter erschossen. Am 30. Juli folgte der Mord an dem Dresdner-Bank-Chef Jürgen Ponto. Am 5. September wurde Arbeitgeberpräsident Hanns-Martin Schleyer in Köln entführt, der Fahrer und drei Leibwächter wurden erschossen. Am Tag darauf forderten die Entführer die Freilassung von elf gefangenen RAF-Terroristen, darunter Andreas Baader, Gudrun Ensslin und Jan-Carl Raspe, die seit 1972 im Hochsicherheitstrakt des Gefängnisses Stammheim inhaftiert waren und im April 1977 zu lebenslangen Haftstrafen verurteilt wurden. Die Bundesregierung war nicht zu einem Austausch bereit. Doch die sofort eingeleitete engmaschige Fahndung, die sich über das gesamte Bundesgebiet erstreckte, führte zu keinem Erfolg.

Im Herbst überschlugen sich die Ereignisse dann. Mit der RAF verbündete palästinensische Terroristen versuchten den Druck auf die Bundesregierung zu erhöhen. Am 13. Oktober entführten sie die Lufthansa-Maschine »Landshut«, die sich auf dem Rückflug von Mallorca nach Frankfurt am Main befand. Nach mehrtägigem Irrflug über das Mittelmeer und durch die arabische Welt und der Ermordung des Piloten Jürgen Schumann landete die Maschine schlussendlich in Mogadischu im ostafrikanischen Somalia. Am 18. Oktober, kurz nach Mitternacht, wurde das Flugzeug durch die Antiterroreinheit des Bundesgrenzschutzes, die GSG 9, gestürmt, alle 86 Geiseln wurden befreit. Noch in derselben Nacht begingen die in Stammheim inhaftierten Terroristen Andreas Baader, Gudrun Ensslin und Jan-Carl Raspe Selbstmord; Irmgard Möller überlebte schwer verletzt. Die Leiche des von seinen Entführern erschossenen Hanns-Martin Schleyer fand man am 19. Oktober im französischen Mülhausen. Ähnlich wie beim 11. September 2001 kann sich wahrscheinlich jeder noch erinnern, wo er sich befand, als er von diesen tragischen Ereignissen hörte. Deutschland hatte sich in diesen Tagen verändert.

Immer mehr Bürger engagierten sich in der Anti-Atomkraftbewegung – hier stürmen Teilnehmer einer Demonstration am 23. Februar 1975 das Baugelände des geplanten Reaktors bei Wyhl, das die Polizei mit Panzerdraht umzäumt hat.

schaftsabbruch vorgenommen und damit gegen den Paragrafen 218 verstoßen zu haben. Unter den Unterzeichnenden waren Prominente wie Romy Schneider oder Senta Berger, doch bei der Mehrzahl handelte es sich um ganz normale Frauen von nebenan. Die Frauenbewegung erstritt schließlich die Einführung der Fristenlösung, die aber 1975 nach einer Klage der CDU/CSU-Fraktion vom Bundesverfassungsgericht gekippt wurde. Damit galt in der BRD weiterhin das Indikationsmodell; in der DDR dagegen gab es ab 1972 die Fristenlösung.

Mindestens ebenso polarisierend waren die Aktionen der in den 70er-Jahren aufkommenden Anti-Atomkraftbewegung, die sich zur stärksten Bürgerrechtsbewegung in der Bundesrepublik Deutschland entwickelte. Sie waren sowohl gegen die militärische als auch gegen die zivile Nutzung der Kernenergie gerichtet. Der Sticker »Atomkraft – nein danke!« klebte schon bald an jeder dritten Autoscheibe. 1975 fand die erste Bauplatzbesetzung in Wyhl statt, doch es dauerte noch lange, bis Großdemonstrationen mit Zehntausenden von Atomkraftgegnern schließlich den Reaktorbau in Wyhl und Kalkar verhinderten.

Es gab noch viele weitere brisante politische Ereignisse in unserer Kindheit und Jugend: Willy Brandts von der Opposition attackierte Entspannungspolitik. Die Affäre um seinen Referenten Günther Guillaume, der als Stasispitzel enttarnt wurde, und der anschließende Rücktritt Brandts am 6. Mai 1974, den ich damals nicht wirklich nachvollziehen konnte. Die wachsenden Proteste gegen den sich zuspitzenden Vietnamkrieg, der 1973 mit dem Rückzug der Amerikaner endete. Die Watergate-Affäre, die 1974 zum Rücktritt Nixons führte … Zwischen unserem Geburtsjahr und dem Jahr 1978, in dem wir volljährig wurden, lag eine wahrhaft bewegte Zeit.

Chronik

4. Januar 1960
Der Literaturnobelpreisträger Albert Camus kommt in Südfrankreich bei einem Autounfall ums Leben.

14. März 1960
Konrad Adenauer und David Ben Gurion treffen in New York zusammen. Es ist die erste Begegnung eines deutschen und eines israelischen Regierungschefs.

21. März 1960
In der südafrikanischen Stadt Sharpeville richten Polizisten während einer friedlichen Demonstration von 20 000 Schwarzen ein Massaker an.

1. April 1960
Die USA schießen Tiros 1, den ersten Wettersatelliten, in die Erdumlaufbahn. Die Wettervorhersagen werden genauer.

14. April 1960
Die Zwangskollektivierung in der DDR wird für abgeschlossen erklärt. Industriell organisierte Landwirtschaftliche Produktionsgenossenschaften ersetzen die selbstständigen Hofstellen.

21. April 1960
Die neue brasilianische Hauptstadt Brasília wird von Staatspräsident Kubitschek eingeweiht.

1. Mai 1960
Ein amerikanisches Aufklärungsflugzeug vom Typ Lockheed U-2 wird über der UdSSR von einer sowjetischen Rakete abgeschossen. Die Spannungen zwischen beiden Supermächten nehmen zu.

1. Mai 1960
Auf dem Berliner Platz der Republik kommen 750 000 Demonstranten zu einer der größten Kundgebungen der Nachkriegszeit zusammen. Sie fordern Freiheit und das Recht auf Selbstbestimmung für beide Teile Berlins.

3. Mai 1960
Der Bundesvertriebenenminister Theodor Oberländer (CDU) tritt wegen seiner NS-Vergangenheit zurück.

11. Mai 1960
Der ehemalige SS-Obersturmbannführer Adolf Eichmann, Organisator der Judentransporte in die Konzentrationslager, wird in Argentinien vom israelischen Geheimdienst gefasst und nach Israel ausgeflogen.

22. Mai 1960
Ein schweres Erdbeben in Südchile fordert 5700 Todesopfer.

27. Mai 1960
Die türkische Regierung von Ministerpräsident Adnan Menderes, der seit 1950 mit zunehmend diktatorischen Mitteln regierte, wird vom Militär gestürzt. Menderes wird zum Tode verurteilt und ein Jahr später hingerichtet.

30. Mai 1960
Der sowjetische Schriftsteller Boris Pasternak stirbt im Alter von 70 Jahren. 1958 hatte er für seinen Roman *Doktor Schiwago* den Literaturnobelpreis erhalten, diesen aber auf Druck der politischen Führung zurückweisen müssen.

21. Juni 1960
Der deutsche Leichtathlet Armin Hary läuft als erster Mensch die 100 Meter in 10,0 Sekunden.

13. Juli 1960
Die Londoner Tate Gallery zeigt 268 Werke aus allen Schaffensperioden Pablo Picassos. Es ist seine bis dahin größte Retrospektive.

7. August 1960
Der kubanische Ministerpräsident Fidel Castro verkündet die Verstaatlichung des gesamten US-amerikanischen Firmeneigentums auf der Insel. Der Konflikt zwischen USA und Kuba spitzt sich zu.

18. August 1960
Die Antibabypille kommt auf den amerikanischen Markt.
Die noch unbekannten Beatles beginnen ihre Hamburg-Tournee.

20. August 1960
Die beiden sowjetischen Hunde Strelka und Belka in ihrer Sputnik V sind die ersten Lebewesen, die nach einer Erdumkreisung lebend auf die Erde zurückkehren.

25. August 1960
Beginn der XVII. Olympischen Sommerspiele in Rom. Die Fernsehsender übertragen die Spiele erstmals weltweit.

12. September 1960
Nach dem Tod Wilhelm Piecks, des Präsidenten der DDR, wird Walter Ulbricht, Erster Sekretär der SED, auch Vorsitzender im neugegründeten Staatsrat der DDR.

14. September 1960
Das Militär übernimmt die Macht in der frisch in die Unabhängigkeit entlassenen Republik Kongo. Der gewählte Ministerpräsident Lumumba wird unter Hausarrest gestellt und später ermordet.

7. Oktober 1960
Hitchcocks Film *Psycho* kommt in die bundesdeutschen Kinos.

10. Oktober 1960
Über 10 000 Menschen sterben bei Wirbelstürmen in Pakistan.

8. November 1960
Der Demokrat John F. Kennedy wird mit knappem Vorsprung vor dem Republikaner Richard M. Nixon zum 35. Präsidenten der USA gewählt.

1. Dezember 1960
Portugal gibt seine Weigerung bekannt, seine Kolonien aufzugeben. Erst 1974 werden sie in ihre Unabhängigkeit entlassen.

Über dieses Buch

Der Autor

Thomas Wimborn ist 1960 in einem Dorf am Rand des Sauerlandes geboren und aufgewachsen. Er studierte in Tübingen, München und Madrid Archäologie und Kunstgeschichte. Nach der Promotion arbeitete er mehrere Jahre als Redakteur in einem Buchverlag. Heute lebt er als freier Autor und Lektor mit seiner Familie in Tutzing am Starnberger See. In seinen Büchern und Artikeln schreibt er vorwiegend über Themen aus den Bereichen Kultur, Gesellschaft und Psychologie.

Bildnachweis

Privatbesitz des Autors: 33 oben links, 33 oben rechts, 37, 43, 44
ASS Altenburger Spielkarten: 33 unten links, 47
Alle übrigen Bilder: **dpa picture-alliance**

Impressum

Weltbild Buchverlag
–Originalausgaben–

Redaktion: Carmen Dollhäubl
Umschlaggestaltung: GROW COMMUNICATIONS Agentur für Werbung und Gestaltung, Augsburg
Umschlagfotos: dpa picture-alliance
Innenlayout: Sabine Müller
Layoutrealisation und Satz: Lydia Kühn
Reproduktion: Point of Media GmbH, Augsburg
Druck und Bindung: Firmengruppe APPL, aprinta druck, Wemding

Gedruckt auf chlorfrei gebleichtem Papier

Printed in the EU

ISBN 978-3-86800-273-7

2012 2011 2010 2009
Die letzte Jahreszahl gibt die aktuelle Ausgabe an.

Zeit der Verände
wird unabhäng
atische Präside
t-Konflikt · Wo
Das Erbe der NS
haft und Techni
Pop und Psycho
r der Rekorde ·
gen · Jetzt wird
piele meiner Ki
n Kindheit und
merkiste · Gese
el · Zeit der Ve
rika wird unabh

Zeit der Verände
wird unabhäng
atische Präside
t-Konflikt · Wo
Das Erbe der N
haft und Techni
Pop und Psych
r der Rekorde ·
gen · Jetzt wird
piele meiner Ki
n Kindheit und
merkiste · Gese
el · Zeit der Ve
rika wird unab

Manfred Mai · Birgit Rieger

Wörterbuch für Grundschulkinder

Mit vielen spannenden Sachgeschichten

In Zusammenarbeit mit der Grundschulredaktion im Westermann Schulbuchverlag

ENSSLIN

In neuer Rechtschreibung

2. Auflage 2007

Sachgeschichten: Manfred Mai
Illustrationen der Sachgeschichten: Birgit Rieger
Illustrationen des Wörterverzeichnisses: Sonia Dilg
Pädagogische Beratung:
Grundschulredaktion im Westermann Schulbuchverlag
Wörterverzeichnis: Barbara Bergmann
Assistenz: Uta Würker
Umschlagillustration: Birgit Rieger
Innengestaltung und Satz: anja barthel • tomilom design
Gesamtherstellung: westermann druck GmbH, Braunschweig
ISBN 978-3-401-41390-7

www.arena-verlag.de

Inhalt

Hallo, liebe Schülerin und lieber Schüler! 4

Die Sachgeschichten

Meine Familie: So viele Verwandte! 6
In der Schule: Wo steckt der Hausmeister? 8
Ich und die anderen: Zwei fremde Kinder 10
Kinder spielen: Die Straße ist kein Spielplatz 12
Fernsehen: Nicht echt 14
In der Freizeit: Wir machen Musik 16
Im Kaufhaus: Eine neue Jacke 18
Früher und heute: Reise in die Vergangenheit 20
Unser Körper: Arme, Beine, Po und Bauch 22
Mit allen Sinnen: Hier bin ich! 24
Körperpflege: Ein Monstergebiss 26
Beim Arzt: Kopf hoch, Philipp! 28
Gesund essen und trinken: Alles schön süß? 30
Berufe: Immer Ferien? 32
Die Feuerwehr: Es brennt! 34
Auf dem Bauernhof: Das Schönste auf der Welt 36
In der Bäckerei: Viele Körner 38
Im Straßenverkehr: Noch mal Glück gehabt 40
Unser Müll: Immer diese Abfallberge 42
Das Wetter: Leicht bewölkt 44
Das Wasser: Wenn der Wasserhahn tropft 46
Am Teich: Ein kleines Paradies 48
Auf der Wiese: Wie ein Urwald 50
Im Wald: Wo ist der Fuchs bei Tag? 52
Unsere Haustiere: Einfach vergessen! 54

Das Wörterbuch

Im Nachschlagen unschlagbar 56
Wörterbuch von A bis Z 58
Schwierige Wörter schwer zu finden 191

Hallo, liebe Schülerin und lieber Schüler!

Du hast gerade ein ganz besonderes Buch in der Hand. Genau genommen sind es nämlich zwei Bücher: ein Lesebuch und ein Wörterbuch.

Eins und eins ist eins!

Für das Lesebuch habe ich 25 Geschichten zu Themen geschrieben, über die ihr auch in der Schule sprecht: Familie, Haustiere, Berufe, Natur, Umwelt und viele mehr. Ich wünsche mir, dass dir die Geschichten gute Anregungen zum Nachdenken und Mitreden geben. Spaß machen sollen sie dir natürlich auch. Die Geschichten bestehen aus Wörtern, aus vielen Wörtern. Manche sind ganz kurz wie zum Beispiel das Wort „Ja“. Andere sind länger: suchen, vielleicht, liebevoll. Wieder andere bestehen sogar aus mehreren Wörtern: Handbewegung, Apfelsaft, Fußgängerüberweg.

Halt auf keinen Fall die Klappe! Sachgeschichten zum Mitreden

Wörter gut, alles gut!

Je mehr Wörter man kennt, desto besser kann man Geschichten erzählen. Wenn jemand zum Beispiel immer nur „gehen“ sagt oder schreibt, klingt das auf die Dauer recht langweilig. Und „gehen“ passt auch gar nicht immer so gut, denn manchmal schlendern, trotten, schlurfen, trippeln, laufen oder rennen die Leute. Deshalb haben wir zu jeder Geschichte eine Liste mit Wörtern zum Thema zusammengestellt und jeweils ein Beispiel, wie du etwas auch anders ausdrücken kannst: „Sag’s mal anders!“

Hier geht's rund, jetzt wird's bunt!

Die Bilder zu den Geschichten hat Birgit Rieger gemalt. Ich finde, sie sind ihr gut gelungen. Denn du kannst viel auf den Bildern entdecken. Birgit Rieger hat sich auch den frechen Papagei ausgedacht, der dich durch das Buch begleitet. Unser Papagei hat noch keinen Namen. Wenn du möchtest, kannst du ihm einen geben. Trage ihn einfach in sein Schild ein.

Namenlos! – Wie heiß ich bloß?

WILLI

Nachschlagen im Wörterbuch ist gar nicht so schwer, wie du vielleicht denkst. Wie das genau geht, erfährst du auf den Seiten 56/57. Das Wörterverzeichnis in diesem Buch ist ziemlich dick.
Du findest über 7500 Stichwörter. Wir haben alle wichtigen Wörter für dich zusammengestellt. Schlag nach und du wirst jedes Wort richtig schreiben!

Ein Nachschlag Schlagsahne: Schlag Sahne nach!

Ich habe auch ein Wörterbuch im Regal, ein altes von früher, als ich noch in die Schule ging. Und ein neues Wörterbuch steht daneben – für den Fall, dass ich etwas nicht weiß und nachschlagen will ...

Manfred Mai

So viele Verwandte!

Julias Mama feiert ihren dreißigsten Geburtstag mit der ganzen Familie.
„Na, Tochter, wie fühlt man sich mit dreißig?“, fragt Opa.
Julia hat nicht richtig zugehört. Sie guckt erstaunt und sagt: „Wieso dreißig, ich bin doch erst sieben!“
Mama lächelt. „Opa meint mich, Julia. Ich bin seine Tochter so wie du meine Tochter bist. Dein Großvater ist mein Vater.“
„Und dein Onkel Thomas ist mein Sohn und der Bruder deiner Mutter“, macht Opa weiter. „Und seine Frau Karin ist deine Tante und meine Schwiegertochter. Die Söhne von Thomas und Karin sind deine Cousins und meine Enkel, genau wie du.“
Das ist Julia zu viel auf einmal. Sie will jetzt auch nicht mehr über Verwandte reden, sondern lieber Torte essen. Erst als die Gäste weg sind und sie mit Mama allein ist, möchte Julia noch etwas wissen.
„Mama, wir haben alle weiße Haut, nur Luca ist braun. Das verstehe ich nicht.“
Mama setzt sich zu Julia. „Tante Karin hat Luca nicht geboren wie Philipp. Sie und Onkel Thomas haben Luca adoptiert, weil er keine Eltern mehr hatte. Luca ist also ihr Sohn geworden und Philipps Bruder, obwohl einer weiß und einer braun ist.“
„Und warum hast du für mich keine Schwester adoptiert?“
„Du weißt doch, dass dein Vater und ich uns getrennt haben, als du noch gar nicht geboren warst“, antwortet Mama. „Und ich glaube, ich hätte es nicht geschafft, allein noch ein zweites Kind großzuziehen.“ Sie knuddelt Julia liebevoll. „Du hast mir einfach gereicht, mein Schatz.“

Mein Wortschatz

adoptiert
der Bruder
der Cousin
die Cousine
der Enkel
die Enkelin
die Familie
geboren
der Geburtstag
getrennt
die Großmutter
der Großvater
großziehen
das Kind
die Mama
die Mutter
der Neffe
die Nichte
der Onkel
die Oma
der Opa
der Papa
die Scheidung
der Schwager
die Schwägerin
die Schwester
der Schwiegersohn
die Schwiegertochter
der Sohn
die Tante
die Tochter
der Vater
der Verwandte
die Verwandte

liebevoll

behutsam
gefühlvoll
vorsichtig
zärtlich

Wo steckt der Hausmeister?

Im Klassenzimmer der 2a flackert eine Deckenleuchte. Frau Blessing schickt Daniel zu Herrn Kurz, dem Hausmeister. Er soll eine neue Leuchtröhre einsetzen. Aber der Hausmeister ist nicht in seinem Raum. Daniel überlegt kurz und geht dann zum Lehrerzimmer. Der junge Lehrer, der drin sitzt, weiß nicht, wo der Hausmeister ist. „Frag mal Frau Gehlen im Sekretariat", rät er Daniel. Daniel war noch nie im Sekretariat. Sein Herz schlägt ein wenig schneller, als er anklopft.
„Herein!", ruft eine Stimme.
Daniel geht hinein, grüßt freundlich und fragt nach dem Hausmeister. Im gleichen Augenblick kommt die Schulleiterin aus dem Rektorat.

„Herr Kurz müsste im Computerraum sein, um einen Stuhl zu reparieren", sagt sie. „Weißt du, wo der Computerraum ist?"
Daniel schüttelt den Kopf.
„Gleich die erste Tür rechts, wenn du die Treppe hinuntergehst", erklärt die Schulleiterin.
Daniel macht sich auf den Weg und sieht schon von der Treppe aus, dass die Tür zum Computerraum offen steht. Zögernd geht er hinein. Zwischen den vielen Computern kniet der Hausmeister auf dem Boden und schraubt die Rückenlehne an einem Stuhl fest. Daniel stellt sich neben ihn.
„Na, was gibt's?"
„Bei uns wackelt ein Licht, und das sollen Sie reparieren", antwortet Daniel.

Mein Wortschatz

anklopfen
erklären
der Computer
der Computerraum
die Deckenleuchte
der Hausmeister
die Klasse
das Klassenzimmer
die Kreide
der Lehrer
die Lehrerin
das Lehrerzimmer
lernen
die Leuchtröhre
die Pause
der Raum
das Rektorat
reparieren
der Schüler
die Schülerin
der Schulhof
der Schulleiter
die Schulleiterin
die Schultasche
das Sekretariat
die Tafel
die Treppe
die Tür
der Unterricht
das Zeugnis

reparieren

ausbessern
ganz machen
in Ordnung bringen
den Schaden beheben

„Soso, ein Licht wackelt", sagt Herr Kurz und schmunzelt. „In welche Klasse gehst du denn?" „2a", antwortet Daniel.

„Sobald ich hier fertig bin, komme ich", sagt der Hausmeister. Daniel nickt und läuft erleichtert zurück in seine Klasse.

Zwei fremde Kinder

Am Montagmorgen kommt die Lehrerin etwas später als sonst zur ersten Stunde. Dafür bringt sie zwei fremde Kinder mit. „Das sind Hedvika und Miroslav. Sie werden von heute an in unsere Klasse gehen", sagt sie.
Jens will immer alles genau wissen. „Woher kommen die?", fragt er.
„Hedvika und Miroslav kommen aus einem Land, in dem Krieg war", antwortet die Lehrerin. „Beide haben ihre Eltern verloren und Miroslav wurde von einer Granate so schwer verletzt, dass die Ärzte sein linkes Bein amputieren mussten. Er hat jetzt zwar ein künstliches Bein, aber so gut gehen und laufen wie ihr kann er damit nicht."
Nach diesen Worten wird es plötzlich ganz still in der Klasse. Deswegen spricht die Lehrerin weiter.
„Beide leben seit einem halben Jahr in Deutschland und wohnen jetzt bei Verwandten in unserer Stadt. Sie haben auch schon ein wenig Deutsch gelernt, sodass ihr mit ihnen reden könnt."
Aber es dauert einige Zeit, bis sich die Ersten trauen. Sie möchten wissen, wie es im Krieg war, doch darüber wollen Hedvika und Miroslav nicht sprechen.
„Und wie ist es ohne richtiges Bein?", fragt Jens.
Miroslav dreht sich um und läuft weg, so schnell er kann.
„Er traurig, weil nicht mehr kann Fußball spielen", erklärt Hedvika.

Mein Wortschatz

ablehnen
akzeptieren
amputieren
anders
der Asylsuchende
die Asylsuchende
aufnehmen
auslachen
der Ausländer
die Ausländerin
behindert
berühren
die Bombe
dazugehören
fremd
die Fremdsprache
der Freund
die Freundin
die Freundschaft
die Granate
kennen lernen
der Krieg
das Land
die Menschlichkeit
das Misstrauen
das Mitleid
der Panzer
reden
sich trauen
traurig
verstehen
die Verwandten
das Vorurteil

schüchtern

ängstlich
befangen
gehemmt
unsicher
verlegen
zurückhaltend

„Da wäre ich auch traurig“, sagt Philipp.
„Fußball nicht wichtig. Wichtig nur, dass keine Bomben aus Flugzeug fallen und Panzer nicht mehr schießen“, sagt Hedvika leise.
Dabei steigen ihr Tränen in die Augen. Maria stellt sich so dicht neben sie, dass sie sich berühren und spüren.

Die Straße ist kein Spielplatz

Maxi ist mit seiner Oma unterwegs zum Spielplatz. Sie möchten auf die andere Straßenseite, aber die Autoschlange nimmt kein Ende.
Oma schüttelt den Kopf und sagt: „Stell dir mal vor, Maxi, auf dieser Straße haben wir als Kinder noch gespielt.“
Das glaubt Maxi nicht. „Dann wärt ihr doch überfahren worden.“
„Damals hat es noch nicht viele Autos gegeben“, erzählt Oma. „Die Straße war unser Spielplatz. Wir spielten Fangen und Verstecken, ließen unsere Holzreifen rollen, gingen auf Stelzen oder fuhren Tretroller. Und manchmal spielten die Buben auch Fußball auf der Straße.“
„Fußball? Auf der Straße?“ Das kann sich Maxi nun wirklich nicht vorstellen.
„Und meistens waren Kinder da, mit denen man spielen konnte, ohne sich vorher erst verabreden zu müssen“, erzählt Oma weiter.
Als sie den Spielplatz endlich erreicht haben, setzt Oma sich auf eine Bank. Maxi schaut sich um. Zwei Mädchen wippen, ein Junge sitzt im Gras und spielt Gameboy. Maxi kennt die Kinder nicht. Er ist froh, dass nur drei Kinder da sind. So hat er den ganzen Spielplatz fast für sich allein.

Mein Wortschatz

der Abenteuerspielplatz
allein
der Ball
das Brettspiel
der Bub
fahren
Fangen spielen
der Fußball
der Gameboy
gewinnen
der Holzreifen
der Junge
die Kinder
das Mädchen
rollen

die Rutschbahn
der Sandkasten
die Schaukel
spielen
der Spielplatz
die Stelzen
der Tretroller
sich verabreden
verlieren
Verstecken spielen
werfen
die Wippe
wippen
der Würfel
zusammen

gehen

eilen
laufen
rennen
schlendern
trotten

Nicht echt

„Mama! Mama! Dennis hat seine Schwester unters Auto gestoßen!“, ruft Alexander.
„Was?! Wo?!“ Mama läuft an ihm vorbei ins Wohnzimmer und schaut aus dem Fenster. „Wo denn?“, fragt sie noch einmal.
„Da“, sagt Alexander und zeigt zum Fernseher.
„Ach so.“ Mama atmet erleichtert auf. „Nur im Film.“
„Aber sie hat doch geblutet“, sagt Alexander immer noch ganz aufgeregt.
„Das war nicht echt“, beruhigt ihn Mama. „Das war nur gespielt.“
„Und das Blut?“, fragt Alexander zweifelnd.
Mama erzählt ihm, dass Schauspieler in Filmen nicht wirklich verletzt werden oder sterben.
„Das Blut ist rote Farbe und die Verletzungen werden von Maskenbildnern auf die Haut gemalt, dass sie wie echt aussehen. Wenn die Szene gedreht ist, wird alles wieder weggeputzt und die Schauspieler gehen fröhlich nach Hause.“
Das kann Alexander fast nicht glauben, weil alles so echt ausgesehen hat.
„Und jetzt schalten wir lieber aus“, sagt Mama. „Zu viel fernsehen ist nämlich nicht gut.“
„Halt!“, ruft Alexanders große Schwester Jennifer. „Gleich kommt eine Sendung über Tiere im Wald. Unser Lehrer hat gesagt, die sollen wir anschauen, da könnten wir viel lernen.“
„Dagegen habe ich natürlich nichts“, sagt Mama. „Solche Sendungen finde ich sogar sehr sinnvoll.“

Mein Wortschatz

anschauen
aufgeregt
ausschalten
der Bildschirm
das Blut
bluten
echt
einschalten
die Farbe
die Fernbedienung
fernsehen
der Fernseher
der Film
das Kabelfernsehen
die Kamera
der Maskenbildner
die Maskenbildnerin
die Nachrichten
der Regisseur
die Regisseurin
der Schauspieler
die Schauspielerin
die Sendung
die Serie
sinnvoll
spannend
spielen
der Spielfilm
die Szene
die Verletzung
das Video
die Werbung

sehen

betrachten
glotzen
gucken
schauen
wahrnehmen

Wir machen Musik

Lena sitzt zu Hause und langweilt sich. Deswegen ruft sie Sophie an. Die liest ein unheimlich spannendes Buch und kann jetzt nicht weg.
„Blöde Ziege", murmelt Lena und wählt Philipps Nummer.
„Ich geh zum Bolzplatz", sagt Philipp. „Dort spielen wir Fußball."
„Fußball ist doof!", ruft Lena ins Telefon und legt auf.
Danach versucht sie es noch bei anderen Kindern. Sarah, Felix und Vanessa gehen ins Hallenbad, Timo ist nicht zu Hause und Franziska will um vier zum Kinderturnen.
„Komm doch mit", sagt sie.
„Keine Lust", brummt Lena. Sie trottet ins Wohnzimmer und will den Fernseher einschalten, da klingelt es an der Wohnungstür. Jonas aus dem vierten Stock steht draußen und sagt: „Hallo, Lena! Kommst du mit ins JUZ? Wir machen Musik und singen, das ist immer ganz toll!"
Lena zögert, aber weil sie nichts Besseres zu tun weiß, geht sie mit Jonas ins Jugendzentrum. Einige Kinder sind schon da. Frau Beller hat ihre Gitarre und andere Instrumente mitgebracht: Rasseln, Triangeln, verschiedene Trommeln und ein Xylofon. Miriam und Benedikt haben noch ihre Flöten dabei.
Zuerst probieren die Kinder alle Instrumente aus. Lena steht mitten drin und ist voll dabei.
Dann beginnt Frau Beller auf ihrer Gitarre zu spielen. Das klingt toll, findet Lena. So möchte sie auch spielen können.
Ob sie sich eine Gitarre zum Geburtstag wünschen soll?

Mein Wortschatz

basteln
der Bolzplatz
das Buch
der Chor
fernsehen
die Flöte
Fußball spielen
die Gitarre
das Hallenbad
das Hobby
das Instrument
das Jugendzentrum
das Kinderturnen
das Klavier
langweilig

toll

großartig
klasse
prima
sehr gut
spitze
super

lesen
das Lied
malen
die Musik
Musik hören
probieren
das Radfahren
die Rassel
schwimmen
singen
spannend
der Sport
die Triangel
die Trommel
das Xylofon

Eine neue Jacke

Florian braucht eine neue Jacke. Das meint jedenfalls seine Mutter. Sie fährt mit ihm zum Einkaufen in die Stadt. Dort gehen sie in ein Kaufhaus. Vor einem Ständer mit Sonderangeboten bleibt die Mutter stehen. Sie nimmt eine blaue Jacke heraus und sagt: „Die ist doch schön."
Florian schüttelt heftig den Kopf.
„Oder die."
„Die ist ja für Babys", sagt Florian. „Mit der lachen mich die anderen aus."
„Hauptsache, die Jacke hält schön warm", meint die Mutter.
Aber da ist Florian anderer Meinung. Ein paar Meter weiter sagt er:
„So eine will ich!"

Während seine Mutter nach der passenden Größe und dem Preis schaut, kommt schon ein Verkäufer. „Das sind unsere aktuellen Herbstjacken. Die sind bei Jungen in seinem Alter zur Zeit der Renner."
Er nimmt eine vom Ständer und Florian zieht sie an.
„Die steht dir sehr gut", sagt der Verkäufer.
Florian ist zufrieden. „Die will ich. So eine hat Maxi auch."
„Wir schauen uns erst noch weiter um", sagt die Mutter und will Florian die Jacke ausziehen. Als er sich wehrt, zischt sie ihn scharf an: „Florian!"

Mein Wortschatz

aktuell
anziehen
billig
einkaufen
der Euro
die Größe
das Hemd
heruntergesetzt
die Hose
die Jacke
die Jeans
kaufen
das Kaufhaus
das Kleid
die Kleidung
die Kollektion
der Mantel
modisch
passen
der Preis
der Pullover
der Renner
der Rock
der Schlussverkauf
der Schuh
das Sonderangebot
der Ständer
teuer
der Verkäufer
die Verkäuferin

Ich brauche ...

Ich hätte gern ...
Ich möchte ...
Ich will ...
Ich wünsche mir ...

Der Verkäufer entfernt sich. „Die Jacke kostet 99 Euro. Die können wir nicht kaufen, die ist viel zu teuer“, flüstert Florians Mutter.
Florian schaut ganz traurig.
„Wir kommen noch mal im Schlussverkauf her“, versucht seine Mutter ihn zu trösten. „Vielleicht ist die Jacke dann heruntergesetzt.“

Florian sagt nichts mehr. Er wird eben weiter seine alte Jacke tragen. Die mag er sowieso am liebsten!

Reise in die Vergangenheit

„Heute machen wir eine Reise in die Vergangenheit“, sagt Papa.
„Hast du eine Zeitmaschine?“, fragt Maria.
Papa schüttelt den Kopf und lächelt verschmitzt.
Wenig später sitzt die ganze Familie im Auto.
„Fahren wir zu einer Ritterburg?“, möchte Moritz wissen.
„Nicht ganz“, antwortet Papa.
„Oder zu einem Schloss?“, fragt Maria.
„Auch nicht“, sagt Papa. „Früher hat es ja nicht nur Ritter und Fürsten gegeben – sondern?“
Maria und Moritz sehen einander ratlos an. Aber bald hat die Raterei ein Ende. Sie parken vor einem Gartenzaun, hinter dem ein altes Dorf als großes Museum im Freien aufgebaut wurde.
„In so einem Dorf haben unsere Großeltern als Kinder noch gelebt“, sagt Mama.
Sie gehen durch ein Bauernhaus. Dabei wird den Kindern klar, was es früher alles nicht gab: Elektroherd, Kühlschrank, Spülmaschine, Mikrowelle, Fernseher, Computer, Waschmaschine.

Mein Wortschatz

das Auto
automatisch
der CD-Player
der Computer
elektrisch
der Elektroherd
das Faxgerät
der Fernseher
der Fortschritt
früher
der Fürst
das Handy
das Holz
klingeln
die Kohlen

der Küchenherd
der Kühlschrank
die Mikrowelle
das Museum
der Ofen
die Ritterburg
das Schloss
die Spülmaschine
der Strom
das Telefon
die Vergangenheit
der Videorekorder
die Waschmaschine
die Zeit
die Zeitmaschine

„Gekocht und geheizt wurde mit Holz und Kohlen im Küchenherd“, erklärt Mama. „Und in der Wohnstube stand noch ein Ofen. In den anderen Zimmern wurde nicht geheizt.“
„Auch im Winter nicht?“, fragt Moritz.
In diesem Augenblick klingelt es in Papas Jacke.
„Das Handy passt überhaupt nicht hierher“, meint Mama etwas genervt.
„Entschuldigung“, sagt Papa und schaltet es aus.
„Auch im Winter nicht“, beantwortet Mama die Frage. „Das Leben war damals viel härter als heute. Die meisten Arbeiten mussten noch von Hand gemacht werden.“ Mama wirft Papa einen Blick zu. „Aber dafür wurden die Menschen nicht überall und zu jeder Zeit von piepsenden Telefonen gestört.“

Arme, Beine, Po und Bauch

Sport steht auf dem Stundenplan. Manche Kinder freuen sich, andere würden lieber rechnen oder schreiben.
„Nicht nur der Kopf ist wichtig“, sagt die Lehrerin, „sondern der ganze Körper. Deswegen müssen wir auch für den ganzen Körper etwas tun.“

Die Kinder laufen im Kreis. Einige keuchen schon in der zweiten Runde. Ihre Beine werden schwer, ihr Herz klopft heftig. Danach ist Gymnastik dran: Arme kreisen, Rumpf beugen und mit den Händen die Füße berühren, Oberschenkel- und Wadenmuskeln dehnen, Füße kreisen, auf Händen und Knien gehen, Katzenbuckel machen, auf dem Rücken liegend Kopf und Oberkörper anheben, dann die Beine, um die Bauchmuskeln zu stärken. Das schaffen nicht alle Kinder. Sie liegen platt am Boden.

Mein Wortschatz

anheben
der Arm
atmen
das Auge
der Bauch
die Bauchmuskeln
das Bein
berühren
beugen
die Brust
dehnen
der Finger
der Fuß
die Gymnastik
die Hand
das Herz
keuchen
das Knie
der Kopf
der Körper
laufen
der Mund
die Nase
der Oberkörper
der Oberschenkel
das Ohr
der Po
der Rücken
der Rumpf
schwer
der Sport
turnen
die Wadenmuskeln
der Zeh

„Ich kann nicht mehr“, keucht Patrick.
„Jetzt darfst du dich kurz ausruhen, bevor wir weitermachen“, sagt die Lehrerin.
Patrick hebt den Kopf ein wenig. „Und was kommt dann?“
„Bodenturnen“, antwortet die Lehrerin.
„Oh nein!“, seufzt Patrick. Er lässt den Kopf sinken und schließt die Augen. Wenn doch die Sportstunde nur schon vorbei wäre!

Hier bin ich!

Am Strand bauen ein paar Kinder eine Sandburg.
„Sie muss noch höher werden“, sagt Ayshe und holt Wasser. Damit panschen sie frischen Sandmörtel, der nur so durch die Finger quillt. Das fühlt sich gut an. Am Ende sind die Kinder mit ihrer Burg sehr zufrieden.
„Und jetzt?“, fragt Lasse.
Zuerst lutschen sie ein Eis. Das schmeckt lecker. Dann spielen sie Blindekuh. Lasse bekommt als Erster die Augen verbunden. Er spitzt die Ohren, um die anderen zu hören.
„Hier bin ich! Nein hier! Und schon wieder da!“, rufen die Kinder durcheinander.
Lasse dreht sich, greift hierhin und dorthin, aber immer ins Leere.
„Mama, was spielen die Kinder?“, hört er plötzlich eine Mädchenstimme fragen.
„Blindekuh“, antwortet die Mutter.
„Da kann ich mitspielen, ohne dass sie mir die Augen verbinden“, sagt das Mädchen.
Lasse versteht den Satz nicht, nimmt das Tuch von den Augen und sieht erst jetzt, was die anderen Kinder längst bemerkt haben: Das Mädchen ist blind.
„Darf ich mitspielen?“, fragt das Mädchen. „Ich heiße Kati.“
Die Kinder sind so durcheinander, dass sie nur nicken. Und Lasse streckt dem Mädchen das Tuch entgegen.
„Darf ich?“, wiederholt Kati.
„Klar“, antwortet Ayshe.
Es dauert nicht lange, bis Kati die ersten Kinder erwischt hat. Vielleicht kommt das daher, dass sie besser hören und riechen kann als die anderen. Jedenfalls strahlt Kati über das ganze Gesicht.

Mein Wortschatz

die Augen
bitter
blind
Blindekuh
bunt
dunkel
die Finger
fühlen
das Gesicht
hart
die Haut
hell
hören
laut
lecker
leise
lutschen
die Nase
die Ohren
panschen
quillen
rau
riechen
salzig
sauer
schmecken
sehen
süß
weich
die Zehen
die Zunge

hören

horchen
lauschen
lange Ohren machen
die Ohren spitzen

Ein Monstergebiss

Auf dem Lehrertisch liegt ein riesiges Gebiss. Ein richtiges Monstergebiss. Es ist den Kindern ein wenig unheimlich.
„Keine Angst, es beißt nicht“, sagt die Zahnärztin Frau Dr. Walter lächelnd.
Sie hat das Gebiss in die Schule mitgebracht, um den Kindern daran zu zeigen, wie man die Zähne richtig putzt.
„Das weiß ich schon lange!“, ruft Hannes und reibt mit dem Zeigefinger auf seinen Zähnen hin und her.
„Das genügt nicht“, sagt Frau Dr. Walter. „Wie man die Zähne richtig putzt, schauen wir uns jetzt gemeinsam an dem großen Gebiss an. Wer möchte es mal versuchen?“
Zuerst melden sich nur Vanessa und Niklas. Nach ihnen trauen sich auch andere an das Monstergebiss heran.

Doch die meisten putzen die Zähne falsch. Deswegen zeigt Frau Dr. Walter ganz langsam, wie man es richtig macht.
„Wir beginnen innen und lassen die Zahnbürste auf jedem Zahn kreisen. Also nicht einfach hin und her oder rauf und runter, sondern immer in kleinen Kreisen putzen. Wenn wir innen fertig sind, putzen wir außen. Und die Kauflächen dürfen wir auch nicht vergessen. Das ist natürlich ein bisschen anstrengender, als nur hin- und herzuputzen, aber dafür bekommen unsere Zähne keine Löcher und der Zahnarzt muss nicht bohren.“

Mein Wortschatz

außen
der Backenzahn
beißen
bohren
essen
das Gebiss
groß
innen
die Karies
die Kaufläche
kreisen
das Loch
die Mahlzeit
der Milchzahn
die Plombe

putzen
regelmäßig
reiben
richtig
die Schleckermäulchen
der Schneidezahn
Süßes
vergessen
der Zahnarzt
die Zahnärztin
die Zahnbürste
die Zahnpasta
das Zahnweh
die Zähne
ziehen

Zum Schluss möchte Frau Dr. Walter noch wissen, wie oft man die Zähne putzen sollte.
„Zweimal! Nein, dreimal! Nach dem Essen. Am Morgen und am Abend!", rufen die Kinder durcheinander.
„Nicht schlecht", sagt die Zahnärztin. „Am besten ist es, wenn wir unsere Zähne nach jeder Mahlzeit putzen, vor allem wenn wir etwas Süßes gegessen haben."
„Dann müsste ich meine den ganzen Tag putzen", flüstert Raphaela, die ein Schleckermäulchen ist. Sie denkt an ihre vielen Plomben.

Kopf hoch, Philipp!

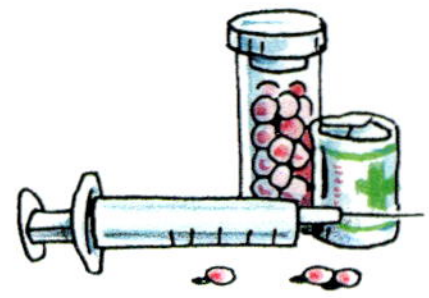

Canan und Philipp klettern im Garten um die Wette. Dabei rutscht Philipp ab und stürzt zu Boden. Nach einer Schrecksekunde fängt er an zu schreien. Papa kommt aus dem Haus gelaufen.

„Mein Bein tut so weh“, jammert Philipp.

Papa überlegt nicht lange, trägt ihn zum Auto und fährt ihn zum Arzt. Dort wird Philipp gleich auf die Liege im Behandlungszimmer gelegt. Dr. Vollmer kommt herein, untersucht Philipp und stellt fest: „Gebrochen ist nichts. Du hast also noch mal Glück gehabt, Philipp.“ Das rechte Fußgelenk ist verstaucht. Dr. Vollmer verteilt eine kühlende Salbe um den Knöchel herum und legt einen straffen Verband an. Dann setzt er sich an seinen Computer und beginnt zu schreiben. Wenig später rattert es und ein Rezept kommt zum Vorschein.

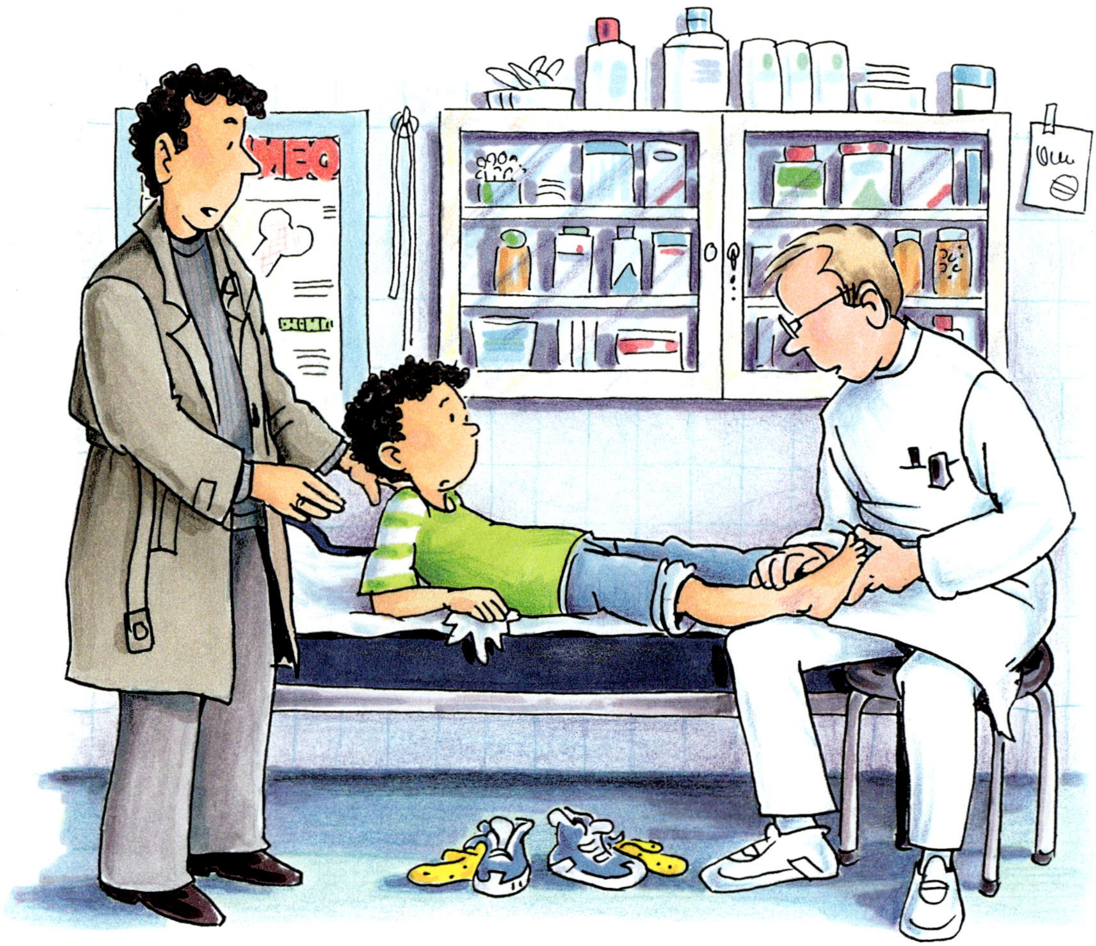

Mein Wortschatz

die Apotheke
der Arzt
die Ärztin
das Behandlungszimmer
bluten
das Fußgelenk
gebrochen
das Glück
helfen
der Knöchel
das Krankenhaus
die Liege
die Medizin
der Patient
die Patientin
das Pflaster
das Rezept
die Salbe
der Schmerz
das Schmerzmittel
die Spritze
das Stethoskop
die Tablette
die Tropfen
der Unfall
untersuchen
der Verband
verletzt
verstaucht
wehtun
die Wunde

„Ich habe ein leichtes Schmerzmittel aufgeschrieben“, sagt Dr. Vollmer zu Philipps Vater. „Davon soll er gleich einen Messlöffel voll nehmen und heute Abend noch mal einen. Die Salbe tragen Sie bitte dreimal täglich auf die verletzte Stelle auf und legen anschließend den Verband wieder an.“ Er wendet sich Philipp zu: „Kopf hoch! In einer Woche sehen wir uns wieder, dann ist das Schlimmste schon überstanden.“ Philipp nickt. Papa trägt ihn zum Auto und fährt sofort zur Apotheke, um das Schmerzmittel und die Salbe zu holen.

Zu Hause füllt er einen Messlöffel. „Schmeckt der Saft bitter?“, fragt Philipp.
„Ich weiß nicht“, antwortet Papa. „Hauptsache, er hilft.“

Alles schön süß?

Mama und Papa sind verschwunden! Lisa läuft suchend durch die vielen Gänge und kommt sich vor wie in einem Labyrinth.
„Lisa!“, hört sie Papa hinter sich rufen und rennt ihm erleichtert in die Arme. „Wo wart ihr denn?“
„Beim Käse.“
„Warum gibt es hier auch so viele Sachen, dass man sich verirren kann?“, fragt Lisa vorwurfsvoll.
„Das frage ich mich auch.“
Papa macht eine wegwerfende Handbewegung. „Und alles gleich mehrfach. Zehnerlei Kaffee, Joghurt, Pudding, Marmelade, Ketchup, Obstkonserven, Eier – wenn das überhaupt reicht.“
„Was meckerst du schon wieder?“, fragt Mama, die mit dem Einkaufswagen kommt. „Wir können froh sein, dass wir so eine große Auswahl haben.“
„Aber überall sind Aroma- und Konservierungsstoffe drin“, redet Papa weiter. „Und Zucker, damit auch alles schön süß schmeckt.“
„Deswegen kaufen wir ja vieles im Bioladen oder machen es selbst“, sagt Mama.
Sie gehen weiter zum Getränkemarkt. Lisa möchte Limonade, Mama schüttelt den Kopf. „Da ist auch wieder viel Zucker drin und noch anderes ungesundes Zeug.“
„Den Durst löscht Mineralwasser sowieso viel besser als klebrige Limonade“, meint Papa. Er stellt zwei Kisten unten in den Wagen.
„Und zum Mischen nehmen wir noch einen guten Apfelsaft ohne Zuckerzusatz mit“, sagt Mama.
Lisa zieht eine Schnute. Sie hätte lieber eine Kiste Limo gekauft, auch wenn die nicht so gesund ist wie Mineralwasser.

Mein Wortschatz

der Apfelsaft
das Aroma
die Auswahl
der Bio-Bauernhof
der Bioladen
BSE
das Ei
der Einkaufswagen
das Gemüse
gesund
der Getränkemarkt
der Joghurt
der Kaffee
der Käse
kaufen

der Ketchup
der Konservierungsstoff
die Limonade
die Marmelade
das Mehrkornbrot
die Milch
das Mineralwasser
das Obst
die Obstkonserven
der Pudding
ungesund
vegetarisch
die Vitamine
der Zucker
der Zuckerzusatz

trinken

nippen
nuckeln
saufen
schlürfen

Immer Ferien?

Bis vor sechs Wochen hat Sergios Mutter in einer Werkzeugfabrik gearbeitet. Weil zwei moderne Maschinen gekauft wurden, braucht man sie nun nicht mehr. Jetzt sucht sie eine neue Arbeitsstelle.
„Vielleicht lasse ich mich auch umschulen und mache etwas mit Computern“, sagt sie. „Das hat mehr Zukunft als die Metallverarbeitung.“
„Ich werde mal Profifußballer und verdiene ganz viel Geld“, sagt Sergio. „Dann muss ich gar nicht mehr arbeiten.“
„Und was machst du, wenn du zum Kicken zu alt bist?“
„Ferien.“
Sergios Mutter lacht. „Von 35 an Ferien, ich bin sicher, das würde dir bald langweilig werden.“
„Bestimmt nicht.“
„Hör mal, Sergio“, sagt die Mutter jetzt einen Ton ernster, „der Mensch kann nicht immer Ferien haben.
Er muss etwas tun können, möglichst etwas Sinnvolles. Und deswegen braucht er eine Arbeit, auch wenn er genug Geld hat und auf den Lohn gar nicht angewiesen ist.“
Sergio guckt seine Mutter fragend an.
„Ich freue mich, dass du so ein guter Fußballer bist, und du sollst auch weiter fleißig trainieren. Aber mindestens so wichtig ist für deine Zukunft, dass du in der Schule viel lernst, damit du später einen Beruf wählen kannst, der dir Freude macht.“
Sergio nickt, damit seine Mutter zufrieden ist.

Mein Wortschatz

trainieren

probieren
üben
versuchen

der Angestellte
die Angestellte
arbeiten
der Arbeiter
die Arbeiterin
arbeitslos
die Arbeitsstelle
die Ausbildung
der Auszubildende
die Auszubildende
der Beamte
die Beamtin
der Beruf
das Büro
die Computerfachleute

die Ferien
fleißig
das Gehalt
das Geld
der Lohn
die Maschine
der Mechaniker
die Mechanikerin

die Metallverarbeitung
modern
der Profifußballer
die Rente
umschulen
der Urlaub
verdienen
die Werkzeugfabrik

Es brennt!

„Es brennt!“, ruft Frau Kolbe mitten in der Stunde. Die Kinder schrecken auf und laufen zu ihrer Lehrerin nach vorn.
„Was müssen wir jetzt tun?“, fragt sie.
„Schnell hinaus ins Freie!“, ruft Marcel.
„Wir lassen alles stehen und liegen und gehen hinaus, aber ohne zu drängeln und zu rennen“, sagt Frau Kolbe und lässt die Kinder vorbei.
„Halt!“, ruft sie plötzlich.
Die Kinder bleiben stehen und schauen verunsichert zurück.
„Das habt ihr prima gemacht“, lobt die Lehrerin ihre Klasse. „So muss es klappen, wenn es wirklich brennt, dann passiert keinem etwas.“
Die meisten Kinder sind erleichtert, dass es ein falscher Alarm war.
Einige sind enttäuscht.
„Ich hab mich schon gefreut, dass hier mal was Tolles passiert“, murmelt Steffen.
Marina zeigt ihm einen Vogel.
„Was müssten wir als Nächstes tun, wenn wir in Sicherheit wären?“, möchte Frau Kolbe wissen.
„Die Feuerwehr alarmieren!“, rufen mehrere gleichzeitig.
„Mit der Nummer 112“, fügt Sarah noch hinzu.
„Sehr gut“, sagt Frau Kolbe. Sie winkt die Kinder zum Fenster.
Auf dem Schulhof steht ein echtes Feuerwehrauto. Jetzt sind die meisten nicht mehr zu halten.
Unten warten schon zwei Feuerwehrleute, zeigen und erzählen den Kindern eine Menge.
Zum Schluss hat Steffen noch eine Frage: „Wie geht es, dass die Feuerwehr immer so schnell ist?“
„Tja, dazu ist sehr viel Übung nötig“, antwortet einer. „Wir müssen jeden Handgriff immer wieder üben, bei Tag und Nacht, bei jedem Wetter. Nur so ist es möglich, dass alles reibungslos klappt und wir so schnell am Einsatzort sein können.“

Mein Wortschatz

alarmieren
das Atemschutzgerät
die Ausrüstung
der Brand
brennen
die Drehleiter
der Einsatzort
falscher Alarm
der Feuerlöscher
die Feuerwehr
das Feuerwehrauto
die Feuerwehrleute
der Feuerwehrmann
ins Freie
das Funkgerät

in Gefahr
der Helm
die Hilfe
das Löschfahrzeug
reibungslos
retten
der Schlauch
die Schnelligkeit
der Schrecken
die Schutzkleidung
die Sicherheit
das Sprungpolster
das Sprungtuch
die Übung
vorsichtig

drängeln

drücken
quetschen
schieben
schubsen
stoßen

„Aber genauso wichtig ist, dass die Leute wissen, was sie tun müssen, wenn's brennt oder wenn wir sonst gebraucht werden", sagt der zweite Feuerwehrmann. „Denn wenn wir zu spät gerufen werden, nützt all unsere Schnelligkeit nichts."

Das Schönste auf der Welt

Axel guckt vorsichtig aus seinem Zimmer, schleicht auf Zehenspitzen aus dem Haus, schiebt sein Fahrrad aus dem Garten und zischt mit einem Affenzahn davon. „Jippie!", ruft er in sicherer Entfernung und ballt die Faust. Er fährt mal wieder zum Bauernhof am Rand des Dorfes. Hasso bellt ihm freudig entgegen. „Hallo, Axel!", begrüßt ihn Bauer Jürgen. „Ich muss Grünfutter holen, willst du mitkommen?"

Axel nickt. Für ihn gibt es nichts Schöneres, als Jürgen bei der Arbeit zu helfen. Ob Heu-, Getreide- oder Kartoffelernte, ob Kühe melken, Schweine und Hühner füttern, ob säen, mähen oder pflügen, Axel ist mit Feuereifer dabei.

Um das Heu, das in zwei hohen Silos gelagert wird, für den Winter und das Frühjahr aufzusparen, holt Jürgen Grünfutter, solange es geht.

Mein Wortschatz

der Acker
ausmisten
der Bauer
die Bäuerin
der Bauernhof
die Ernte
das Feld
füttern
die Gans
das Getreide
das Gras
das Grünfutter
der Hahn
das Heu
das Huhn

die Kartoffel
der Kleinbauer
die Kuh
die Landwirtschaft
mähen
melken
die Melkmaschine
die Milch
der Mist
das Pferd
pflügen
säen
das Schaf
die Scheune
das Schwein

füttern

aufpäppeln
ernähren
zu fressen geben
mästen
verpflegen
versorgen

der Silo
der Stall
das Stroh
der Traktor
die Zitze

Und den Kühen ist das frische Gras lieber als trockenes Heu. Während Jürgen und Axel die Kühe füttern, legt die Bäuerin Karin einer Kuh nach der anderen die Saugrohre der elektrischen Melkmaschine an.
„Früher musste jede Kuh von Hand gemolken werden", sagt Karin zu Axel. „Und viele Kleinbauern tun das auch heute noch, weil eine Melkmaschine für sie zu teuer ist."
Das möchte Axel mal probieren. Karin zeigt ihm, wie es geht, und sofort schießt ein Milchstrahl aus der Zitze. Als Axel an den Zitzen zieht, muht die Kuh laut. Sonst tut sich nichts. Erst nach mehreren Versuchen kommen ein paar Tropfen.
„Melken von Hand ist nicht einfach und ziemlich anstrengend", sagt Karin und melkt die Kuh zu Ende. Axel nickt und hilft Jürgen lieber beim Stallausmisten.
Als er am Abend nach Hause kommt, muss Axel sich sofort ausziehen und unter die Dusche.
„Ich verstehe nicht, was dir an dem stinkenden Bauernhof so gefällt", sagt sein Vater.
„Alles!"

Viele Körner

Mama und Selina machen eine kleine Radtour. Auf einem schmalen Feldweg müssen sie anhalten, weil ein Mähdrescher gerade wendet. „Der mäht, drischt das Korn und presst das Stroh zu Ballen“, erklärt Mama. „Alles gleichzeitig. Deswegen macht er auch so viel Lärm.“ Sie reißt einen Halm ab, reibt die Ähre zwischen den Händen und pustet die Spreu weg, sodass die Körner zum Vorschein kommen. „So macht es der Mähdrescher im Grunde auch“, sagt Mama. „Und aus diesen Körnern wird Mehl gemacht ...“
„Und damit backt der Bäcker Brot und Kuchen“, führt Selina den Satz fort. Sie schauen dem Mähdrescher noch eine Weile zu. Dann fahren sie weiter. Unterwegs halten sie noch bei einer Bäckerei, um Brot zu kaufen. Vor ihnen ist ein älterer Mann dran, der zwei Brötchen möchte. „Aber keine mit Körnern drin“, sagt er, „dass mir beim Beißen fast die Zähne ausfallen.“

„Die Vollkornbrötchen sind aber sehr gesund“, entgegnet die Verkäuferin. Der Mann winkt ab. „Lassen Sie mich mit gesunden Brötchen in Ruhe. Schmecken müssen sie mir, sonst nichts.“
Die Verkäuferin packt ihm zwei helle Brötchen ein, damit der Mann zufrieden ist.
Selinas Mama achtet mehr auf gesunde Ernährung. Deswegen nimmt sie ein Sechskornbrot.
„Sind da sechs Körner drin?“, fragt Selina.
„Nicht sechs Körner, sondern sechs verschiedene Sorten“, antwortet Mama.
„Das muss man natürlich länger kauen als so ein einfaches weißes Brot“, sagt die Verkäuferin.
„Aber dafür hat man auch viel mehr davon.“

Mein Wortschatz

kauen

beißen
essen
knabbern
mümmeln

die Ähre
backen
der Bäcker
die Bäckerei
die Bäckerin
das Baguette
die Brezel
das Brot
das Brötchen
das Croissant
dreschen
die Ernährung
das Gebäck
gesund
der Halm
das Hörnchen
der Keks
das Korn
der Kuchen
der Mähdrescher
mähen
das Mehl
das Roggenmehl
das Sechskornbrot
die Sorte
die Spreu
der Teig
die Torte
der Verkäufer
die Verkäuferin
das Vollkornbrot
das Vollkornbrötchen
das Weizenmehl

Noch mal Glück gehabt

Nach Schulschluss laufen viele Jungen und Mädchen über den Schulhof, um als Erste bei den Bussen zu sein. Dort gibt es dann das tägliche Geschubse und Gedränge. Svenja läuft zwischen zwei Bussen hindurch auf die Fahrbahn – genau vor ein Auto. Der Autofahrer tritt auf die Bremse, dass die Reifen quietschen, und kann gerade noch einen Unfall verhindern. Das Kind auf dem Rücksitz ist zum Glück angeschnallt, sonst wäre es bei dieser Vollbremsung nach vorne geflogen und hätte sich vermutlich verletzt.
Lukas und Aileen sind wie andere Kinder sehr erschrocken.
„Da hat Svenja noch mal Glück gehabt“, sagt Lukas.
Er und Aileen gehen weiter bis zum Fußgängerüberweg. Weil das rote Männchen an der Ampel leuchtet, warten sie.
„Warum wartet ihr denn?“, fragt Samuel. „Es kommt doch gar kein Auto.“ Und schon ist er auf der Straße. Er bleibt sogar stehen und ruft zurück:
„Na los, ihr Angsthasen!“
„Pass auf!“, ruft Aileen ihm zu, weil zwei Radfahrer angesaust kommen.
Samuel springt zur Seite, stolpert und landet ziemlich unsanft auf dem Po.
Inzwischen leuchtet das grüne Männchen, Aileen und Lukas schauen zur Sicherheit noch nach links und rechts und gehen los.
„Bäh!“, macht Samuel und streckt ihnen die Zunge raus, als sie neben ihm stehen.
„Du bist doof“, sagt Aileen.
„Und ihr seid Angsthasen“, behauptet Samuel.
Aileen und Lukas lassen Samuel einfach stehen. Er ruft ihnen noch etwas hinterher, aber die beiden halten sich die Ohren zu.

Mein Wortschatz

die Ampel
angeschnallt
aufpassen
das Auto
der Autofahrer
die Bremse
der Bus
die Fahrbahn
der Fußgängerüberweg
das Gedränge
der Gehweg
die Kreuzung
leuchten
links
das Motorrad

erschrocken

bestürzt
entgeistert
entsetzt
fassungslos

parken
quietschen
der Radfahrer
rechts
der Reifen
der Rücksitz
die Sicherheit
der Stau
die Straße
überholen
der Unfall
das Verkehrsschild
verletzt
die Vollbremsung
der Zebrastreifen

Immer diese Abfallberge

„Vincent!“, ruft Mama. „Bring bitte den Abfall hinaus!“
„Immer ich“, brummt Vincent, nimmt den Abfalleimer und geht hinters Haus, wo die Mülltonnen stehen. Die Restmülltonne quillt schon über. Weil er den Abfall nicht wieder zurücktragen will, wirft Vincent ihn einfach in die Biotonne, obwohl er da nicht hineingehört.
Einige Zeit später hört Vincent eigenartige Geräusche. „Was ist das?“, fragt er.
„Keine Ahnung“, antwortet Mama. Beide gehen auf den Balkon – und trauen ihren Augen nicht. Der Parkplatz und der Weg zum Haus sind voller Müll. Ebenso die Straßen. Und aus den Tonnen quillt unaufhörlich Müll, immer mehr Müll. Nicht nur aus den Tonnen von Vincents Haus, nein, aus allen Tonnen bei allen Häusern.
Die Leute verriegeln Türen und Fenster. Draußen begraben die Müllmassen Autos unter sich.
Als die erste Ladung Müll auf den Balkon schwappt, ruft Vincent um Hilfe. Durch diesen Hilferuf wacht er auf, liegt nass geschwitzt und mit klopfendem Herzen im Bett.
Ein Glück, dass alles nur ein Traum war, denkt er. Aber nach diesem Albtraum kann Vincent lange nicht einschlafen. Und er fragt sich, warum er solche Sachen träumt.

Mein Wortschatz

der Abfall
der Abfalleimer
Abfall vermeiden
der Altglascontainer
die Altkleidersammlung
die Biotonne
entsorgen
der gelbe Sack
giftig
kaputt
der Komposthaufen
der Müll
die Müllabfuhr
der Müllberg
die Mülldeponie
der Müllmann
die Müllmassen
die Mülltonne
die Mülltrennung
der Papierkorb
die Papiertonne
das Pfandglas
das Recycling
die Restmülltonne
der Sondermüll
der Sperrmüll
umweltfreundlich
verbraucht
wegwerfen
der Wertstoff
die Wiederverwertung

eigenartig

außergewöhnlich
komisch
seltsam
ungewöhnlich

Leicht bewölkt

Morgen will die Schillerschule ihren halbjährlichen Wandertag durchführen – wenn das Wetter mitmacht. Gegen Abend möchte Miriam von ihrem Papa wissen, ob morgen schönes Wetter ist.
„Ich glaube schon."
„Aber du bist nicht sicher", hakt Miriam nach.
„Ganz sicher kann niemand das Wetter vorhersagen", meint Papa.
„Aber im Radio und im Fernsehen sagen sie doch immer, wie das Wetter am nächsten Tag wird." Miriam lässt nicht locker.
„Richtig", bestätigt Papa. „Die wissen von den Wetterstationen und von Satelliten im Weltraum, ob der Wind aus kalten oder warmen Gebieten kommt, ob Wolken im Anzug sind oder nicht. Wenn die Satellitenfotos zeigen, dass es morgen über Deutschland bewölkt sein wird, heißt das aber noch nicht, dass es über unserer Stadt regnet.
Vielleicht lassen die Wolken den Regen erst fünfzig Kilometer weiter fallen. Nur wenn es fast windstill ist und keine Wolken in Sicht sind, weiß man ziemlich sicher, dass es am nächsten Tag schön sein wird."
Miriam läuft in den Garten und kommt wenig später zurück.
„Es weht nur ein ganz, ganz leichter Wind und es sind nur ein paar kleine Wolken am Himmel."
„Wie könnte das Wetter dann morgen sein?", fragt Papa.
Miriam überlegt, bevor sie antwortet: „Leicht bewölkt, aber trotzdem schön, glaube ich."
Papa schmunzelt. „Das war fast so gut wie die Wettervorhersage im Radio."

Mein Wortschatz

leicht

- ein bisschen
- kaum
- unwesentlich
- wenig

bewölkt
der Blitz
der Donner
eisig
fallen
das Fernsehen
das Gewitter
der Hagel
heiß
der Himmel
kalt
kühl
der Meteorologe
die Meteorologin
der Nebel

das Radio
der Regen
regnen
der Satellit
der Schnee
schön
schwül
der Sturm
stürmisch
die Temperatur

vorhersagen
warm
der Weltraum
das Wetter
die Wetterstation
die Wettervorhersage
der Wind
die Windstärke
windstill
die Wolke

Wenn der Wasserhahn tropft

Seit drei Tagen benimmt sich Felix sehr eigenartig. Sobald im Haus irgendwo Wasser läuft, ist er sofort zur Stelle und schreibt seine Beobachtungen in ein Notizbuch – wie ein Detektiv.
„Was soll denn das?“, fragt seine Mutter schon leicht genervt.
„Ihr verbraucht alle zu viel Wasser“, sagt Felix.
„Wie bitte?“, fragt der Vater. „Was soll das heißen?“
Felix schlägt sein Notizbuch auf und liest vor: „Der Wasserhahn läuft beim Spülen. Felicitas duscht zweimal am Tag. Mama nimmt ein Vollbad, statt zu duschen. Alle spülen auf dem Klo zu lange. Wasserhahn im Bad tropft. Papa wäscht das Auto, obwohl es nicht schmutzig ist …“
„Jetzt reicht’s!“, unterbricht ihn der Vater. „Wie kommst du dazu …“
„Wir müssen aufschreiben, wo unnötig Wasser verbraucht wird und wie man Wasser sparen kann“, sagt Felix schnell.
„Ja aber …“
„Die Leute denken immer, es gäbe genug Wasser, weil man nur einen Hahn aufdrehen muss und schon läuft es“, redet Felix einfach weiter.

Mein Wortschatz

kostbar

einmalig
rar
viel wert
wertvoll

der Bach
duschen
feucht
der Fluss
gereinigt
die Kläranlage
das Klo
knapp
kochen
kostbar
das Meer
nass
die Quelle
der Regen
salzig
schmutzig
der See
sparen
spritzen
spülen
der Teich
trinken
das Trinkwasser
tröpfeln
verbraucht
das Vollbad
waschen
das Wasser
der Wasserhahn
die Wasserleitung
der Wasserverbrauch

„Aber gutes Wasser ist knapp. Das meiste Wasser auf der Erde ist so salzig oder schmutzig, dass man es zum Trinken, Kochen und Waschen nicht nehmen kann. Und das Wasser aus Flüssen und Seen muss in Kläranlagen gereinigt werden, bevor es sauber aus dem Hahn läuft. Das ist sehr teuer."
Felix' Eltern sind sprachlos. Dafür redet Felix weiter: „Sauberes, gutes Wasser ist sehr kostbar. Deshalb müssen wir damit sparen und dürfen es nicht unnötig verbrauchen."
Die Eltern gucken wie zwei ertappte Kinder und können nur nicken.

Ein kleines Paradies

Familie Finkenstein macht eine Radtour ins Grüne. Nach ein paar Kilometern ruft Manuel: „Anhalten! Ich brauche eine Pause!“
Die Eltern und Franziska bremsen und stellen ihre Räder ab.
Manuel geht zum Ufer des Baches, der neben dem Radweg fließt.
Er schöpft mit den Händen Wasser und klatscht es sich ins Gesicht, um sich zu erfrischen. Dann will er davon trinken.
„Nicht trinken“, sagt Mama.
„Man weiß nie, was in dem Wasser alles drin ist.“
„Aber es ist doch ganz klar.“
„Trotzdem könnten Giftstoffe drin sein, die man nicht sieht“, sagt Papa.
„Da schwimmt ein Fisch!“, ruft Franziska. „Und da noch einer!“
Alle schauen gebannt den beiden Fischen zu, wie sie flink zwischen den Steinen verschwinden.

Nach einer kleinen Pause fährt die Familie weiter bis zu einem Teich. Dort schwimmt eine Ente mit ihren Küken. Aus dem Schilf steigen Vögel auf. Und mitten im Teich blühen sogar Seerosen.
„Das ist ja ein kleines Paradies“, schwärmt Mama.
„Jetzt fehlt nur noch, dass Frösche quaken“, sagt Papa.
„He, seht mal!“, ruft Manuel.
„Das sieht aus wie ein kleiner Hubschrauber.“
„Das ist eine Libelle“, erklärt Franziska ihrem Bruder.
Die Libelle scheint einen Augenblick über dem Wasser zu stehen und schwupp! – schon ist sie weg.
„Schön, dass es so etwas noch gibt“, sagt Mama.

Mein Wortschatz

der Bach
blühen
die Ente
der Fisch
die Forelle
der Frosch
der Froschlaich
das Gewässer
die Giftstoffe
das Gras
der Karpfen
die Kaulquappe
das Küken
die Libelle
die Mücke
das Naturschutzgebiet
plätschern
quaken
der Reiher
der Rohrkolben
das Schilf
die Schwertlilie
die Seerose
das Seerosenblatt
der Stein
surren
tauchen
der Teich
das Ufer
die Uferböschung
der Vogel
die Wasserschnecke

flink

blitzartig
eilig
flugs
geschwind
rasch
schnell

Wie ein Urwald

Die Mädchen und Jungen reden im Unterricht über die vier Jahreszeiten. Für die meisten ist der Sommer mit Ferien und Freibad die schönste Zeit im Jahr, für die wenigsten der Herbst. Einige finden den Winter mit Schnee und Weihnachten besser, andere den Frühling.

„Wenn nach dem kalten Winter im Frühling die Sonne wieder mehr scheint und draußen alles zu wachsen beginnt, freue ich mich ganz arg“, sagt Katharina. Dann erzählt sie von ihrem großen Garten, der völlig anders aussieht als die anderen Gärten des Ortes.
„Wir haben keinen Rasen, sondern eine Wiese, auf der viele Blumen wachsen: Gänseblümchen, Löwenzahn, Margeriten, Hahnenfuß, Fingerhut, rote Lichtnelken und noch ein paar andere, die ich nicht kenne. Wir haben auch Obstbäume, Haselnuss-, Flieder- und Holundersträucher.“

„Mein Papa hat mal gesagt“, redet Clara dazwischen, „euer Garten sieht aus wie ein Urwald.“
„Ein bisschen schon“, gibt Katharina zu. „Aber uns gefällt er so.“
„Ich bin sicher, verschiedenen Tieren gefällt euer Garten auch“, sagt der Lehrer.
„Ja, bei uns bauen Vögel ihre Nester“, berichtet Katharina. „Und wir haben noch Nistkästen an die Bäume gehängt.

Es gibt auch ganz viele Schmetterlinge und manchmal höre ich es bis in mein Zimmer summen, so viele Bienen sind im Garten.
Ich habe auch schon Igel gesehen, und wenn im Herbst die Haselnüsse reif sind, kommt ein Eichhörnchen, holt sie runter und vergräbt sie.
Das sieht immer putzig aus.“
Der Lehrer wiegt nachdenklich den Kopf. „In eurem Wiesengarten ist viel mehr Leben als in den üblichen Rasengärten. Wenn ich einen Garten hätte, müsste er auch so lebendig sein.“

Mein Wortschatz

die Biene
blühen
die Blume
die Blüte
das Eichhörnchen
der Fingerhut
der Flieder
der Frühling
das Gänseblümchen
der Garten
das Gras
die Haselnuss
der Herbst
der Holunder
der Igel

putzig

drollig
goldig
lustig
süß
witzig

die Jahreszeiten
der Löwenzahn
die Margerite
das Nest
der Nistkasten
der Obstbaum
der Rasen
der Schmetterling
der Sommer
die Sonne
der Strauch
summen
der Vogel
wachsen
der Winter

Wo ist der Fuchs bei Tag?

Lara, Jan und Fabrizio sind mal wieder auf Abenteuersuche. Als sie den Wald betreten, ist ihnen, als kämen sie in eine andere Welt. Hier ist es viel dunkler als draußen und still, unheimlich still. Die drei Kinder gehen langsam weiter, flüstern nur noch und schrecken bei jedem Geräusch zusammen.
Es dauert eine Weile, bis sie sich an die neue Welt gewöhnt haben, dann werden sie wieder etwas lauter.
Sie gehen zu dem Versteck, das sie im vergangenen Sommer aus Zweigen gebaut haben. Aber jetzt liegen dort nur noch Äste mit einzelnen braunen Blättern.
Plötzlich raschelt es hinter ihnen. Blitzschnell drehen sie sich um und sehen ein Eichhörnchen. Es läuft zum nächsten Baum und klettert am Stamm hoch. Ein Vogel fliegt kreischend auf. Unten guckt eine Maus neugierig aus ihrem Loch, kommt heraus und huscht davon.

„Der Wald ist wie ein großes Haus“, flüstert Jan. „Unter dem Boden, im Keller, wohnen Mäuse, Käfer, Würmer und noch mehr winzige Tierchen.“
„Im Erdgeschoss wohnen Rehe, Hirsche, Wildschweine, Füchse und Hasen“, führt Lara den Gedanken weiter.
Fabrizio zeigt zu den Baumkronen hoch. „Und dort oben wohnen Eichhörnchen und Vögel.“
„Habt ihr schon mal einen Fuchs oder ein Wildschwein gesehen?“, fragt Jan leise.
„Nur im Wildgehege hinter einem Zaun“, antwortet Fabrizio.
Jan schaut sich um. „Ob es in diesem Wald auch welche gibt?“
„Bei Tag schlafen die“, macht Lara sich und den anderen Mut.
„Hoffentlich“, murmelt Jan.

Mein Wortschatz

die Ameise
der Ameisenhügel
der Ast
der Baum
die Baumkrone
das Blatt
dunkel
das Eichhörnchen
der Fuchs
der Hase
der Hirsch
der Käfer
das Laub
die Maus
das Moos
rascheln
der Pilz
das Reh
schattig
der Specht
der Stamm
der Tannenzapfen
das Versteck
der Vogel
der Wald
die Waldlichtung
das Waldsterben
das Wildgehege
das Wildschwein
der Wurm
der Zweig

huschen

flitzen
rennen
sausen
wuseln

Einfach vergessen!

Endlich hat Vanessa den lang ersehnten Zwerghasen bekommen. Sie tauft ihn Moppel und würde am liebsten den ganzen Tag mit ihm spielen. Aber das geht natürlich nicht, weil Vanessa in die Schule muss und Moppel auch mal seine Ruhe braucht. Dann liegt er in seinem Käfig, den Papa extra gekauft hat. Wenn er Zeit hat, will Papa aus Maschendraht ein großes Laufgitter bauen und im Garten aufstellen. Dann hat Moppel mehr Auslauf und fühlt sich bestimmt wohler. Aber noch verbringt Moppel viel Zeit in seinem kleinen Käfig.

Nach einigen Tagen sagt Mama zu Vanessa: „Ich glaube, dein Moppel würde sich sehr freuen, wenn du seinen Käfig mal ausmisten und putzen würdest.“
„Kannst du das nicht machen?“
Mama schüttelt den Kopf. „Moppel ist doch dein Hase. Du hast deine Freude an ihm und du musst auch dafür sorgen, dass er sich wohl fühlt. Dazu gehört nun mal ein sauberer Käfig.“
„Also gut“, brummt Vanessa. „Aber erst muss ich noch Schularbeiten machen.“
Während Vanessa über den Rechenaufgaben sitzt, ruft ihre Freundin Rici an. Und wenig später ist Vanessa verschwunden.
Als sie wieder nach Hause kommt, warten ihre Eltern schon.

Mein Wortschatz

das Aquarium
ausführen
der Auslauf
ausmisten
der Fisch
füttern
gesund
der Goldfisch
der Hamster
das Haustier
der Hund
der Käfig
der Kanarienvogel
die Katze
das Laufgitter

das Lebewesen
der Maschendraht
das Meerschweinchen
putzen
sauber
die Schildkröte
streicheln
der Tierarzt
die Tierärztin
verantwortlich
versorgen
der Wellensittich
zahm
zutraulich
der Zwerghase

verschwunden

nicht mehr da
unauffindbar
verschollen
weg

„Du solltest doch den Käfig noch ausmisten“, sagt Mama.
„Hab ich vergessen“, murmelt Vanessa.
„Vergessen?“ Papa reibt sich das Kinn. „Du wolltest unbedingt einen Zwerghasen. Jetzt hast du einen und bist auch für ihn verantwortlich. Du kannst Moppel nicht einfach in die Ecke stellen wie ein Spielzeug und wieder hervorholen, wenn du Lust dazu hast. Moppel ist kein Spielzeug, sondern ein Lebewesen. Er braucht dich und er muss sich auf dich verlassen können, so wie du dich auf uns verlassen kannst.“
Vanessa nickt.

Im Nachschlagen unschlagbar!

Ein Wörterbuch ist zum Nachschlagen da. Und damit du das Wort, das du suchst, auch schnell findest, musst du nur einige Kleinigkeiten beachten. Eine Regel gilt für alle Wörterbücher: Die Wörter sind nach dem Abc geordnet.

A
B
C
D

Die Abc-Leiste

Damit du immer weißt, wo du gerade im Abc bist, siehst du eine farbige Abc-Leiste am Rand jeder Seite. Der entsprechende Buchstabe ist mit einem farbigen Kasten markiert. Solltest du also mal etwas durcheinanderkommen, wirf einen Blick auf die Abc-Leiste. Das hilft auch, wenn du dir nicht sicher bist, welche Buchstaben aufeinander folgen.

Bi Bl

die **Bitte**, die Bitten
bitten, du bittest, er bat, sie hat gebeten
bitter
Bl
die **Blamage**, die Blamagen (sprich: blamaasche)
sich **blamieren**, du blamierst dich

Die Hilfsleiste

Oben auf jeder Doppelseite befindet sich eine Hilfsleiste. Sie zeigt dir den ersten und die zweiten Buchstaben der Wörter an. So kannst du gezielt nach Wörtern mit „Bl" oder „Lu" suchen. Denn auch unter jedem Anfangsbuchstaben sind die Wörter nach dem Abc geordnet.

Buchstabenwechsel

Jeder Buchstabenwechsel des 2. Buchstabens ist in der Spalte farbig angegeben und markiert.

Wer sucht, der findet!

Die meisten Wörter, die du suchst, wirst du an der richtigen Stelle finden.

1. Namenwörter (Nomen)

Du findest sie in der Einzahl. Die Mehrzahl steht direkt dahinter. Nur wenn Einzahl und Mehrzahl gleich sind, ist das Wort nur einmal angegeben. Wenige Wörter in der deutschen Sprache kennen keine Mehrzahl. Dann steht natürlich auch nichts da.

Zum Beispiel:

der **Affe**, die Affen

der **Anker** –
die Mehrzahl heißt ebenfalls „Anker"

der **Atem** – hierzu gibt es keine Mehrzahl

Bilde immer zuerst die Einzahl, wenn du ein Wort in der Mehrzahl suchst:

die **Affen** – der **Affe**

Wenn du zu einem Namenwort den Begleiter (Artikel) wissen willst, schlage unter dem Namenwort nach:

Recycling – **das** Recycling

2. Zeitwörter (Verben)

Du findest sie in der Grundform und in der Gegenwart. Wenn die Vergangenheit nicht mit „-te" gebildet wird, sind die 1. Vergangenheit (Präteritum) und die 2. Vergangenheit (Perfekt) ebenfalls dazugeschrieben.

Zum Beispiel:

gehen, du gehst, er ging, sie ist gegangen

Suche also immer zuerst nach der Grundform, wenn du wissen möchtest, wie die Vergangenheitsform geschrieben wird:

er **las** ein Buch – **lesen**, du liest, **sie las**, er hat gelesen

3. Eigenschaftswörter (Adjektive)

Bei besonderen Adjektiven steht auch die Steigerungsform.

Zum Beispiel: gut – besser – am besten

Suche nach der Grundstufe:
größer – groß, **größer**, am größten

4. Fremdwörter

Fremdwörter werden häufig anders ausgesprochen, als man sie schreibt. Du findest hinter jedem schwierigen Fremdwort seine Aussprache. Schau auf die Seiten 191/192, wenn du weißt, wie man ein Wort ausspricht, aber es nicht schreiben kannst.

Nichts gefunden?

Manche zusammengesetzten Wörter sind nicht extra aufgeführt. Zerlege das Wort in seine Bestandteile und schau unter den Einzelbegriffen nach.

Zum Beispiel:

die **Sporttasche**: Schlage **Sport** nach und **Tasche** und setze beide Wörter zusammen!

durchlesen: Schlage **durch** nach und **lesen** und setze beide Wörter zusammen!

entnehmen: Schlage zuerst ein Wort mit **ent** nach, zum Beispiel **ent**laufen, dann suche **nehmen**.

spiegelglatt: Schlage **Spiegel** nach und **glatt** und setze beide Wörter zusammen!

Wenn dein Wort nicht in diesem Wörterbuch steht, suche ein verwandtes Wort!

Zum Beispiel:

die **Fröhlichkeit** – Schau bei **fröhlich** nach!

Ganz schön knifflig!

Manche Wörter beginnen mit einem anderen Buchstaben, als du vielleicht denkst. Dann probiere es an anderer Stelle noch mal!

der **Campingplatz** steht unter **C**, nicht unter **K**

das **Phantom** steht unter **Ph**, nicht unter **F**

der **Vampir** steht unter **V**, nicht unter **W**

Ein Tipp zum Schluss

Schlag immer nach, wenn du unsicher bist, wie man ein Wort schreibt. Mit etwas Übung wird es dir immer schneller gelingen. Dann bist du bald im Nachschlagen unschlagbar. Du wirst dir immer mehr Wörter merken und sie nicht mehr nachschlagen müssen. Und dann? Keine Sorge! Es bleiben immer genug schwierige Wörter übrig – für dich, für mich und alle Menschen, die richtig schreiben möchten.

A B C D E F G H I J K L M N O P Q R S T U V W X Y Z

Aa

der **Aal**, die Aale

Ab

ab

die **Abbildung**, die Abbildungen

abbrechen,
du brichst ab, sie hat abgebrochen

das **Abc**

der **Abend**, die Abende,
eines Abends, heute Abend

das **Abendbrot**

das **Abendessen**

abends

das **Abenteuer**

der **Abenteuerspielplatz**,
die Abenteuerspielplätze

aber

abfahren, du fährst ab,
sie fuhr ab, er ist abgefahren

die **Abfahrt**, die Abfahrten

der **Abfall**, die Abfälle

der **Abfalleimer**

die **Abfallvermeidung**

abfliegen, du fliegst ab, er flog ab,
sie ist abgeflogen

abgeben, du gibst ab, sie gab ab,
er hat abgegeben

abgehetzt

abgelenkt

abgemacht

abgucken, du guckst ab

der **Abhang**, die Abhänge

abholen, du holst ab

das **Abitur**

sich **abkühlen**, du kühlst dich ab

die **Abkürzung**, die Abkürzungen

ablehnen, du lehnst ab

abnehmen,
du nimmst ab, er nahm ab,
sie hat abgenommen

abreisen, du reist ab
(in die Ferien abreisen)

abreißen, du reißt ab, er riss ab,
sie hat abgerissen
(ein Haus abreißen)

der **Absatz**, die Absätze

abschalten, du schaltest ab

abscheulich

der **Abschied**, die Abschiede

abschließen,
du schließt ab, sie schloss ab,
er hat abgeschlossen

abschneiden,
du schneidest ab, er schnitt ab,
sie hat abgeschnitten

abschreiben,
du schreibst ab, sie schrieb ab,
er hat abgeschrieben

abseits

absenden, du sendest ab,
er sandte ab,
auch: er sendete ab,
sie hat abgesandt,
auch: sie hat abgesendet

der **Absender**

absichtlich

abspringen,
du springst ab, sie sprang ab,
er ist abgesprungen

abspülen, du spülst ab

der **Abstand**, die Abstände
abstürzen, du stürzt ab
das **Abteil**, die Abteile
abwärts
das **Abwasser**, die Abwässer
abwechseln, du wechselst ab
abwechselnd
abwehren, du wehrst ab
abzählen, du zählst ab
das **Abziehbild**, die Abziehbilder

Ac

ach!
die **Achse**, die Achsen
die **Achsel**, die Achseln
acht, achtmal
achten, du achtest
die **Achterbahn**, die Achterbahnen
Acht geben, du gibst Acht, er gab Acht, sie hat Acht gegeben
achtzehn
achtzig
ächzen, du ächzt
der **Acker**, die Äcker
die **Action** (sprich: äktschn)
der **Actionfilm**, die Actionfilme

Ad

addieren, du addierst
die **Addition**, die Additionen
ade
die **Ader**, die Adern
das **Adjektiv**, die Adjektive
der **Adler**
adoptieren, du adoptierst (ein Kind adoptieren)
die **Adoptiveltern**
die **Adresse**, die Adressen
der **Advent**
die **Adventsfeier**, die Adventsfeiern

Ae

die **Aerobic**, auch: das Aerobic

Af

der **Affe**, die Affen
Afrika
der **Afrikaner**
die **Afrikanerin**, die Afrikanerinnen
afrikanisch
der **After**

Ag

die **AG** (Abkürzung für Arbeitsgemeinschaft), die AGs
aggressiv
Ägypten

Ah

aha!
ahnen, du ahnst etwas
ähnlich
die **Ähnlichkeit**, die Ähnlichkeiten
die **Ahnung**, die Ahnungen
ahnungslos
der **Ahorn**, die Ahornbäume
die **Ähre**, die Ähren

Ai

das **Aids** (sprich: äids) (Krankheit)
der **Airbag** (sprich: ährbäg), die Airbags (Luftkissen im Auto)

Ak

der **Akkord**, die Akkorde
das **Akkordeon**, die Akkordeons
der **Akku**, die Akkus
der **Akkusativ**
der **Akrobat**, die Akrobaten
die **Akrobatin**, die Akrobatinnen
die **Aktion**, die Aktionen
aktiv
aktuell
akzeptieren, du akzeptierst

Al

der **Alarm**
alarmieren, du alarmierst
albern
das **Album**, die Alben
der **Albtraum**, die Albträume
der **Alkohol**
alkoholfrei
Allah
alle, alles
die **Allee**, die Alleen
allein
die **Allergie**, die Allergien
Allerheiligen
allmählich
die **Alpen**
das **Alphabet**
alphabetisch
als
also
alt, älter, am ältesten
der **Altar**, die Altäre
das **Alter**
der **Altglascontainer**
die **Altkleidersammlung**, die Altkleidersammlungen
die **Alufolie**, die Alufolien

Am

am
der **Amateur**, die Amateure
die **Ameise**, die Ameisen
der **Ameisenhügel**
Amerika
der **Amerikaner**
die **Amerikanerin**, die Amerikanerinnen
amerikanisch
die **Ampel**, die Ampeln
amputieren, du amputierst
die **Amsel**, die Amseln
das **Amt**, die Ämter
sich **amüsieren**, du amüsierst dich

An

an
die **Ananas**, die Ananas, auch: die Ananasse
anbieten, du bietest an, er bot an, sie hat angeboten
der **Anblick**
anbrennen, es brennt an, es brannte an, es ist angebrannt
andächtig
andauernd
das **Andenken**
andere
ändern, du änderst
anders
aneinander
anfahren, du fährst an, sie fuhr an, er ist angefahren
der **Anfall**, die Anfälle
der **Anfang**, die Anfänge
anfangen, du fängst an, er fing an, sie hat angefangen
anfangs
anfassen, du fasst an
anfeuern, du feuerst an
angeben, du gibst an, sie gab an, er hat angegeben
der **Angeber**
angeblich
das **Angebot**, die Angebote
die **Angel**, die Angeln
angeln, du angelst
angenehm
angeschnallt

Anker

der **Angestellte**, die Angestellten
die **Angestellte**, die Angestellten
die **Angina**
angreifen, du greifst an, sie griff an, er hat angegriffen
der **Angriff**, die Angriffe
angriffslustig
die **Angst**, die Ängste
ängstlich
angucken, du guckst an
anhalten, du hältst an, er hielt an, sie hat angehalten
der **Anhänger**
anhänglich
anheben, du hebst an, er hob an, sie hat angehoben
der **Anker**
anklagen, du klagst an
der **Angeklagte**, die Angeklagten
die **Angeklagte**, die Angeklagten
anklopfen, du klopfst an
ankommen, du kommst an, sie kam an, er ist angekommen
ankreuzen, du kreuzt an
die **Ankunft**
die **Anlage**, die Anlagen
der **Anlass**, die Anlässe
der **Anlauf**, die Anläufe
sich **anlehnen**, du lehnst dich an
anmalen, du malst an
sich **anmelden**, du meldest dich an
die **Anmeldung**, die Anmeldungen
die **Annahme**, die Annahmen
annehmen, du nimmst an, er nahm an, sie hat angenommen
die **Annonce**, die Annoncen
annoncieren, du annoncierst
der **Anorak**, die Anoraks
der **Anpfiff**
der **Anruf**, die Anrufe
anrufen, du rufst an, sie rief an, er hat angerufen
ansagen, du sagst an
der **Ansager**
die **Ansagerin**, die Ansagerinnen
anschauen, du schaust an
anscheinend
anschließend
der **Anschluss**, die Anschlüsse
sich **anschnallen**, du schnallst dich an
die **Anschrift**, die Anschriften
ansehen, du siehst an, er sah an, sie hat angesehen
die **Ansicht**, die Ansichten
die **Ansichtskarte**, die Ansichtskarten
anständig
anstatt

sich **anstecken**, du steckst dich an
ansteckend
sich **anstrengen**, du strengst dich an
anstrengend
die **Anstrengung**, die Anstrengungen
die **Antenne**, die Antennen
die **Antilope**, die Antilopen
der **Antrag**, die Anträge
der **Antrieb**
die **Antwort**, die Antworten
antworten, du antwortest
anwenden, du wendest an, sie wandte an, auch: sie wendete an, er hat angewandt, auch: er hat angewendet
anwesend
die **Anwesenheit**
die **Anzahl**
das **Anzeichen**
die **Anzeige**, die Anzeigen
anziehen, du ziehst an, er zog an, sie hat angezogen
der **Anzug**, die Anzüge
anzünden, du zündest an

Ap

der **Apfel**, die Äpfel
der **Apfelbaum**, die Apfelbäume
das **Apfelmus**
der **Apfelsaft**, die Apfelsäfte
die **Apfelsine**, die Apfelsinen
die **Apotheke**, die Apotheken
der **Apotheker**
die **Apothekerin**, die Apothekerinnen
der **Apparat**, die Apparate
der **Appetit**, guten Appetit
appetitlich

Artistin

der **Applaus**
die **Aprikose**, die Aprikosen
der **April**

Aq

das **Aquarium**, die Aquarien

Ar

die **Arbeit**, die Arbeiten
arbeiten, du arbeitest
der **Arbeiter**
die **Arbeiterin**, die Arbeiterinnen
arbeitslos
die **Arbeitsstelle**, die Arbeitsstellen
der **Architekt**, die Architekten
die **Architektin**, die Architektinnen
arg, ärger, am ärgsten
der **Ärger**, Ärger haben
ärgerlich
sich **ärgern**, du ärgerst dich
das **Argument**, die Argumente
arm, ärmer, am ärmsten

der **Arm**, die Arme
das **Armaturenbrett**, die Armaturenbretter
der **Ärmel**
die **Armut**
das **Aroma**, die Aromen
die **Art**, die Arten
artig
der **Artikel**
der **Artist**, die Artisten
die **Artistin**, die Artistinnen
die **Arznei**, die Arzneien
der **Arzt**, die Ärzte
die **Ärztin**, die Ärztinnen

As

die **Asche**
der **Aschermittwoch**
der **Asiat**, die Asiaten
die **Asiatin**, die Asiatinnen
asiatisch
Asien
der **Asphalt**
das **Ass**, die Asse
der **Ast**, die Äste
der **Astronaut**, die Astronauten
die **Astronautin**, die Astronautinnen
der **Asylbewerber**
die **Asylbewerberin**, die Asylbewerberinnen
der **Asylsuchende**, die Asylsuchenden
die **Asylsuchende**, die Asylsuchenden

At

der **Atem**
atemlos
das **Atemschutzgerät**, die Atemschutzgeräte
der **Athlet**, die Athleten
die **Athletin**, die Athletinnen
der **Atlantik**, der Atlantische Ozean
der **Atlas**, die Atlasse, auch: die Atlanten
atmen, du atmest
das **Atom**, die Atome
die **Atombombe**, die Atombomben
das **Atomkraftwerk**, die Atomkraftwerke
das **Attest**, die Atteste

Au

au!
auch

Auf

auf
aufbewahren, du bewahrst auf
aufdringlich
aufeinander
die **Auffahrt**, die Auffahrten
auffallen, du fällst auf, er fiel auf, sie ist aufgefallen
auffällig
auffordern, du forderst auf
die **Aufgabe**, die Aufgaben
der **Aufgang**, die Aufgänge
aufgehen, sie geht auf, sie ging auf, er ist aufgegangen
aufgeregt
aufgeweckt
aufgrund, auch: auf Grund
aufhalten, du hältst auf, er hielt auf, sie hat aufgehalten
aufheben, du hebst auf, sie hob auf, er hat aufgehoben
aufhören, du hörst auf
der **Aufkleber**
der **Auflauf**, die Aufläufe

aufmachen, du machst auf
aufmerksam
die **Aufmerksamkeit**, die Aufmerksamkeiten
die **Aufnahme**, die Aufnahmen
aufnehmen, du nimmst auf, er nahm auf, sie hat aufgenommen
aufpäppeln, du päppelst auf
aufpassen, du passt auf
aufräumen, du räumst auf
aufrecht
aufregen, du regst dich auf
aufregend
die **Aufregung**, die Aufregungen
aufsagen, du sagst auf
der **Aufsatz**, die Aufsätze
aufschlagen, du schlägst auf, sie schlug auf, er hat aufgeschlagen
aufschließen, du schließt auf, er schloss auf, sie hat aufgeschlossen
der **Aufschnitt**
die **Aufsicht**, die Aufsichten
aufstehen, du stehst auf, er stand auf, sie ist aufgestanden
der **Auftrag**, die Aufträge
auftreten, du trittst auf, sie trat auf, er ist aufgetreten
aufwachen, du wachst auf
aufwärts
aufwecken, du weckst auf
der **Aufzug**, die Aufzüge
das **Auge**, die Augen
der **Augenblick**, die Augenblicke
die **Augenbraue**, die Augenbrauen
das **Augenlid**, die Augenlider
der **August**
die **Aula**, die Aulen, auch: die Aulas

Aus

aus
ausbessern, du besserst aus
die **Ausbeutung**
ausbilden, du bildest aus
die **Ausbildung**, die Ausbildungen
der **Ausblick**, die Ausblicke
ausbrechen, du brichst aus, er brach aus, sie ist ausgebrochen
ausbreiten, du breitest aus
der **Ausbruch**, die Ausbrüche
die **Ausdauer**
ausdauernd
der **Ausdruck**, die Ausdrücke
sich **ausdrücken**, du drückst dich aus
ausdrücklich
auseinander
die **Auseinandersetzung**, die Auseinandersetzungen
die **Ausfahrt**, die Ausfahrten
ausfallen, der Unterricht fällt aus, er fiel aus, er ist ausgefallen
ausflippen, du flippst aus
der **Ausflug**, die Ausflüge
ausführen, du führst aus
ausführlich
der **Ausgang**, die Ausgänge
ausgeben, du gibst aus, er gab aus, sie hat ausgegeben
ausgehen, du gehst aus, sie ging aus, er ist ausgegangen
ausgerechnet
ausgezeichnet
aushalten, du hältst aus, er hielt aus, sie hat ausgehalten
aushecken, du heckst aus
aushöhlen, du höhlst aus

die **Auskunft**, die Auskünfte
auslachen, du lachst aus
der **Ausländer**
die **Ausländerin**, die Ausländerinnen
ausländisch
der **Auslauf**
ausleihen, du leihst aus, er lieh aus, sie hat ausgeliehen
auslöffeln, du löffelst aus
ausmisten, du mistest aus
die **Ausnahme**, die Ausnahmen
ausnahmsweise
ausprobieren, du probierst aus
der **Auspuff**, die Auspuffe
ausrechnen, du rechnest aus
die **Ausrede**, die Ausreden
ausreichend
der **Ausreißer**
der **Ausrufesatz**, die Ausrufesätze
das **Ausrufezeichen**
sich **ausruhen**, du ruhst dich aus
die **Ausrüstung**, die Ausrüstungen
ausrutschen, du rutschst aus
ausschalten, du schaltest aus
der **Ausschlag**, die Ausschläge
außen
außer
außerdem
außergewöhnlich
außerhalb
sich **äußern**, du äußerst dich
die **Aussicht**, die Aussichten
aussichtslos
aussteigen, du steigst aus, sie stieg aus, er ist ausgestiegen
die **Ausstellung**, die Ausstellungen
aussuchen, du suchst aus
Australien
der **Australier**
die **Australierin**, die Australierinnen
australisch
die **Auswahl**
auswärts
der **Ausweis**, die Ausweise
auswendig
ausziehen, du ziehst aus, er zog aus, sie ist ausgezogen
der **Auszubildende**, die Auszubildenden
die **Auszubildende**, die Auszubildenden
das **Auto**, die Autos
die **Autobahn**, die Autobahnen
der **Autofahrer**
die **Autofahrerin**, die Autofahrerinnen
das **Autogramm**, die Autogramme
der **Automat**, die Automaten
automatisch
der **Autor**, die Autoren
die **Autorin**, die Autorinnen
autsch!

Ax

die **Axt**, die Äxte

Ausflug

Ba

das **Baby** (sprich: bäbi), die Babys
der **Bach**, die Bäche
die **Backe**, die Backen
backen, du backst, auch: du bäckst
der **Backenzahn**, die Backenzähne
der **Bäcker**
die **Bäckerei**, die Bäckereien
die **Bäckerin**, die Bäckerinnen
der **Backofen**, die Backöfen
das **Bad**, die Bäder
der **Badeanzug**, die Badeanzüge
die **Badehose**, die Badehosen
baden, du badest
Baden-Württemberg
die **Badewanne**, die Badewannen
der **Bagger**
das **Baguette**, auch: die Baguette, die Baguettes
die **Bahn**, die Bahnen
der **Bahnhof**, die Bahnhöfe
der **Bahnsteig**, die Bahnsteige
die **Bahre**, die Bahren
die **Bakterie**, die Bakterien
balancieren, du balancierst
bald
sich **balgen**, du balgst dich
die **Balgerei**, die Balgereien
der **Balken**
der **Balkon**, die Balkons, auch: die Balkone
der **Ball**, die Bälle
das **Ballett**
der **Balletttänzer**
die **Balletttänzerin**, die Baletttänzerinnen
der **Ballon**, die Ballons, auch: die Ballone
balzen, der Hahn balzt
die **Banane**, die Bananen
der **Band**, die Bände (ein Band des Lexikons)
das **Band**, die Bänder (Band aus Stoff)
die **Band** (sprich: bänd), die Bands (eine Musikband)
die **Bande**, die Banden (eine Bande von Freunden)
bang, auch: bange
die **Bank**, die Bänke (eine Sitzbank)
die **Bank**, die Banken (bei der Bank Geld holen)
das **Bankkonto**, die Bankkonten, auch: die Bankkontos
bar
der **Bär**, die Bären
barfuß
das **Bargeld**
barmherzig
die **Barmherzigkeit**
das **Barometer**
der **Barren**
barsch
der **Bart**, die Bärte
der **Basar**, die Basare, auch: der Bazar
der **Baseball**
der **Basketball**, die Basketbälle
der **Bass**, die Bässe
die **Bastelei**, die Basteleien

basteln, du bastelst
die **Batterie**, die Batterien
der **Bauch**, die Bäuche
der **Bauchmuskel**, die Bauchmuskeln
die **Bauchschmerzen**
das **Bauchweh**
bauen, du baust
der **Bauer**, die Bauern
die **Bäuerin**, die Bäuerinnen
der **Bauernhof**, die Bauernhöfe
der **Baukasten**, die Baukästen
der **Baum**, die Bäume
baumeln, du baumelst
die **Baumkrone**, die Baumkronen
der **Baumstamm**, die Baumstämme
die **Baumwolle**
der **Bauplatz**, die Bauplätze
bayerisch, auch: bayrisch
Bayern
der **Bazillus**, die Bazillen
auch: die Bazille

Be

beachten, du beachtest
der **Beamte**, die Beamten
die **Beamtin**, die Beamtinnen
beantragen, du beantragst
der **Beat** (sprich: biit), die Beats
beben, es bebt
der **Becher**
das **Becken**
sich **bedanken**, du bedankst dich
bedauern, du bedauerst
bedeuten, es bedeutet
bedeutend
die **Bedeutung**, die Bedeutungen
die **Bedienung**, die Bedienungen
bedrohen, du bedrohst
bedrohlich

Ballon

die **Bedrohung**, die Bedrohungen
sich **beeilen**, du beeilst dich
beeindruckend
beeindruckt
beenden, du beendest
beerdigen, du beerdigst
die **Beerdigung**, die Beerdigungen
die **Beere**, die Beeren
das **Beet**, die Beete (Blumenbeet)
befangen
der **Befehl**, die Befehle
befehlen, du befiehlst, sie befahl,
er hat befohlen
sich **befinden**, du befindest dich,
er befand sich,
sie hat sich befunden
befreien, du befreist
die **Befreiung**, die Befreiungen
befreundet
befriedigend

die **Befruchtung**, die Befruchtungen

begabt

die **Begabung**, die Begabungen

begegnen, du begegnest

die **Begegnung**, die Begegnungen

begeistert

die **Begeisterung**

der **Beginn**

beginnen, du beginnst, er begann, sie hat begonnen

begleiten, du begleitest

der **Begleiter**

die **Begleiterin**, die Begleiterinnen

beglückwünschen, du beglückwünschst

begonnen

das **Begräbnis**, die Begräbnisse

begreifen, du begreifst, sie begriff, er hat begriffen

der **Begriff**, die Begriffe

begründen, du begründest

die **Begründung**, die Begründungen

begrüßen, du begrüßt

die **Begrüßung**, die Begrüßungen

behaart

behaglich

die **Behaglichkeit**, die Behaglichkeiten

behalten, du behältst, er behielt, sie hat behalten

der **Behälter**

behandeln, du behandelst

die **Behandlung**, die Behandlungen

das **Behandlungszimmer**

beharrlich

die **Beharrlichkeit**

behaupten, du behauptest

die **Behauptung**, die Behauptungen

beheben, du behebst, er behob, sie hat behoben

sich **beherrschen**, du beherrschst dich

behilflich

behindern, du behinderst

behindert

die **Behinderung**, die Behinderungen

behüten, du behütest

behutsam

bei

die **Beichte**, die Beichten

beichten, du beichtest

beide

beieinander

der **Beifahrer**

die **Beifahrerin**, die Beifahrerinnen

der **Beifall**

beige (sprich: beesch) (Farbe)

das **Beil**, die Beile

das **Beileid**

beim (bei dem)

das **Bein**, die Beine

beinah, auch: beinahe

beisammen

beiseite

das **Beispiel**, die Beispiele (z. B. – zum Beispiel)

beißen, du beißt, er biss, sie hat gebissen

bekannt

der **Bekannte**, die Bekannten

die **Bekannte**, die Bekannten

bekommen, du bekommst, sie bekam, er hat bekommen

der **Belag**, die Beläge

belasten, du belastest

die **Belastung**, die Belastungen

beleidigen, du beleidigst

beleidigt
die **Beleidigung**, die Beleidigungen
die **Beleuchtung**, die Beleuchtungen
Belgien
der **Belgier**
die **Belgierin**, die Belgierinnen
belgisch
beliebig
beliebt
bellen, er bellt
belohnen, du belohnst
die **Belohnung**, die Belohnungen
bemalen, du bemalst
bemerken, du bemerkst
bemerkenswert
die **Bemerkung**, die Bemerkungen
bemitleiden, du bemitleidest
sich **bemühen**, du bemühst dich
die **Bemühung**, die Bemühungen
benachbart
benachrichtigen, du benachrichtigst
sich **benehmen**, du benimmst dich, sie benahm sich er hat sich benommen
beneiden, du beneidest
der **Bengel**
benommen sein, du bist benommen
benötigen, du benötigst
benutzen, du benutzt
die **Benutzung**
das **Benzin**
beobachten, du beobachtest
die **Beobachtung**, die Beobachtungen
bequem
beraten, du berätst, er beriet, sie hat beraten
berechtigt
bereit
bereits
bereuen, du bereust
der **Berg**, die Berge
bergab
bergauf
bergig
berichten, du berichtest
berichtigen, du berichtigst
Berlin
der **Berliner**
die **Berlinerin**, die Berlinerinnen
berücksichtigen, du berücksichtigst
der **Beruf**, die Berufe
die **Berufsschule**, die Berufsschulen
beruhigt
berühmt
berühren, du berührst
beschädigen, du beschädigst
die **Beschädigung**, die Beschädigungen
beschäftigen, du beschäftigst
der **Bescheid**, Bescheid sagen
bescheiden
die **Bescheidenheit**
die **Bescheinigung**, die Bescheinigungen
beschließen, du beschließt, sie beschloss, er hat beschlossen
der **Beschluss**, die Beschlüsse
beschreiben, du beschreibst, er beschrieb, sie hat beschrieben
die **Beschreibung**, die Beschreibungen

beschuldigen, du beschuldigst
die **Beschuldigung**, die Beschuldigungen
beschützen, du beschützt
die **Beschwerde**, die Beschwerden
sich **beschweren**, du beschwerst dich
der **Besen**
besessen
besetzt
besichtigen, du besichtigst
die **Besichtigung**, die Besichtigungen
besiegen, du besiegst
sich **besinnen**, du besinnst dich, sie besann sich, er hat sich besonnen
besinnungslos
der **Besitz**, die Besitztümer
besitzen, du besitzt, sie besaß, er hat besessen
der **Besitzer**
die **Besitzerin**, die Besitzerinnen
besonders
besorgen, du besorgst
die **Besorgung**, die Besorgungen
besorgt
besser – gut, am besten
der **Besserwisser**
die **Besserwisserin**, die Besserwisserinnen
bestätigen, du bestätigst
die **Bestätigung**, die Bestätigungen
bestäuben, du bestäubst
die **Bestäubung**, die Bestäubungen
bestechen, du bestichst, sie bestach, er hat bestochen
bestechlich
die **Bestechung**, die Bestechungen
das **Besteck**, die Bestecke

bestehen, du bestehst, sie bestand, er hat bestanden
bestellen, du bestellst
die **Bestellung**, die Bestellungen
am **besten** – gut, besser
die **Bestie**, die Bestien
bestimmen, du bestimmst
bestimmt
die **Bestimmung**, die Bestimmungen
bestrafen, du bestrafst
die **Bestrafung**, die Bestrafungen
bestrahlen, du bestrahlst
die **Bestrahlung**, die Bestrahlungen
der **Bestseller**
bestürzt
die **Bestürzung**
der **Besuch**, die Besuche
besuchen, du besuchst
der **Besucher**
die **Besucherin**, die Besucherinnen
betäuben, du betäubst
betäubt
die **Betäubung**, die Betäubungen
beteiligen, du beteiligst dich
die **Beteiligung**, die Beteiligungen
beten, du betest
der **Beton**
betonieren, er betoniert
betonen, du betonst
die **Betonmischmaschine**, die Betonmischmaschinen
die **Betonung**, die Betonungen
betrachten, du betrachtest
die **Betrachtung**, die Betrachtungen
der **Betrag**, die Beträge
sich **betragen**, du beträgst dich, sie betrug sich, er hat sich betragen

Betonmischmaschine

betreten, du betrittst, sie betrat, er hat betreten
betreuen, du betreust
der **Betrieb**, die Betriebe
der **Betrug**
betrügen, du betrügst, er betrog, sie hat betrogen
der **Betrüger**
die **Betrügerin**, die Betrügerinnen
das **Bett**, die Betten
die **Bettdecke**, die Bettdecken
betteln, er bettelt
der **Bettler**
die **Bettlerin**, die Bettlerinnen
das **Betttuch**, die Betttücher
die **Beule**, die Beulen
beurteilen, du beurteilst
die **Beurteilung**, die Beurteilungen
die **Beute**
der **Beutel**
das **Beuteltier**, die Beuteltiere

die **Bevölkerung**
bevor
bevorzugen, du bevorzugst
bewachen, du bewachst
bewaffnet
bewegen, du bewegst
beweglich
die **Bewegung**, die Bewegungen
bewegungslos
der **Beweis**, die Beweise
beweisen, du beweist, er bewies, sie hat bewiesen
sich **bewerben**, du bewirbst dich, sie bewarb sich, er hat sich beworben
die **Bewerbung**, die Bewerbungen
bewerten, du bewertest
die **Bewertung**, die Bewertungen
bewirten, du bewirtest
die **Bewirtung**, die Bewirtungen
der **Bewohner**
die **Bewohnerin**, die Bewohnerinnen
bewölkt
die **Bewölkung**
bewundern, du bewunderst
die **Bewunderung**
bewusst
bewusstlos
das **Bewusstsein**
bezahlen, du bezahlst
die **Bezahlung**
bezaubernd
bezeichnen, du bezeichnest
die **Bezeichnung**, die Bezeichnungen
die **Beziehung**, die Beziehungen
der **Bezirk**, die Bezirke
der **Bezug**, die Bezüge

Bi

die **Bibel**, die Bibeln
der **Biber**
die **Bibliothek**, die Bibliotheken
biegen, du biegst, er bog, sie hat gebogen
biegsam
die **Biene**, die Bienen
der **Bienenstock**, die Bienenstöcke
das **Bier**, die Biere
das **Biest**, die Biester
bieten, du bietest, sie bot, er hat geboten
der **Bikini**, die Bikinis
das **Bild**, die Bilder
das **Bilderbuch**, die Bilderbücher
der **Bildschirm**, die Bildschirme
die **Bildung**
billig
ich **bin** – sein
binden, du bindest, er band, sie hat gebunden

Blüte

der **Bindestrich**
der **Bindfaden**, die Bindfäden
der **Bio-Bauernhof**, die Bio-Bauernhöfe
der **Bioladen**, die Bioläden
die **Biologie**
die **Biotonne**, die Biotonnen
das **Biotop**, auch: der Biotop, die Biotope
die **Birke**, die Birken
die **Birne**, die Birnen
bis
der **Bischof**, die Bischöfe
bisher
ein **bisschen**
bissig
du **bist** – sein
das **Bit**, die Bits
bitte
die **Bitte**, die Bitten
bitten, du bittest, er bat, sie hat gebeten
bitter

Bl

die **Blamage**, die Blamagen (sprich: blamaasche) (Schande)
sich **blamieren**, du blamierst dich
blank
die **Blase**, die Blasen
blasen, du bläst, sie blies, er hat geblasen
blass
das **Blatt**, die Blätter
blättern, du blätterst
der **Blätterteig**
blau
blauäugig
bläulich

das **Blaulicht**, die Blaulichter
das **Blech**, die Bleche
das **Blei**, die Bleie
bleiben, du bleibst, sie blieb, er ist geblieben
bleich
der **Bleistift**, die Bleistifte
der **Bleistiftspitzer**
blenden, es blendet
der **Blick**, die Blicke
blicken, du blickst
blind
der **Blinddarm**, die Blinddärme
Blindekuh (Spiel)
die **Blindenschrift**
blinken, es blinkt
das **Blinklicht**, die Blinklichter
blinzeln, du blinzelst
der **Blitz**, die Blitze
der **Blitzableiter**
blitzartig
blitzschnell
der **Block**, die Blöcke, auch: die Blocks
die **Blockflöte**, die Blockflöten
blöd
blond
bloß
blühen, es blüht
die **Blume**, die Blumen
der **Blumenkohl**
der **Blumenstrauß**, die Blumensträuße
die **Bluse**, die Blusen
das **Blut**
die **Blüte**, die Blüten
bluten, du blutest
der **Blütenstaub**
der **Bluterguss**, die Blutergüsse

Bo

der **Bob**, die Bobs
der **Bock**, die Böcke
bockig
die **Bockwurst**, die Bockwürste
der **Boden**, die Böden
das **Bodenturnen**
der **Bogen**, die Bogen, auch: die Bögen
die **Bohne**, die Bohnen
bohren, du bohrst
der **Bohrer**
die **Bohrmaschine**, die Bohrmaschinen
der **Boiler**
die **Boje**, die Bojen
der **Bolzplatz**, die Bolzplätze
bombardieren, du bombardierst
die **Bombe**, die Bomben
der **Bon**, die Bons
das **Bonbon**, auch: der Bonbon, die Bonbons
das **Boot**, die Boote
an **Bord** gehen
borgen, du borgst
die **Borste**, die Borsten
böse, auch: bös
der **Bösewicht**, die Bösewichte
der **Boss**, die Bosse
der **Bote**, die Boten
die **Boutique**, (sprich: butik), die Boutiquen (Modegeschäft)
der **Boy**, die Boys
die **Box**, die Boxen
boxen, du boxt
der **Boxer**

Br

der **Brand**, die Brände
Brandenburg
die **Brandstiftung**, die Brandstiftungen
Brasilien
brasilianisch
braten, du brätst, sie briet, er hat gebraten
der **Braten**
die **Bratkartoffel**, die Bratkartoffeln
die **Bratwurst**, die Bratwürste
der **Brauch**, die Bräuche
brauchbar
brauchen, du brauchst
die **Brauerei**, die Brauereien
braun
die **Brause**, die Brausen
die **Braut**, die Bräute
das **Brautkleid**, die Brautkleider
der **Bräutigam**, die Bräutigame
brav
bravo
brechen, du brichst, er brach, sie hat gebrochen
der **Brei**, die Breie
breiig
breit
die **Breite**
Bremen
die **Bremse**, die Bremsen
bremsen, du bremst
das **Bremslicht**, die Bremslichter
brennbar
brennen, es brennt, es brannte, es hat gebrannt
die **Brennnessel**, die Brennnesseln
das **Brett**, die Bretter
das **Brettspiel**, die Brettspiele
die **Brezel**, die Brezeln
der **Brief**, die Briefe
der **Brieffreund**, die Brieffreunde
die **Brieffreundin**, die Brieffreundinnen
der **Briefkasten**, die Briefkästen
die **Briefmarke**, die Briefmarken
der **Briefträger**
die **Briefträgerin**, die Briefträgerinnen
das **Brikett**, die Briketts
der **Brillant**, die Brillanten
die **Brille**, die Brillen
bringen, du bringst, er brachte, sie hat gebracht
die **Brise**, die Brisen (eine steife Brise)
bröckeln, es bröckelt
der **Brocken**
die **Brombeere**, die Brombeeren
die **Bronchitis**
die **Bronze** (sprich: brongse) (Material)
die **Bronzemedaille** (sprich: brongsemedallje), die Bronzemedaillen
das **Brot**, die Brote
das **Brötchen**
der **Brotlaib**, die Brotlaibe
der **Bruch**, die Brüche
die **Brücke**, die Brücken
der **Bruder**, die Brüder
brüllen, du brüllst
brummen, du brummst
der **Brunnen**
die **Brust**, die Brüste
brustschwimmen, auch: Brust schwimmen
brutal

brüten, sie brütet

Bs

BSE (Rinderwahnsinn)

Bu

der **Bub**, die Buben
das **Buch**, die Bücher
die **Buche**, die Buchen
die **Bücherei**, die Büchereien
die **Buchhandlung**, die Buchhandlungen
die **Büchse**, die Büchsen
der **Buchstabe**, die Buchstaben
buchstabieren, du buchstabierst
die **Bucht**, die Buchten
der **Buckel**
buckelig, auch: bucklig
sich **bücken**, du bückst dich
buddeln, du buddelst
die **Bude**, die Buden
der **Büffel**
der **Bug**, die Buge
der **Bügel**
das **Bügeleisen**
bügeln, du bügelst
der **Buggy** (sprich: baggi), die Buggys (Kinderwagen)
die **Bühne**, die Bühnen
Bulgarien
der **Bulgarier**
die **Bulgarierin**, die Bulgarierinnen
bulgarisch
die **Bulldogge**, die Bulldoggen (Hunderasse)
der **Bulle**, die Bullen
der **Bumerang**, die Bumerangs, auch: die Bumerange
bummeln, du bummelst
der **Bund**, die Bünde
der **Bundeskanzler**
die **Bundesliga**
die **Bundesrepublik Deutschland**
die **Bundeswehr**
der **Bungalow** (sprich: bungalo), die Bungalows (Haus)
das **Bungee-Jumping** (Freizeitsport) (sprich: bandschidschamping)
bunt
das **Buntpapier**, die Buntpapiere
der **Buntstift**, die Buntstifte
die **Burg**, die Burgen
der **Burger** (sprich: börger) (Hamburger, Cheeseburger usw.)
der **Bürger**
die **Bürgerin**, die Bürgerinnen
der **Bürgermeister**
die **Bürgermeisterin**, die Bürgermeisterinnen
der **Bürgersteig**, die Bürgersteige
das **Büro**, die Büros
der **Bursche**, die Burschen
die **Bürste**, die Bürsten
bürsten, du bürstest
der **Bus**, die Busse
der **Busch**, die Büsche
buschig
der **Busen**
der **Busfahrer**
die **Busfahrerin**, die Busfahrerinnen
die **Bushaltestelle**, die Bushaltestellen
der **Bussard**, die Bussarde
die **Buße**
büßen, du büßt
die **Butter**
das **Butterbrot**, die Butterbrote
der **Button** (sprich: battn), die Buttons (Knopf)

Ca

das **Cabrio**, die Cabrios, auch: das Kabrio
das **Café**, die Cafés (ins Café gehen)
die **Cafeteria**, die Cafeterias, auch: die Cafeterien
campen, du campst
das **Camping**
der **Campingplatz**, die Campingplätze
der **Caravan**, die Caravans
catchen (sprich: kätschen), du catchst (Ringkampf)

Cd

die **CD**, die CDs (Abkürzung für Compactdisc)
der **CD-Player**
die **CD-ROM**, die CD-ROMs

Ce

das **Cello** (sprich: tschello), die Celli, auch: die Cellos
Celsius
das **Center** (sprich: ssenter)

Ch

das **Chamäleon**, die Chamäleons
der **Champignon** (sprich: schampinjong), die Champignons
der **Champion** (sprich: tschämpjen), die Champions
die **Chance** (sprich: schoos), die Chancen (Gelegenheit)
das **Chaos** (sprich: kaos) (Durcheinander)
chaotisch
der **Charakter**, die Charaktere (Wesensart)
die **Charts** (sprich: tscharts) (Liste der beliebtesten Lieder)
der **Chauffeur** (sprich: schofför), die Chauffeure (Fahrer)
checken (sprich: tschäken), du checkst (kontrollieren)
der **Chef**, die Chefs
die **Chefin**, die Chefinnen
die **Chemie**
der **Chemiker**
die **Chemikerin**, die Chemikerinnen

Campingplatz

chemisch
chic, auch: schick
China
chinesisch
der **Chip** (sprich: tschip), die Chips (Plättchen)
das **Chlor**
der **Chor**, die Chöre
der **Christ**, die Christen
der **Christbaum**, die Christbäume
das **Christentum**
die **Christin**, die Christinnen
das **Christkind**
christlich

Ci

ciao!, auch: tschau!
circa, auch: zirka
die **City**, die Citys

Cl

clever
die **Clique** (sprich: klike), die Cliquen (Gruppe von Freunden)
der **Clown** (sprich: klaun), die Clowns
der **Club**, die Clubs, auch: der Klub

Cm

cm (Abkürzung für Zentimeter)

Co

der **Cockerspaniel**, die Cockerspaniels
das **Cockpit**, die Cockpits
der **Code**, die Codes, auch: der Kode (Schlüssel für Geheimschrift)
die **Cola**, auch: das Cola, die Colas
der **Colt**, die Colts
der **Comic**, die Comics
der **Computer**
der **Computerraum**, die Computerräume

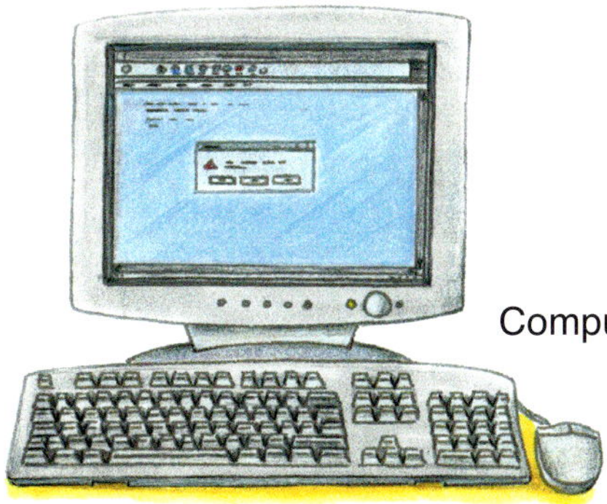

Computer

das **Computerspiel**, die Computerspiele
der **Container**
cool (sprich: kuul) (ruhig, toll)
die **Cordhose**, auch: die Kordhose
die **Cornflakes** (sprich: kornflejks)
die **Couch** (sprich: kautsch) (Sofa), die Couches, auch: die Couchen
der **Countdown** (sprich: kauntdaun), auch: Count-down
der **Cousin** (sprich: kusäng), die Cousins
die **Cousine**, die Cousinen, auch: die Kusine
der **Cowboy** (sprich: kauboi), die Cowboys

Cr

die **Creme**, die Cremes, auch: die Krem oder die Kreme
das **Croissant** (sprich: kroassoo), die Croissants (Hörnchen)

Cu

das **Curry** (sprich: körri), auch: der Curry (Gewürz)
die **Currywurst** (sprich: körriwurst), die Currywürste
der **Cursor** (sprich: körser) (blinkendes Computerzeichen)

Da

da
dabei
dableiben, du bleibst da, er blieb da, sie ist dageblieben
das **Dach**, die Dächer
das **Dachgeschoss**, die Dachgeschosse
die **Dachrinne**, die Dachrinnen
der **Dackel**
dadurch
dafür
dagegen
daheim
daher
dahin
dahinter
damals
die **Dame**, die Damen
damit
der **Damm**, die Dämme
der **Dampf**, die Dämpfe
der **Dampfer**
die **Dampflokomotive**, die Dampflokomotiven
danach
der **Däne**, die Dänen
daneben
Dänemark
die **Dänin**, die Däninnen
dänisch
der **Dank**, vielen Dank
danke
danken, du dankst
dann
dar
daran, auch: dran
darauf, auch: drauf
daraus, auch: draus
darin, auch: drin
der **Darm**, die Därme
darstellen, du stellst dar
darüber, auch: drüber
darum, auch: drum
darunter, auch: drunter
das
da sein, du bist da, sie war da, er ist da gewesen
dass (Ich möchte, dass . . .)
dasselbe
die **Datei**, die Dateien
der **Dativ**
die **Dattel**, die Datteln
das **Datum**, die Daten
die **Dauer**
der **Dauerlauf**, die Dauerläufe
dauern, es dauert
dauernd
der **Daumen**
davon
davor
dazu
dazugehören, du gehörst dazu
dazwischen

De

die **Decke**, die Decken
die **Deckenleuchte**, die Deckenleuchten
defekt
dehnen, du dehnst

der **Deich**, die Deiche
dein, deine
der **Delfin**, die Delfine,
auch: der Delphin, die Delphine
die **Demo**, die Demos
demokratisch
die **Demonstration**,
die Demonstrationen
demonstrieren, du demonstrierst
denken, du denkst, sie dachte,
er hat gedacht
das **Denkmal**, die Denkmäler,
auch: die Denkmale
denn
dennoch
die **Deponie**, die Deponien
der, des, dem, den
deren
derselbe
deshalb
dessen
desto
der **Detektiv**, die Detektive
die **Detektivin**, die Detektivinnen
deutlich
deutsch (sprechen)
Deutsch (das Fach Deutsch)
der **Deutsche**, die Deutschen
die **Deutsche**, die Deutschen
Deutschland
der **Dezember**
der **Dezimeter** (= 10 cm), die Dezimeter

Di

das **Dia**, die Dias
diagonal
der **Dialekt**, die Dialekte
der **Diamant**, die Diamanten
die **Diät**, die Diäten
dich
dicht
dichten, du dichtest
der **Dichter**
die **Dichterin**, die Dichterinnen
dick
das **Dickicht,** die Dickichte
der **Dickkopf**, die Dickköpfe
der **Dieb**, die Diebe
der **Diebstahl**, die Diebstähle
die **Diele**, die Dielen
dienen, du dienst
der **Dienst**, die Dienste
der **Dienstag**, die Dienstage
dienstags
dies, diese, dieser, dieses
der **Diesel**
dieselbe
diesig
die **Differenz**, die Differenzen
das **Diktat**, die Diktate
diktieren, du diktierst
das **Ding**, die Dinge
der **Dinosaurier**
dir
direkt
der **Direktor**, die Direktoren
die **Direktorin**, die Direktorinnen
der **Dirigent**, die Dirigenten
die **Dirigentin**, die Dirigentinnen
das **Dirndl**
die **Disco**, die Discos,
auch: die Disko, die Diskos
die **Diskette**, die Disketten
der **Diskjockey**
(sprich: diskdschockej)
die **Diskothek**, die Diskotheken
diskutieren, du diskutierst

das **Display** (sprich: disspläj), die Displays (Anzeige)
dividieren, du dividierst
die **Division**, die Divisionen

Dm

dm (Abkürzung für Dezimeter)

Do

doch
der **Docht**, die Dochte
der **Doktor**, die Doktoren
die **Doktorin**, die Doktorinnen
der **Dolch**, die Dolche
der **Dollar**, die Dollars
der **Dolmetscher**
die **Dolmetscherin**, die Dolmetscherinnen
der **Dom**, die Dome
das **Domino**, die Dominos
der **Dompteur**, die Dompteure
die **Dompteuse**, die Dompteusen
die **Donau**
der **Döner**
der **Donner**
donnern, es donnert
der **Donnerstag**, die Donnerstage, am Donnerstag
donnerstags
doof
der **Doppelpunkt**, die Doppelpunkte
doppelt
das **Dorf**, die Dörfer
der **Dorn**, die Dornen
das **Dornröschen**
dort
dorthin
die **Dose**, die Dosen
der **Dosenöffner**
der **Dotter**, auch: das Dotter

Dr

der **Drache**, die Drachen (Tier aus der Sagenwelt)
der **Drachen** (Flugdrachen)
der **Draht**, die Drähte
die **Drahtseilbahn**, die Drahtseilbahnen
dran, auch: daran
drängeln, du drängelst
drängen, du drängst
drauf, auch: darauf
draus, auch: daraus
draußen
der **Dreck**
dreckig
drehen, du drehst
die **Drehleiter**, die Drehleitern
drei, dreimal
das **Dreieck**, die Dreiecke
dreieckig
das **Dreirad**, die Dreiräder
dreißig
dreizehn
dreschen, du drischst, er drosch, sie hat gedroschen
dressieren, du dressierst
die **Dressur**, die Dressuren
dribbeln, du dribbelst
der **Drilling**, die Drillinge
drin, auch: darin
dringend
drinnen
drittens
die **Droge**, die Drogen
die **Drogerie**, die Drogerien
drohen, du drohst
dröhnen, es dröhnt
drollig

das **Dromedar**, die Dromedare
der **Drops**, auch: das Drops
die **Drossel**, die Drosseln
drüben
drüber, auch: darüber
der **Druck**
drucken, du druckst
drücken, du drückst
der **Drucker**
die **Druckerei**, die Druckereien
der **Druckfehler**
drum, auch: darum
drunten, auch: da unten
drunter, auch: darunter

Ds

der **Dschungel**

Du

du, dir, dich
der **Dübel**
sich **ducken**, du duckst dich
der **Duft**, die Düfte
duften, es duftet
dumm, dümmer, am dümmsten
die **Dummheit**, die Dummheiten
dumpf
die **Düne**, die Dünen
düngen, du düngst
dunkel
dunkelhaarig
die **Dunkelheit**
dünn
der **Dunst**, die Dünste
durch
durchaus
durcheinander
die **Durchfahrt**, die Durchfahrten
der **Durchfall**
durchhalten,
du hältst durch, sie hielt durch,
er hat durchgehalten
durchlässig
der **Durchmesser**
durchqueren, du durchquerst
die **Durchsage**, die Durchsagen
durchschneiden,
du schneidest durch,
er schnitt durch,
sie hat durchgeschnitten
durchschnittlich
durchsichtig
durchstreichen,
du streichst durch,
sie strich durch,
er hat durchgestrichen
durchsuchen, du durchsuchst
dürfen, du darfst, er durfte,
sie hat gedurft
dürr
der **Durst**
durstig
die **Dusche**, die Duschen
duschen, du duschst
das **Düsenflugzeug**,
die Düsenflugzeuge
der **Düsenjäger**
düster
das **Dutzend**

Dy

dynamisch
das **Dynamit**
der **Dynamo**, die Dynamos

Dz

der **D-Zug**, die D-Züge

A B C D E F G H I J K L M N O P Q R S T U V W X Y Z

Ea

easy (sprich: isi)

Eb

die **Ebbe**, die Ebben, Ebbe und Flut
eben
die **Ebene**, die Ebenen
ebenfalls
ebenso
der **Eber**

Ec

das **Echo**, die Echos
die **Echse**, die Echsen
echt
die **Ecke**, die Ecken
eckig

Ed

edel

Eg

egal
die **Egge**, die Eggen
der **Egoist**, die Egoisten
die **Egoistin**, die Egoistinnen

Eh

ehe
die **Ehe**, die Ehen
die **Eheleute**
ehemalig
die **Ehre**, die Ehren
das **Ehrenwort**, die Ehrenworte
ehrgeizig
ehrlich
die **Ehrlichkeit**

Ei

das **Ei**, die Eier
die **Eiche**, die Eichen
die **Eichel**, die Eicheln
das **Eichhörnchen**,
der **Eid**, die Eide
die **Eidechse**, die Eidechsen
die **Eifersucht**
eifersüchtig
eifrig
das **Eigelb**, die Eigelbe
eigen
eigenartig
das **Eigenschaftswort**, die Eigenschaftswörter
eigentlich
der **Eilbrief**, die Eilbriefe
eilen, du eilst
eilig
der **Eimer**

Ein

ein, eine, einer, eines
einander
einatmen, du atmest ein
die **Einbahnstraße**, die Einbahnstraßen
der **Einband**, die Einbände
einbinden, du bindest ein, sie band ein, er hat eingebunden
einbrechen, du brichst ein, er brach ein, sie ist eingebrochen
der **Einbrecher**
die **Einbrecherin**, die Einbrecherinnen
der **Einbruch**, die Einbrüche
eincremen, du cremst ein, auch: einkremen, du kremst ein
eindeutig
der **Eindruck**, die Eindrücke

eindrucksvoll
einfach
einfädeln, du fädelst ein
die **Einfahrt**, die Einfahrten
der **Einfall**, die Einfälle
einfallen, es fällt mir ein
das **Einfamilienhaus**, die Einfamilienhäuser
der **Einfluss**, die Einflüsse
einflussreich
der **Eingang**, die Eingänge
eingebildet
der **Eingeborene**, die Eingeborenen
die **Eingeborene**, die Eingeborenen
eingeschnappt
einheften, du heftest ein
einheimisch
die **Einheit**, die Einheiten
einheitlich
einhundert
einig
einige
einigermaßen
der **Einkauf**, die Einkäufe
einkaufen, du kaufst ein
der **Einkaufswagen**
das **Einkommen**
einladen, du lädst ein, sie lud ein, er hat eingeladen
die **Einladung**, die Einladungen
die **Einleitung**, die Einleitungen
einleuchtend
einmal
das **Einmaleins**
einmalig
sich **einmischen**, du mischst dich ein
einpacken, du packst ein
sich **einprägen**, du prägst dir ein

einräumen, du räumst ein
eins
einsam
der **Einsatzort**, die Einsatzorte
einschalten, du schaltest ein
einschenken, du schenkst ein
einschlafen, du schläfst ein, er schlief ein, sie ist eingeschlafen
einschließen, du schließt ein, sie schloss ein, er hat eingeschlossen
die **Einschulung**, die Einschulungen
einsehen, du siehst ein, er sah ein, sie hat eingesehen
einseitig
einsperren, du sperrst ein
einst
einsteigen, du steigst ein, sie stieg ein, er ist eingestiegen
einstimmig
einstürzen, es stürzt ein
der **Eintopf**, die Eintöpfe
der **Eintrag**, die Einträge
der **Eintritt**
das **Eintrittsgeld**, die Eintrittsgelder
einverstanden
die **Einwegflasche**, die Einwegflaschen
einwerfen, du wirfst ein, er warf ein, sie hat eingeworfen
der **Einwohner**
die **Einwohnerin**, die Einwohnerinnen
die **Einzahl**
einzahlen, du zahlst ein
einzeln
einzig
das **Eis**
das **Eisen**

die **Eisenbahn**, die Eisenbahnen
das **Eishockey**
eisig
eiskalt
der **Eiszapfen**
eitel
der **Eiter**
eitern, es eitert

Ek

der **Ekel**
sich **ekeln**, du ekelst dich
eklig, auch: ekelig

El

elastisch
die **Elbe**
der **Elch**, die Elche
der **Elefant**, die Elefanten
elegant
die **Eleganz**
der **Elektriker**
die **Elektrikerin**, die Elektrikerinnen
elektrisch
die **Elektrizität**
das **Elektrizitätswerk**, die Elektrizitätswerke
das **Elektrogerät**, die Elektrogeräte
der **Elektroherd**, die Elektroherde
das **Element**, die Elemente
das **Elend**
elf, elfmal
die **Elfe**, die Elfen
das **Elfenbein**
der **Elfmeter**
ellenlang
der **Ellenbogen**, auch: Ellbogen
die **Elster**, die Elstern
die **Eltern**
der **Elternabend**, die Elternabend

Em

die **E-Mail** (sprich: iimäil), die E-Mails (elektronische Post)
der **Embryo**, die Embryos, auch: die Embryonen
empfangen, du empfängst, er empfing, sie hat empfangen
empfehlen, du empfiehlst, sie empfahl, er hat empfohlen
empfinden, du empfindest, er empfand, sie hat empfunden
empfindlich
empor
empört
emsig

En

das **Ende**, die Enden
endgültig
endlich
endlos
die **Energie**, die Energien
energisch
eng
der **Engel**
England
der **Engländer**
die **Engländerin**, die Engländerinnen
englisch (sprechen)
Englisch (das Fach Englisch)
der **Enkel**
die **Enkelin**, die Enkelinnen
enorm
entbinden, du entbindest, sie entband, sie hat entbunden
die **Entbindungsstation**, die Entbindungsstationen

entdecken, du entdeckst
die **Ente**, die Enten
entfernen, du entfernst
entfernt
die **Entfernung**, die Entfernungen
entführen, du entführst
die **Entführung**, die Entführungen
entgegen
entgegnen, du entgegnest
entgehen, du entgehst, er entging, sie ist entgangen
entgeistert
entkommen, du entkommst, sie entkam, er ist entkommen
entlang
entlassen, du entlässt, er entließ, sie hat entlassen
entlaufen, er entläuft, er entlief, sie ist entlaufen
entrüstet
entscheiden, du entscheidest, er entschied, sie hat entschieden
die **Entscheidung**, die Entscheidungen
sich **entschließen**, du entschließt dich, sie entschloss sich, er hat sich entschlossen
der **Entschluss**, die Entschlüsse
sich **entschuldigen**, du entschuldigst dich
die **Entschuldigung**, die Entschuldigungen
entsetzlich
entsetzt
entsorgen, du entsorgst
entspannt
entsprechend
entstehen, es entsteht, es entstand, es ist entstanden
enttäuscht
entweder . . . oder
entwickeln, du entwickelst
der **Entwurf**, die Entwürfe
entzückend
die **Entzündung**, die Entzündungen
entzwei

Er

er
erbarmungslos
erben, du erbst
die **Erbse**, die Erbsen
das **Erdbeben**
die **Erdbeere**, die Erdbeeren
die **Erde**
das **Erdgeschoss**, die Erdgeschosse
die **Erdkunde**
die **Erdnuss**, die Erdnüsse
erdrücken, du erdrückst
das **Ereignis**, die Ereignisse
erfahren, du erfährst, er erfuhr, sie hat erfahren
die **Erfahrung**, die Erfahrungen
erfassen, du erfasst
erfinden, du erfindest, sie erfand, er hat erfunden
die **Erfindung**, die Erfindungen
der **Erfolg**, die Erfolge
erfolgreich

Erholung

erfreulich
erfreut
sich **erfrischen**, du erfrischst dich
ergänzen, du ergänzt
die **Ergänzung**, die Ergänzungen
das **Ergebnis**, die Ergebnisse
ergreifen,
du ergreifst, er ergriff,
sie hat ergriffen
erhalten,
du erhältst, sie erhielt,
er hat erhalten
sich **erholen**, du erholst dich
die **Erholung**
sich **erinnern**, du erinnerst dich
die **Erinnerung**, die Erinnerungen
sich **erkälten**, du erkältest dich
die **Erkältung**, die Erkältungen
erkennen,
du erkennst, er erkannte,
sie hat erkannt

erklären, du erklärst
die **Erklärung**, die Erklärungen
sich **erkundigen**,
du erkundigst dich
erlauben, du erlaubst
die **Erlaubnis**
erleben, du erlebst
das **Erlebnis**, die Erlebnisse
erledigen, du erledigst
erleichtert
ermahnen, du ermahnst
sich **ernähren**, du ernährst dich
die **Ernährung**
ernst
die **Ernte**, die Ernten
ernten, du erntest
erobern, du eroberst
der **Erpresser**
erraten,
du errätst, er erriet, sie hat erraten
erreichen, du erreichst
das **Ersatzteil**, die Ersatzteile
erscheinen, es erscheint,
es erschien, es ist erschienen
erschöpft
erschrecken,
du erschreckst ihn
(jemanden erschrecken)
erschrecken,
du erschrickst, er erschrak,
sie ist erschrocken
erschüttert
erst
erstarrt
erstaunt
erstens
ersticken, du erstickst
die **Erstkommunion**

erstmals
ertappen, du ertappst
ertrinken, du ertrinkst, er ertrank, sie ist ertrunken
der **Erwachsene**, die Erwachsenen
erwarten, du erwartest
die **Erwartung**, die Erwartungen
erwidern, du erwiderst
erwischen, du erwischst
erzählen, du erzählst
die **Erzählung**, die Erzählungen
erziehen, du erziehst, sie erzog, er hat erzogen
der **Erzieher**
die **Erzieherin**, die Erzieherinnen
der **Erziehungsberechtigte**, die Erziehungsberechtigten

Es

es
der **Esel**
das **Eselsohr**, die Eselsohren
der **Eskimo**, die Eskimos, auch: die Eskimo
essbar
essen, du isst, er aß, sie hat gegessen
das **Essen**
der **Essig**
der **Esslöffel**

Et

die **Etage** (sprich: etaasche), die Etagen (Stockwerk)
die **Etappe**, die Etappen
das **Etikett**, die Etiketten, auch: die Etiketts
das **Etui**, die Etuis
etwa
etwas

Eu

euch
euer, eure
die **Eule**, die Eulen
der **Euro**, die Euros (Währung)
der **Eurocent**, die Eurocents (Währung)
der **Eurocity** (EC), die Eurocitys
Europa
der **Europäer**
die **Europäerin**, die Europäerinnen
europäisch
die **Europäische Union** (EU)
das **Euter**

Ev

evangelisch
das **Evangelium**, die Evangelien
eventuell

Ew

ewig
die **Ewigkeit**, die Ewigkeiten

Ex

exakt
das **Examen**, die Examen, auch: die Examina
das **Exemplar**, die Exemplare
die **Existenz**, die Existenzen
exklusiv
exotisch
die **Expedition**, die Expeditionen
das **Experiment**, die Experimente
experimentieren, du experimentierst
explodieren, es explodiert
die **Explosion**, die Explosionen
der **Express**
extra
extrem

A B C D E F G H I J K L M N O P Q R S T U V W X Y Z

A B C D E F G H I J K L M N O P Q R S T U V W X Y Z

Fa

die **Fabel**, die Fabeln
fabelhaft
die **Fabrik**, die Fabriken
das **Fach**, die Fächer
der **Fächer**
das **Fachwerkhaus**, die Fachwerkhäuser
die **Fackel**, die Fackeln
fad, auch: fade
der **Faden**, die Fäden
fähig
die **Fähigkeit**, die Fähigkeiten
die **Fahne**, die Fahnen
die **Fahrbahn**, die Fahrbahnen
die **Fähre**, die Fähren
fahren, du fährst, sie fuhr, er ist gefahren
der **Fahrer**
die **Fahrerin**, die Fahrerinnen
der **Fahrgast**, die Fahrgäste
der **Fahrplan**, die Fahrpläne
das **Fahrrad**, die Fahrräder
die **Fahrt**, die Fahrten
das **Fahrzeug**, die Fahrzeuge
fair (sprich: fär) (gerecht)
der **Faktor**, die Faktoren
der **Falke**, die Falken
der **Fall**, die Fälle
fallen, du fällst, er fiel, sie ist gefallen
falls
falsch
falten, du faltest
der **Falter**
die **Familie**, die Familien
der **Familienname**, die Familiennamen
der **Fan** (sprich: fän), die Fans (Anhänger)
der **Fanclub** (sprich: fänklub), die Fanclubs, auch: der Fanklub
fangen, du fängst, sie fing, er hat gefangen
die **Fantasie**, die Fantasien, auch: die Phantasie
fantastisch, auch: phantastisch
die **Farbe**, die Farben
färben, du färbst
der **Farbfernseher**
farbig
die **Farm**, die Farmen
der **Farn**, die Farne
der **Fasching**
das **Fass**, die Fässer
fassen, du fasst
fassungslos
fast (beinahe)
fasten, du fastest
das **Fastfood** (sprich: faastfuud) („schnelles Essen“)
die **Fastnacht**
fauchen, du fauchst
faul
faulenzen, du faulenzt
der **Faulpelz**, die Faulpelze
die **Faust**, die Fäuste
der **Favorit**, die Favoriten
das **Fax**, die Faxe, auch: die Fax (ein Fax senden)

faxen, du faxt
die **Faxen**
(dumme Faxen machen)
das **Faxgerät**, die Faxgeräte

Fe

der **Februar**
fechten, du fichtst, sie focht, er hat gefochten
die **Feder**, die Federn
der **Federhalter**
federleicht
die **Fee**, die Feen
fegen, du fegst
fehlen, du fehlst
der **Fehler**
fehlerlos
der **Fehlstart**, die Fehlstarts
die **Feier**, die Feiern
der **Feierabend**, die Feierabende
feierlich
feiern, du feierst
der **Feiertag**, die Feiertage
feig, auch: feige
die **Feige**, die Feigen
die **Feile**, die Feilen
fein
der **Feind**, die Feinde
die **Feindschaft**, die Feindschaften
das **Feld**, die Felder
die **Felge**, die Felgen
das **Fell**, die Felle
der **Felsen**, auch: der Fels
das **Fenster**
die **Fensterscheibe**, die Fensterscheiben
die **Ferien**
das **Ferkel**
fern
die **Fernbedienung**, die Fernbedienungen
der **Fernfahrer**
das **Ferngespräch**, die Ferngespräche
das **Fernglas**, die Ferngläser
das **Fernrohr**, die Fernrohre
der **Fernsehapparat**
fernsehen, du siehst fern, er sah fern, sie hat ferngesehen
das **Fernsehen**
der **Fernseher**
das **Fernsehgerät**, die Fernsehgeräte
das **Fernsehprogramm**, die Fernsehprogramme
die **Ferse**, die Fersen
fertig
das **Fertighaus**, die Fertighäuser
fesseln, du fesselst
fest
das **Fest**, die Feste
festhalten, du hältst fest, sie hielt fest, er hat festgehalten
festlich
die **Festnahme**, die Festnahmen
feststellen, du stellst fest
das **Festzelt**, die Festzelte
die **Fete**, die Feten
fett
das **Fett**, die Fette
fettarm
fettig
der **Fetzen**
feucht
das **Feuchtbiotop**, auch: der Feuchtbiotop, die Feuchtbiotope
das **Feuer**

A B C D E F G H I J K L M N O P Q R S T U V W X Y Z

der **Feuerlöscher**
die **Feuerwehr**
das **Feuerwehrauto**, die Feuerwehrautos
die **Feuerwehrleute**
der **Feuerwehrmann**, die Feuerwehrmänner
das **Feuerwerk**, die Feuerwerke
das **Feuerzeug**, die Feuerzeuge

Fi

die **Fibel**, die Fibeln
die **Fichte**, die Fichten
das **Fieber**
das **Fieberthermometer**
fies
die **Figur**, die Figuren
der **Film**, die Filme
der **Filmstar**, die Filmstars
der **Filter**, auch: das Filter
filtern, du filterst
der **Filzpantoffel**, die Filzpantoffeln
der **Filzstift**, die Filzstifte
das **Finanzamt**, die Finanzämter
finden, du findest, sie fand, er hat gefunden
der **Finderlohn**
der **Finger**
der **Fink**, die Finken
der **Finne**, die Finnen
die **Finnin**, die Finninnen
finnisch
Finnland
finster
die **Finsternis**
die **Firma**, die Firmen
die **Firmung**, die Firmungen
der **Fisch**, die Fische
fischen, du fischst
das **Fischerboot**, die Fischerboote
fit, fitter, am fittesten
das **Fitnesscenter**
fix

Fl

flach
die **Fläche**, die Flächen
flackern, es flackert

Feuerwehrauto

der **Fladen**
das **Fladenbrot**, die Fladenbrote
die **Flagge**, die Flaggen
die **Flamme**, die Flammen
die **Flanke**, die Flanken
die **Flasche**, die Flaschen
der **Flaschenöffner**
flattern, er flattert
der **Flaum**
die **Flaute**, die Flauten
flechten, du flichtst, sie flocht, er hat geflochten
der **Fleck**, die Flecken
fleckig
die **Fledermaus**, die Fledermäuse

der **Flegel**
das **Fleisch**
die **Fleischerei**, die Fleischereien
der **Fleiß**
die **Fleißarbeit**, die Fleißarbeiten
fleißig
flicken, du flickst
der **Flieder**
die **Fliege**, die Fliegen
fliegen, du fliegst, er flog, sie ist geflogen
fliehen, du fliehst, sie floh, er ist geflohen
die **Fliese**, die Fliesen
fließen, er fließt, er floss, sie ist geflossen
flimmern, es flimmert
flink
flitzen, du flitzt
die **Flocke**, die Flocken
der **Floh**, die Flöhe
der **Flohmarkt**, die Flohmärkte
der **Flop**, die Flops
das **Floß**, die Flöße
die **Flosse**, die Flossen
die **Flöte**, die Flöten
flott
der **Fluch**, die Flüche
flüchten, du flüchtest
der **Flüchtling**, die Flüchtlinge
der **Flug**, die Flüge
der **Flügel**
flügge
der **Flughafen**, die Flughäfen
flugs
das **Flugzeug**, die Flugzeuge
der **Flur**, die Flure
der **Fluss**, die Flüsse
flussabwärts
flüssig
flüstern, du flüsterst
die **Flut**, die Fluten
das **Flutlicht**, die Flutlichter

Fo

das **Fohlen**
der **Föhn**, auch: der Fön, die Föhne
föhnen, du föhnst
die **Folge**, die Folgen
folgen, es folgt
die **Folie**, die Folien
fordern, du forderst
der **Förderunterricht**
die **Forelle**, die Forellen
die **Form**, die Formen
das **Format**, die Formate
formulieren, du formulierst
forschen, du forschst
der **Forscher**
die **Forscherin**, die Forscherinnen
der **Forst**, die Forste, auch: die Forsten
der **Förster**
die **Försterin**, die Försterinnen
fort
der **Fortschritt**, die Fortschritte
die **Fortsetzung**, die Fortsetzungen
das **Foto**, die Fotos
der **Fotoapparat**, die Fotoapparate
der **Fotograf**, die Fotografen
die **Fotografie**, die Fotografien
fotografieren, du fotografierst
die **Fotografin**, die Fotografinnen
die **Fotokopie**, die Fotokopien
fotokopieren, du fotokopierst
das **Foul** (sprich: faul), die Fouls
foulen, du foulst

Fr

der **Frachter**
die **Frage**, die Fragen
fragen, du fragst
der **Fragesatz**, die Fragesätze
das **Fragezeichen**
frankieren, du frankierst
Frankreich
der **Franzose**, die Franzosen
die **Französin**, die Französinnen
französisch
die **Fratze**, die Fratzen
die **Frau**, die Frauen
das **Fräulein**, die Fräuleins
frech
der **Frechdachs**, die Frechdachse
frei
das **Freibad**, die Freibäder
ins **Freie**
freihändig
die **Freiheit**, die Freiheiten
der **Freitag**, die Freitage
freitags
freiwillig
die **Freizeit**
fremd
der **Fremde**, die Fremden
die **Fremde**, die Fremden
die **Fremdsprache**, die Fremdsprachen
das **Fremdwort**, die Fremdwörter
fressen, er frisst, er fraß, er hat gefressen
die **Freude**, die Freuden
freudestrahlend
sich **freuen**, du freust dich
der **Freund**, die Freunde
die **Freundin**, die Freundinnen
freundlich
die **Freundschaft**, die Freundschaften
der **Frieden**
der **Friedhof**, die Friedhöfe
friedlich
frieren, du frierst, sie fror, er hat gefroren
das **Frisbee** (sprich: frissbi), die Frisbees (Wurfscheibe)
frisch
frisieren, du frisierst
der **Frisör**, auch: der Friseur, die Frisöre
die **Frisörin**, auch: die Friseurin, die Frisörinnen
die **Frisur**, die Frisuren
froh
fröhlich
fromm
frontal
der **Frosch**, die Frösche
der **Froschlaich**, die Froschlaiche
der **Frost**, die Fröste
frostig
das **Frotteehandtuch**, auch: das Frottéhandtuch, die Frotteehandtücher
die **Frucht**, die Früchte
fruchtbar
früh
früher
das **Frühjahr**, die Frühjahre
der **Frühling**
der **Frühlingsanfang**
das **Frühstück**
frühstücken, du frühstückst
der **Frust**
frustriert

Fu

der **Fuchs**, die Füchse
fuchsteufelswild
fuchteln, du fuchtelst
fühlen, du fühlst
(Es fühlt sich weich an.)
der **Fühler** (die Fühler der Schnecke)
führen, du führst
der **Führer**
die **Führerin**, die Führerinnen
der **Führerschein**, die Führerscheine
füllen, du füllst
der **Füller**
der **Fund**, die Funde
das **Fundbüro**, die Fundbüros
fünf, fünfmal
fünfzehn
fünfzig
der **Funk**
der **Funke**, die Funken
funkeln, es funkelt
funkelnagelneu
das **Funkgerät**, die Funkgeräte
der **Funkstreifenwagen**
funktionieren, es funktioniert
der **Funkturm**, die Funktürme
für
die **Furche**, die Furchen
die **Furcht**
furchtbar
Furcht einflößend,
auch: furchteinflößend
fürchten, du fürchtest
fürchterlich
furchtlos
füreinander
die **Fürsorge**
fürsorglich
der **Fürst**, die Fürsten
die **Fürstin**, die Fürstinnen
das **Fürwort**, die Fürwörter
der **Furz**, die Fürze
der **Fuß**, die Füße
der **Fußball**, die Fußbälle
das **Fußballspiel**, die Fußballspiele
Fußball spielen
das **Fußballstadion**,
die Fußballstadions
der **Fußboden**, die Fußböden
der **Fußgänger**
die **Fußgängerin**, die Fußgängerinnen
der **Fußgängerüberweg**,
die Fußgängerüberwege
die **Fußgängerzone**,
die Fußgängerzonen
das **Fußgelenk**, die Fußgelenke
der **Fussel**, die Fusseln
oder: die Fussel
das **Futter**
das **Futterhäuschen**
füttern, du fütterst
das **Futur**

Fuchs

G

g (Abkürzung für Gramm)

Ga

die **Gabel**, die Gabeln
der **Gabelstapler**
gackern, du gackerst
gaffen, er gafft
der **Gag** (sprich: gäg), die Gags (witzige Idee)
gähnen, du gähnst
die **Galaxie**, die Galaxien
die **Galeere**, die Galeeren
der **Galgen**
die **Galle**, die Gallen
der **Galopp**
galoppieren, es galoppiert
der **Gameboy**, die Gameboys
gammeln, es gammelt
die **Gämse**, die Gämsen
der **Gang**, die Gänge
die **Gangschaltung**, die Gangschaltungen
der **Gangster** (sprich: gängster)
der **Ganove**, die Ganoven
die **Gans**, die Gänse
das **Gänsefüßchen**
das **Gänseblümchen**
die **Gänsehaut**
ganz
die **Ganztagsschule**, die Ganztagsschulen
gar
die **Garage** (sprich: garaasche), die Garagen
die **Garantie**, die Garantien
garantieren, du garantierst
die **Garderobe**, die Garderoben
die **Gardine**, die Gardinen
das **Garn**, die Garne
gar nicht
garnieren, du garnierst
garstig
der **Garten**, die Gärten
der **Gartenzaun**, die Gartenzäune
der **Gartenzwerg**, die Gartenzwerge
der **Gärtner**
die **Gärtnerei**, die Gärtnereien
die **Gärtnerin**, die Gärtnerinnen
das **Gas**, die Gase
die **Gasheizung**, die Gasheizungen
das **Gaspedal**, die Gaspedale
die **Gasse**, die Gassen
der **Gast**, die Gäste
das **Gasthaus**, die Gasthäuser
die **Gaststätte**, die Gaststätten
der **Gatte**, die Gatten
das **Gatter**
die **Gattin**, die Gattinnen
der **Gaukler**
die **Gauklerin**, die Gauklerinnen
der **Gaul**, die Gäule
der **Gaumen**
der **Gauner**
die **Gaunerin**, die Gaunerinnen

Ge

geb. (Abkürzung für geboren)
das **Gebäck**, die Gebäcke
die **Gebärde**, die Gebärden
das **Gebäude**
das **Gebell**

geben, du gibst, sie gab,
er hat gegeben
das **Gebet**, die Gebete
gebeten
das **Gebiet**, die Gebiete
gebildet
das **Gebirge**
das **Gebiss**, die Gebisse
gebogen
geboren
das **Gebot**, die Gebote
gebrannt
gebrauchen, du gebrauchst
die **Gebrauchsanweisung**,
die Gebrauchsanweisungen
gebraucht
der **Gebrauchtwagen**
gebrochen
das **Gebrüll**
die **Gebühr**, die Gebühren
gebunden
die **Geburt**, die Geburten
der **Geburtstag**, die Geburtstage
die **Geburtstagsfeier**,
die Geburtstagsfeiern
das **Geburtstagsgeschenk**,
die Geburtstagsgeschenke
das **Gebüsch**, die Gebüsche
das **Gedächtnis**
der **Gedanke**, die Gedanken
der **Gedankenstrich**,
die Gedankenstriche
das **Gedeck**, die Gedecke
die **Gedenkstätte**, die Gedenkstätten
das **Gedicht**, die Gedichte
das **Gedränge**
die **Geduld**
geduldig

geeignet
die **Gefahr**, die Gefahren
gefährlich
gefallen,
es gefällt, es gefiel, es hat gefallen
sich **etwas gefallen lassen**,
du lässt dir etwas gefallen,
er ließ sich etwas gefallen,
sie hat sich etwas gefallen lassen
gefangen
das **Gefängnis**, die Gefängnisse
das **Gefäß**, die Gefäße
das **Gefieder**
gefiedert
gefleckt
geflickt
das **Geflügel**
das **Geflüster**
gefräßig
gefrieren, es gefriert, es gefror,
es ist gefroren
die **Gefriertruhe**, die Gefriertruhen
das **Gefühl**, die Gefühle
gefühlvoll
gegen
die **Gegend**, die Gegenden
gegeneinander
der **Gegensatz**, die Gegensätze
gegensätzlich
gegenseitig
der **Gegenstand**, die Gegenstände
das **Gegenteil**, die Gegenteile
gegenüber
die **Gegenwart**
der **Gegenwind**
der **Gegner**
die **Gegnerin**, die Gegnerinnen
das **Gehalt**, die Gehälter

Geisterbahn

gehässig
die **Gehässigkeit**, die Gehässigkeiten
das **Gehäuse**
das **Gehege**
geheim
das **Geheimnis**, die Geheimnisse
gehemmt
gehen, du gehst, er ging, sie ist gegangen
geheuer
das **Gehirn**, die Gehirne
die **Gehirnerschütterung**, die Gehirnerschütterungen
das **Gehör**
gehorchen, du gehorchst
gehören, es gehört
gehörlos
gehorsam
der **Gehweg**, die Gehwege
der **Geier**
die **Geige**, die Geigen

geil
die **Geisel**, die Geiseln
die **Geiselnahme**, die Geiselnahmen
der **Geist**, die Geister
die **Geisterbahn**, die Geisterbahnen
die **Geisterstunde**, die Geisterstunden
der **Geizhals**, die Geizhälse
der **Geiz**
geizig
gekonnt
das **Gekritzel**
das **Gelächter**
das **Gelände**
das **Geländer**
gelaunt
gelb
der **gelbe Sack**, die gelben Säcke (Müll)
das **Geld**, die Gelder
der **Geldautomat**, die Geldautomaten
der **Geldbeutel**

das **Gelee** (sprich: schelee), auch: der Gelee, die Gelees
die **Gelegenheit**, die Gelegenheiten
gelegentlich
das **Gelenk**, die Gelenke
gelenkig
gelingen, es gelingt, es gelang, es ist gelungen
gelogen
gelten, es gilt, es galt, es hat gegolten
gelungen
das **Gemälde**
gemein
die **Gemeinde**, die Gemeinden
gemeinsam
die **Gemeinschaft**, die Gemeinschaften
das **Gemüse**
gemütlich
genau
genauso
genehmigen, du genehmigst
die **Generation**, die Generationen
der **Generator**, die Generatoren
das **Genick**, die Genicke
sich **genieren** (sprich: scheniiren), du genierst dich (sich schämen)
genießbar
genießen, du genießt, sie genoss, er hat genossen
der **Genitiv**
genommen
genug
genügen, es genügt
genügend
der **Genuss**, die Genüsse
die **Geografie**, auch: die Geographie
die **Geometrie**
geometrisch
das **Gepäck**, die Gepäckstücke
der **Gepäckträger**
das **Geplapper**
das **Gepolter**
das **Gequengel**
gerade
geradeaus
geradezu
das **Geraschel**
das **Gerät**, die Geräte
das **Geräteturnen**
geräumig
das **Geräusch**, die Geräusche
gerecht
gereinigt
das **Gericht**, die Gerichte
gerieben
gering
geringelt
das **Gerippe**
gern, auch: gerne
die **Gerste**
der **Geruch**, die Gerüche
das **Gerücht**, die Gerüchte
das **Gerümpel**
das **Gerüst**, die Gerüste
der **Gesang**, die Gesänge
das **Geschäft**, die Geschäfte
geschehen, es geschieht, es geschah, es ist geschehen
gescheit
das **Geschenk**, die Geschenke
die **Geschichte**, die Geschichten
das **Geschichtenbuch**, die Geschichtenbücher
geschickt

geschieden
das **Geschirr**, die Geschirre
die **Geschirrspülmaschine**, die Geschirrspülmaschinen
das **Geschlecht**, die Geschlechter
das **Geschlechtswort**, die Geschlechtswörter
geschlossen
der **Geschmack**, die Geschmäcker
geschmeidig
geschoren
das **Geschoss**, die Geschosse
das **Geschrei**
geschwind
die **Geschwindigkeit**, die Geschwindigkeiten
die **Geschwister**
geschwollen
das **Geschwür**, die Geschwüre
das **Gesetz**, die Gesetze
das **Gesicht**, die Gesichter
der **Gesichtsausdruck**, die Gesichtsausdrücke
gespannt
das **Gespenst**, die Gespenster
gespenstig, auch: gespenstisch
das **Gespött**
das **Gespräch**, die Gespräche
die **Gestalt**, die Gestalten
gestalten, du gestaltest
das **Gestammel**
das **Geständnis**, die Geständnisse
der **Gestank**
die **Geste**, die Gesten
gestehen, du gestehst, sie gestand, er hat gestanden
das **Gestell**, die Gestelle
gestern
das **Gestirn**, die Gestirne
gestohlen
gestorben
gestreift
das **Gestrüpp**, die Gestrüppe
gesund
die **Gesundheit**
gesundheitsschädlich
das **Getränk**, die Getränke
der **Getränkeautomat**, die Getränkeautomaten
der **Getränkemarkt**, die Getränkemärkte
das **Getreide**
getrennt
das **Getriebe**
das **Getuschel**
das **Gewächs**, die Gewächse
das **Gewächshaus**, die Gewächshäuser
die **Gewalt**, die Gewalten
gewaltig
gewalttätig
das **Gewand**, die Gewänder
gewandt
das **Gewässer**
das **Gewehr**, die Gewehre
das **Geweih**, die Geweihe
gewesen – sein
das **Gewicht**, die Gewichte
das **Gewimmel**
der **Gewinn**, die Gewinne
gewinnen, du gewinnst, sie gewann, er hat gewonnen
der **Gewinner**
die **Gewinnerin**, die Gewinnerinnen
gewiss
das **Gewissen**

	gewissenhaft
das	**Gewitter**
	gewittrig
sich	**gewöhnen**, du gewöhnst dich
die	**Gewohnheit**, die Gewohnheiten
	gewöhnlich
	gewohnt
	gewollt
	gewonnen
	geworden
das	**Gewürz**, die Gewürze
	gewusst
	gezackt
die	**Gezeiten**

Gi

der	**Giebel**
die	**Gier**
	gierig
	gießen, du gießt, er goss, sie hat gegossen
die	**Gießkanne**, die Gießkannen
das	**Gift**, die Gifte
	giftig
der	**Giftmüll**
die	**Giftmülldeponie**, die Giftmülldeponien
der	**Giftstoff**, die Giftstoffe
	gigantisch
der	**Gipfel**
der	**Gips**
die	**Giraffe**, die Giraffen
das	**Girl**, die Girls
die	**Girlande**, die Girlanden
die	**Gitarre**, die Gitarren
das	**Gitter**

Gl

der	**Glanz**
	glänzen, es glänzt
	glänzend
das	**Glas**, die Gläser
	glatt, glatter, auch: glätter, am glattesten, auch: glättesten
die	**Glätte**
das	**Glatteis**
die	**Glatze**, die Glatzen
der	**Glaube**
	glauben, du glaubst
	gleich
das	**Gleichgewicht**
	gleichzeitig
das	**Gleis**, die Gleise
	gleiten, du gleitest, er glitt, sie ist geglitten
der	**Gletscher**
das	**Glied**, die Glieder
die	**Gliedmaßen**
	glitschig
	glitzern, es glitzert
der	**Globus**, die Globen, auch: die Globusse
die	**Glocke**, die Glocken
das	**Glockenspiel**, die Glockenspiele
	glotzen, du glotzt
das	**Glück**
	gluckern, es gluckert
	glücklich
der	**Glückwunsch**, die Glückwünsche
die	**Glühbirne**, die Glühbirnen
	glühen, es glüht
die	**Glut**, die Gluten

Gn

die	**Gnade**, die Gnaden
	gnädig
der	**Gnom**, die Gnome

Go

der	**Gockel**

das **Gold**
golden
der **Goldfisch**, die Goldfische
goldig
die **Goldmedaille** (sprich: goldmedallje), die Goldmedaillen
das **Golf** (Golf spielen)
die **Gondel**, die Gondeln
der **Gong**, die Gongs
gönnen, du gönnst
der **Gorilla**, die Gorillas
der **Gott**, die Götter
die **Göttin**, die Göttinnen
der **Gottesdienst**, die Gottesdienste

Gr

das **Grab**, die Gräber
graben, du gräbst, sie grub, er hat gegraben
der **Graben**, die Gräben
der **Grad**, die Grade
der **Graf**, die Grafen
die **Gräfin**, die Gräfinnen
das **Gramm**
die **Grammatik**, die Grammatiken
die **Granate**, die Granaten
grantig
die **Grapefruit** (sprich: gräipfruut), die Grapefruits (Zitrusfrucht)
das **Gras**, die Gräser
grasen, das Pferd grast
der **Grashalm**, die Grashalme
der **Grashüpfer**
grässlich
die **Gräte**, die Gräten
gratis
die **Grätsche**, die Grätschen
die **Gratulation**, die Gratulationen
gratulieren, du gratulierst
grau
das **Grauen**
sich **grauen**, es graut dir
grauenhaft
der **Graupelschauer**
grausam
die **Grausamkeit**, die Grausamkeiten
grausig
greifen, du greifst, sie griff, er hat gegriffen
der **Greifvogel**, die Greifvögel
der **Greis**, die Greise
die **Greisin**, die Greisinnen
grell
die **Grenze**, die Grenzen
grenzenlos
der **Grieche**, die Griechen
Griechenland
die **Griechin**, die Griechinnen
griechisch
der **Griff**, die Griffe
der **Grill**, die Grills
die **Grille**, die Grillen
grillen, du grillst
der **Grillplatz**, die Grillplätze
die **Grimasse**, die Grimassen
grimmig
grinsen, du grinst
die **Grippe** (an Grippe erkranken)
der **Grips**
grob
grölen, du grölst
der **Groschen**
groß, größer, am größten
großartig
Großbritannien

die **Größe**, die Größen
die **Großeltern**
größer, am größten – groß
die **Großmutter**, die Großmütter
die **Großstadt**, die Großstädte
größtenteils
der **Großvater**, die Großväter
großziehen, du ziehst groß, sie zog groß, er hat großgezogen
die **Grotte**, die Grotten
die **Grube**, die Gruben (in eine Grube fallen)
das **Grübchen**
grübeln, du grübelst
die **Gruft**, die Gruften
grün
gründen, du gründest
gründlich
der **Grund**, die Gründe
grundsätzlich
die **Grundschule**, die Grundschulen
der **Grundschüler**
die **Grundschülerin**, die Grundschülerinnen
das **Grundstück**, die Grundstücke
die **Grünfläche**, die Grünflächen
das **Grünfutter**
grunzen, es grunzt
die **Gruppe**, die Gruppen
die **Gruppenarbeit**
die **Gruselgeschichte**, die Gruselgeschichten
gruselig
sich **gruseln**, du gruselst dich
der **Gruß**, die Grüße
grüßen, du grüßt
die **Grütze**, die Grützen

Gu

gucken, du guckst
das **Guckloch**, die Gucklöcher
das **Gulasch**, auch: der Gulasch
der **Gully**, auch: das Gully, die Gullys
der **Gullydeckel**
gültig
die **Gültigkeit**
der **Gummi**, auch: das Gummi, die Gummis
das **Gummibärchen**
der **Gummistiefel**
das **Gummitwist**
günstig
der **Guppy**, die Guppys
die **Gurgel**, die Gurgeln
gurgeln, du gurgelst
die **Gurke**, die Gurken
der **Gurkensalat**, die Gurkensalate
gurren, sie gurrt
der **Gurt**, die Gurte
der **Gürtel**
der **Guss**, die Güsse
gut, besser, am besten
das **Gut**, die Güter
die **Güte**
gütig
der **Güterbahnhof**, die Güterbahnhöfe
der **Güterzug**, die Güterzüge
gutmütig
der **Gutschein**, die Gutscheine

Gy

der **Gymnasiast**, die Gymnasiasten
die **Gymnasiastin**, die Gymnasiastinnen
das **Gymnasium**, die Gymnasien
die **Gymnastik**
das **Gyros**

A B C D E F G H I J K L M N O P Q R S T U V W X Y Z

Ha

das **Haar**, die Haare
das **Haarband**, die Haarbänder
um **Haaresbreite**
haargenau
haben, du hast, er hatte, sie hat gehabt
der **Habicht**, die Habichte
die **Hacke**, die Hacken
hacken, du hackst
das **Hackfleisch**
der **Hafen**, die Häfen
die **Hafenrundfahrt**, die Hafenrundfahrten
der **Hafer**
die **Haferflocken**
die **Haft**
haften, es haftet
der **Häftling**, die Häftlinge
die **Hagebutte**, die Hagebutten
der **Hagel**
hageln, es hagelt
der **Hahn**, die Hähne
das **Hähnchen**
der **Hahnenfuß**
der **Hai**, die Haie
häkeln, du häkelst
der **Haken**
halb
halbieren, du halbierst
die **Hälfte**, die Hälften
das **Halfter**
die **Halle**, die Hallen
halleluja
das **Hallenbad**, die Hallenbäder
hallo
der **Halm**, die Halme
die **Halogenlampe**, die Halogenlampen
der **Hals**, die Hälse
halt
haltbar
halten, du hältst, sie hielt, er hat gehalten
die **Haltestelle**, die Haltestellen
der **Halunke**, die Halunken
Hamburg
der **Hamburger**
hämisch
der **Hammel**
der **Hammer**, die Hämmer
hämmern, du hämmerst
der **Hampelmann**, die Hampelmänner
der **Hamster**
die **Hand**, die Hände
der **Handball**, die Handbälle
der **Handel**
handeln, du handelst
das **Handgelenk**, die Handgelenke
der **Händler**
die **Händlerin**, die Händlerinnen
die **Handlung**, die Handlungen
die **Handschellen**
der **Handschuh**, die Handschuhe
die **Handtasche**, die Handtaschen
das **Handtuch**, die Handtücher
der **Handwerker**
die **Handwerkerin**, die Handwerkerinnen

das **Handy** (sprich: händi), die Handys (Mobiltelefon)
der **Hang**, die Hänge
die **Hängematte**, die Hängematten
hängen, du hängst, er hing, sie hat gehangen
die **Hänselei**, die Hänseleien
hänseln, du hänselst
die **Hantel**, die Hanteln
hantieren, du hantierst
happy (sprich: häppi) (glücklich)
das **Härchen**
die **Hardware** (sprich: haadwär) (feste Teile des Computers)
die **Harke**, die Harken
harmlos
der **Harn**
die **Harnblase**, die Harnblasen
die **Harpune**, die Harpunen
hart, härter, am härtesten
hartnäckig
das **Harz**, die Harze
der **Hase**, die Hasen
die **Haselnuss**, die Haselnüsse
der **Hass**
hassen, du hasst
hässlich
hastig
der **Hauch**
hauchdünn
hauchen, du hauchst
hauen, du haust
der **Haufen**
häufig
das **Haupt**, die Häupter
der **Hauptbahnhof**, die Hauptbahnhöfe
der **Häuptling**, die Häuptlinge
die **Hauptsache**
die **Hauptschule**, die Hauptschulen
der **Hauptschüler**
die **Hauptschülerin**, die Hauptschülerinnen
die **Hauptstadt**, die Hauptstädte
das **Haus**, die Häuser
der **Hausarrest**
die **Hausaufgabe**, die Hausaufgaben
zu **Hause**, auch: zuhause
der **Haushalt**, die Haushalte
haushoch
der **Hausmeister**
der **Hausschlüssel**
der **Hausschuh**, die Hausschuhe
das **Haustier**, die Haustiere
die **Haut**, die Häute
sich **häuten**, sie häutet sich
die **Hautfarbe**, die Hautfarben

He

das **Heavymetal** (sprich: hewwimättl), auch: Heavy Metal (Musikrichtung)
die **Hebamme**, die Hebammen
der **Hebel**
heben, du hebst, sie hob, er hat gehoben
hecheln, du hechelst
der **Hecht**, die Hechte
der **Hechtsprung**, die Hechtsprünge
das **Heck**, die Hecke, auch: die Hecks (das Heck des Schiffs)
die **Hecke**, die Hecken (eine Hecke schneiden)
die **Heckenrose**, die Heckenrosen
die **Heckscheibe**, die Heckscheiben
die **Hefe**
der **Hefekuchen**
der **Hefeteig**, die Hefeteige
das **Heft**, die Hefte

heften, du heftest
heftig
das **Heftpflaster**
die **Heide**, die Heiden
die **Heidelbeere**, die Heidelbeeren
heikel
heil
heilen, es heilt
heilig
der **Heiligabend**
heim
das **Heim**, die Heime
die **Heimat**, die Heimaten
die **Heimatkunde**
das **Heimatmuseum**, die Heimatmuseen
der **Heimatort**, die Heimatorte
heimfahren, du fährst heim, sie fuhr heim, er ist heimgefahren
heimgehen, du gehst heim, er ging heim, sie ist heimgegangen
heimkommen, du kommst heim, sie kam heim, er ist heimgekommen
heimlich
der **Heimweg**, die Heimwege
das **Heimweh**
die **Heirat**
heiraten, du heiratest
heiser
die **Heiserkeit**
heiß
heißen, du heißt, er hieß, sie hat geheißen
der **Heißhunger**
heiter
die **Heiterkeit**
heizen, du heizt
die **Heizung**, die Heizungen
die **Hektik**
hektisch
der **Hektoliter** (1 hl = 100 l)
der **Held**, die Helden
die **Heldin**, die Heldinnen
helfen, du hilfst, sie half, er hat geholfen
hell
der **Helm**, die Helme
das **Hemd**, die Hemden
der **Hengst**, die Hengste
der **Henkel**
die **Henne**, die Hennen

Her

her
herab
heran
herauf
heraus
herausholen, du holst heraus
herauskommen, du kommst heraus, sie kam heraus, er ist herausgekommen
herbei
die **Herberge**, die Herbergen
der **Herbst**
der **Herd**, die Herde (auf dem Herd kochen)
die **Herde**, die Herden (eine Schafherde)
herein
hereinkommen, du kommst herein, er kam herein, sie ist hereingekommen
der **Hering**, die Heringe
der **Herr**, die Herren

herrlich
herrschen, du herrschst
der **Herrscher**
die **Herrscherin**, die Herrscherinnen
herüber
herum
herunter
heruntergesetzt
herunterladen, du lädst herunter, er lud herunter, sie hat heruntergeladen auch: runterladen
hervor
hervorragend
das **Herz**, die Herzen
herzlich
der **Herzschlag**, die Herzschläge
Hessen
hessisch
hetzen, du hetzt
das **Heu**
heucheln

Hindernis

die **Heuernte**, die Heuernten
heulen, du heulst
der **Heuschnupfen**
die **Heuschrecke**, die Heuschrecken
heute
die **Hexe**, die Hexen

Hi

der **Hieb**, die Hiebe
hier
hierher
die **Hieroglyphe**, die Hieroglyphen
die **Hilfe**, die Hilfen
hilfsbereit
die **Himbeere**, die Himbeeren
himbeerfarben
der **Himmel**
das **Himmelbett**, die Himmelbetten
himmelblau
die **Himmelsrichtung**, die Himmelsrichtungen
himmlisch

Hin

hin
hinab
hinauf
hinaufklettern, du kletterst hinauf
hinaus
hinausbringen, du bringst hinaus, er brachte hinaus, sie hat hinausgebracht
im **Hinblick**
hindern, du hinderst
das **Hindernis**, die Hindernisse
hindurch
hinein
hineinbeißen, du beißt hinein, sie biss hinein, er hat hineingebissen

A B C D E F G H I J K L M N O P Q R S T U V W X Y Z

hineingehen,
du gehst hinein, er ging hinein,
sie ist hineingegangen
hinken, du hinkst
hinten
hinter
hintereinander
hinterher
hinüber
hinunter
hinweg
hinzu
hip
der **Hip-Hop**, auch: Hiphop
der **Hirsch**, die Hirsche
der **Hirt**, auch: der Hirte, die Hirten
der **Hit**, die Hits
die **Hitparade**, die Hitparaden
die **Hitze**
hitzefrei

Ho

das **Hobby**, die Hobbys
der **Hobbyraum**, die Hobbyräume
der **Hobel**
hoch, höher, am höchsten
am **höchsten** – hoch
die **Hochzeit**, die Hochzeiten
hocken, du hockst
der **Hocker**
das **Hockey**
der **Hoden**
der **Hof**, die Höfe
hoffen, du hoffst
hoffentlich
die **Hoffnung**, die Hoffnungen
höflich
hohe (hohe Türme), höhere,
höchste
die **Höhe**, die Höhen
höher – hoch
hohl
die **Höhle**, die Höhlen
die **Höhlenmalerei**,
die Höhlenmalereien
der **Höhlenmensch**,
die Höhlenmenschen
der **Hokuspokus**
holen, du holst
Holland
der **Holländer**
die **Holländerin**, die Holländerinnen
holländisch
die **Hölle**
holpern, es holpert
holprig, auch: holperig
der **Holunder**
das **Holz**, die Hölzer
das **Holzhaus**, die Holzhäuser
der **Holzreifen**
die **Homepage** (sprich: houmpäitsch),
die Homepages (Seite im Internet)
der **Honig**
der **Hopfen**
hopp!
hoppeln, du hoppelst
hoppla!
hopsen, du hopst
horchen, du horchst
hören, du hörst
der **Hörer**
die **Hörerin**, die Hörerinnen
das **Hörgerät**, die Hörgeräte
der **Horizont**, die Horizonte
das **Horn**, die Hörner
das **Hörnchen**
die **Hornhaut**, die Hornhäute

die **Hornisse**, die Hornissen
der **Horror**
der **Horrorfilm**, die Horrorfilme
das **Hörspiel**, die Hörspiele
der **Hort**, die Horte
die **Hose**, die Hosen
das **Hospital**, die Hospitäler
die **Hostie**, die Hostien
der **Hotdog**, auch: das Hotdog
die Hotdogs,
auch: Hot Dog, die Hot Dogs
das **Hotel**, die Hotels

Hu

hübsch
der **Hubschrauber**
huch!
huckepack
der **Huf**, die Hufe
das **Hufeisen**
die **Hüfte**, die Hüften
der **Hügel**
hügelig, auch: hüglig
das **Huhn**, die Hühner
das **Hühnerei**, die Hühnereier
die **Hülle**, die Hüllen
die **Hülse**, die Hülsen
die **Hummel**, die Hummeln
der **Humor**
humorlos
humorvoll
humpeln, du humpelst
der **Humus**
der **Hund**, die Hunde
die **Hundehütte**, die Hundehütten
hundemüde
hundert
hunderttausend
der **Hunger**

Hubschrauber

hungern, du hungerst
die **Hungersnot**, die Hungersnöte
hungrig
die **Hupe**, die Hupen
hupen, du hupst
hüpfen, du hüpfst
hurra!
huschen, du huschst
husten, du hustest
der **Husten**
der **Hustensaft**, die Hustensäfte
der **Hut**, die Hüte
hüten, du hütest
die **Hütte**, die Hütten

Hy

die **Hyäne**, die Hyänen
die **Hyazinthe**, die Hyazinthen
der **Hydrant**, die Hydranten
die **Hygiene**
hygienisch
die **Hymne**
hysterisch

Ic

der **IC**, die ICs (Abkürzung für Intercity)
der **ICE** (Abkürzung für Intercityexpress), die ICEs
ich

Id

ideal
die **Idee**, die Ideen
der **Idiot**, die Idioten
das **Idol**, die Idole

Ig

der **Igel**
igitt!
der **Iglu**, auch: das Iglu, die Iglus

Ih

ihm, ihn, ihnen
ihr, ihre

Il

die **Illustrierte**, die Illustrierten

Im

im (in dem)
der **Imbiss**, die Imbisse
die **Imbissstube**, die Imbissstuben
der **Imker**
die **Imkerin**, die Imkerinnen
immer
immerhin
das **Imperfekt**
impfen, du wirst geimpft
die **Impfung**, die Impfungen
imponieren, das imponiert mir

In

in, ins
indem
der **Indianer**
die **Indianerin**, die Indianerinnen
Indien
indisch
die **Industrie**, die Industrien
ineinander
die **Infektion**, die Infektionen
der **Infinitiv**, die Infinitive
die **Information**, die Informationen
sich **informieren**, du informierst dich
der **Ingenieur** (sprich: inschenjör), die Ingenieure (technischer Beruf)
die **Ingenieurin**, (sprich: inschenjörin), die Ingenieurinnen (Beruf)
der **Inhaber**
die **Inhaberin**, die Inhaberinnen
der **Inhalt**, die Inhalte
das **Inhaltsverzeichnis**, die Inhaltsverzeichnisse
die **Inlineskates** (sprich: inleinskäits)
innen
innerhalb
das **Insekt**, die Insekten
die **Insel**, die Inseln
das **Inserat**, die Inserate
insgesamt
der **Installateur** (sprich: installatör), die Installateure (Handwerker)
die **Installateurin**, (sprich: installatörin), die Installateurinnen (Handwerkerin)
der **Instinkt**, die Instinkte
das **Instrument**, die Instrumente
intelligent
intensiv

ICE

der **Intercity**, die Intercitys
Abkürzung: IC
interessant
das **Interesse**, die Interessen
sich **interessieren**,
du interessierst dich
das **Internat**, die Internate
international
das **Internet** (Computernetzwerk)
das **Interview** (sprich: interwju),
die Interviews (Befragung)
inzwischen

Ip
der **i-Punkt**, die i-Punkte

Ir
der **Irak**
irakisch
der **Iran**
iranisch
der **Ire**, die Iren
irgendein, irgendeine
irgendjemand
irgendwann
irgendwas
irgendwie
irgendwo
irgendwohin
die **Irin**, die Irinnen
irisch
Irland
ironisch
irr, auch: irre
sich **irren**, du irrst dich
der **Irrgarten**, die Irrgärten
der **Irrtum**, die Irrtümer

Is
der **Islam**
islamisch
Island
isländisch
das **Islandpony**, die Islandponys
die **Isolation**, die Isolationen
isolieren, du isolierst
Israel
israelisch
er **ist** – sein (Er ist jung.)

It
Italien
der **Italiener**
die **Italienerin**, die Italienerinnen
italienisch
das **i-Tüpfelchen**

Ja

ja
die **Jacht**, die Jachten, auch: die Yacht
der **Jachthafen**, die Jachthäfen
die **Jacke**, die Jacken
das **Jackett**, die Jacketts
die **Jagd**, die Jagden
jagen, du jagst
der **Jäger**
die **Jägerin**, die Jägerinnen
der **Jagdhund**, die Jagdhunde
der **Jaguar**, die Jaguare
jäh
das **Jahr**, die Jahre
jahrelang
die **Jahreszeit**, die Jahreszeiten
der **Jahrgang**, die Jahrgänge
das **Jahrhundert**, die Jahrhunderte
jährlich
das **Jahrtausend**, die Jahrtausende
das **Jahrzehnt**, die Jahrzehnte
der **Jähzorn**
jähzornig
die **Jalousie** (sprich: schalusi), die Jalousien (Rollladen)
der **Jammer**
jämmerlich
jammern, du jammerst
der **Januar**
Japan
der **Japaner**
die **Japanerin**, die Japanerinnen
japanisch
japsen, du japst
jäten, du jätest
die **Jauche**
jauchzen, du jauchzt
jaulen, er jault
der **Jazz** (sprich: dschäs) (Musikrichtung)
der **Jazztanz**

Je

je
die **Jeans** (sprich: dschiins)
die **Jeansjacke**, die Jeansjacken
das **Jeanskleid**, die Jeanskleider
jede, jeder, jedes
jedenfalls
jedoch
der **Jeep** (sprich: dschiip), die Jeeps (Geländewagen)
jemals
jemand
jene, jener, jenes
jenseits
Jerusalem
der **Jet**, die Jets
Jesus
jetzt

Jo

der **Job** (sprich: dschob), die Jobs
jobben, du jobbst
der **Jockey** (sprich: dschokej), die Jockeys (Berufsrennreiter)
das **Jod**
jodeln, du jodelst
der **Jodler**
die **Jodlerin**, die Jodlerinnen
das **Joga**, auch: der Joga, auch: Yoga

joggen (sprich: dschoggen), du joggst (laufen)

der **Jogginganzug**, die Jogginganzüge

der **Jogginschuh**, die Joggingschuhe

der **Joghurt**, auch: das Joghurt, auch: Jogurt, die Joghurts

die **Johannisbeere**, die Johannisbeeren

johlen, du johlst

das **Jo-Jo**, auch: das Yo-Yo, die Jo-Jos

der **Joker** (sprich: dschouker)

der **Jongleur**, die Jongleure

die **Jongleurin**, die Jongleurinnen

jonglieren (sprich: schongliiren), du jonglierst

der **Journalist**, (sprich: schurnalist), die Journalisten (Beruf)

die **Journalistin**, (sprich: schurnalistin), die Journalistinnen (Beruf)

der **Joystick**, die Joysticks

Ju

der **Jubel**

jubeln, du jubelst

das **Jubiläum**, die Jubiläen

juchzen, du juchzt

jucken, es juckt

das **Juckpulver**

der **Jude**, die Juden

das **Judentum**

die **Jüdin**, die Jüdinnen

jüdisch

das **Judo**

die **Jugend**

die **Jugendherberge**, die Jugendherberge

jugendlich

der **Jugendliche**, die Jugendlichen

die **Jugendliche**, die Jugendlichen

das **Jugendzentrum**, die Jugendzentren

juhu!

der **Juli**

der **Jumbo**, die Jumbos (großes Flugzeug)

jung, jünger, am jüngsten

Jung und Alt

das **Junge**, die Jungen (Nachwuchs bei Tieren)

der **Junge**, die Jungen

jünger, am jüngsten – jung

der **Juni**

der **Junior**, die Junioren

der **Jupiter**

die **Jury** (sprich: schüri), die Jurys

das **Juwel**, die Juwelen

der **Juwelier**, die Juweliere

die **Juwelierin**, die Juwelierinnen

der **Jux**

Jeep

A B C D E F G H I J K L M N O P Q R S T U V W X Y Z

Ka

das **Kabel**
der **Kabelanschluss**, die Kabelanschlüsse
das **Kabelfernsehen**
die **Kabine**, die Kabinen
das **Kabrio**, die Kabrios, auch: das Cabrio
der **Kachelofen**, die Kachelöfen
der **Käfer**
der **Kaffee**
der **Käfig**, die Käfige
kahl
der **Kahn**, die Kähne
der **Kai**, die Kais, auch: der Quai
der **Kaiser**
das **Kajak**, die Kajaks
die **Kajüte**, die Kajüten
der **Kakao**, die Kakaos
der **Kaktus**, auch: die Kaktee, die Kakteen
das **Kalb**, die Kälber
der **Kalender**
der **Kalk**
die **Kalorie**, die Kalorien
kalt, kälter, am kältesten
das **Kamel**, die Kamele
die **Kamera**, die Kameras
der **Kamin**, die Kamine
der **Kamm**, die Kämme
sich **kämmen**, du kämmst dich
die **Kammer**, die Kammern
der **Kampf**, die Kämpfe
kämpfen, du kämpfst
der **Kanal**, die Kanäle
der **Kanarienvogel**, die Kanarienvögel
der **Kandidat**, die Kandidaten
die **Kandidatin**, die Kandidatinnen
das **Känguru**, die Kängurus
das **Kaninchen**
der **Kanister**
die **Kanne**, die Kannen
der **Kanon**, die Kanons
die **Kante**, die Kanten
die **Kantine**, die Kantinen
das **Kanu**, die Kanus
der **Kanzler**
die **Kapelle**, die Kapellen
kapieren, du kapierst
der **Kapitän**, die Kapitäne
das **Kapitel**
der **Kaplan**, die Kapläne
die **Kappe**, die Kappen
die **Kapsel**, die Kapseln
kaputt
die **Kapuze**, die Kapuzen
das **Karate**
die **Karawane**, die Karawanen
der **Karfreitag**
kariert
die **Karies**
der **Karneval**
der **Karnevalszug**, die Karnevalszüge
das **Karo**, die Karos
die **Karotte**, die Karotten
der **Karpfen**
die **Karre**, die Karren
die **Karte**, die Karten
die **Kartei**, die Karteien

der **Karteikasten**, die Karteikästen

das **Kartentelefon**, die Kartentelefone

die **Kartoffel**, die Kartoffeln

die **Kartoffelchips**

der **Karton**, die Kartons

das **Karussell**, die Karusselle, auch: die Karussells

die **Karwoche**

der **Käse**

die **Kaserne**, die Kasernen

der **Kasper**

die **Kasse**, die Kassen

die **Kassette**, die Kassetten

der **Kassettenrekorder**, auch: der Kassettenrecorder

die **Kastanie**, die Kastanien

der **Kasten**, die Kästen

der **Katalog**, die Kataloge

die **Katastrophe**, die Katastrophen

der **Kater**

der **Katholik**, die Katholiken

die **Katholikin**, die Katholikinnen

katholisch

die **Katze**, die Katzen

das **Kauderwelsch**

kauen, du kaust

kauern, du kauerst

kaufen, du kaufst

der **Käufer**

die **Käuferin**, die Käuferinnen

die **Kauffrau**, die Kauffrauen

das **Kaufhaus**, die Kaufhäuser

die **Kaufläche**, die Kauflächen

der **Kaufmann**, die Kaufleute

der **Kaugummi**, die Kaugummis

die **Kaulquappe**, die Kaulquappen

kaum

das **Käuzchen**

Ke

der **Kegel**

die **Kegelbahn**, die Kegelbahnen

kegeln, du kegelst

die **Kehle**, die Kehlen

der **Kehlkopf**, die Kehlköpfe

kehren, du kehrst

keimen, es keimt

der **Keimling**, die Keimlinge

kein, keine

keinesfalls

der **Keks**, die Kekse, auch: das Keks

der **Kelch**, die Kelche

die **Kelle**, die Kellen

der **Keller**

der **Kellner**

die **Kellnerin**, die Kellnerinnen

kennen, du kennst, sie kannte, er hat gekannt

kennen lernen, du lernst kennen

das **Kennzeichen**

kentern, du kenterst

die **Keramik**, die Keramiken

die **Kerbe**, die Kerben

der **Kerl**, die Kerle

der **Kern**, die Kerne

kerngesund

das **Kernkraftwerk**, die Kernkraftwerke

die **Kerze**, die Kerzen

der **Kessel**

der **Ketchup**, auch: das Ketchup, auch: Ketschup

die **Kette**, die Ketten

keuchen, du keuchst

die **Keule**, die Keulen

das **Keyboard** (sprich: kiiboord), die Keyboards (Musikinstrument)

Kf

das **Kfz** (Abkürzung für Kraftfahrzeug)

Kg

kg (Abkürzung für Kilogramm)

Ki

kichern, du kicherst
kicken, du kickst
der **Kiefer** (Körperteil)
die **Kiefer**, die Kiefern (Nadelbaum)
der **Kiel**, die Kiele
die **Kieme**, die Kiemen
der **Kies**, die Kiese
der **Kieselstein**, die Kieselsteine
die **Kiesgrube**, die Kiesgruben
das **Kilo**, die Kilos
das **Kilogramm**
der **Kilometer**
das **Kind**, die Kinder
der **Kindergarten**, die Kindergärten
das **Kinderturnen**
kindisch
kindlich
das **Kinn**, die Kinne
der **Kinnhaken**
das **Kino**, die Kinos
der **Kiosk**, die Kioske
kippen, du kippst
die **Kirche**, die Kirchen
die **Kirchweih**, die Kirchweihen
die **Kirmes**
die **Kirsche**, die Kirschen
das **Kissen**
die **Kiste**, die Kisten
der **Kitsch**
kitschig
das **Kitz**, die Kitze
kitzeln, du kitzelst
kitzlig, auch: kitzelig

Kl

kläffen, er kläfft
klagen, du klagst
klamm
die **Klammer**, die Klammern
klammern, du klammerst
die **Klamotten**
der **Klang**, die Klänge
die **Klappe**, die Klappen
klappen, es klappt
klappern, du klapperst
der **Klaps**, die Klapse
klar
die **Kläranlage**, die Kläranlagen
klasse
die **Klasse**, die Klassen
der **Klassensprecher**
die **Klassensprecherin**, die Klassensprecherinnen
das **Klassenzimmer**
klatschen, du klatschst
klauen, du klaust
das **Klavier**, die Klaviere
kleben, du klebst
der **Kleber**
der **Klebstoff**, die Klebstoffe
kleckern, du kleckerst
der **Klecks**, die Kleckse
der **Klee**
das **Kleeblatt**, die Kleeblätter
das **Kleid**, die Kleider
der **Kleiderbügel**
die **Kleidung**, die Kleidungen
klein
der **Kleinbauer**, die Kleinbauern
der **Kleister**
die **Klemme**, die Klemmen
der **Klempner**

Kloster

das **Klettergerüst**, die Klettergerüste
klettern, du kletterst
der **Klettverschluss**, die Klettverschlüsse
das **Klima**, die Klimata, auch: die Klimas
die **Klimaanlage**, die Klimaanlagen
der **Klimmzug**, die Klimmzüge
klimpern, du klimperst
die **Klinge**, die Klingen
die **Klingel**, die Klingeln
klingeln, du klingelst
klingen, es klingt, es klang, es hat geklungen
die **Klinik**, die Kliniken
klipp und klar
die **Klippe**, die Klippen
klirren, es klirrt
das **Klo**, die Klos
klopfen, du klopfst
der **Klops**, die Klopse
das **Klosett**, die Klosetts, auch: die Klosette
der **Kloß**, die Klöße
das **Kloster**, die Klöster
der **Klotz**, die Klötze
der **Klub**, die Klubs, auch: der Club
klug, klüger, am klügsten
der **Klumpen**

Km

km (Abkürzung für Kilometer)

Kn

knabbern, du knabberst
der **Knabe**, die Knaben
das **Knäckebrot**
der **Knacks**, die Knackse
der **Knall**, die Knalle
knallen, es knallt
knapp
knarren, es knarrt
knattern, es knattert
der **Knäuel**, auch: das Knäuel
knausrig, auch: knauserig
kneifen, du kneifst, er kniff, sie hat gekniffen
die **Kneipe**, die Kneipen
die **Knete**
kneten, du knetest
das **Knetgummi**, auch: der Knetgummi, die Knetgummis
knicken, du knickst
das **Knie**
knien, du kniest
knifflig
knipsen, du knipst
der **Knirps**, die Knirpse

A B C D E F G H I J K L M N O P Q R S T U V W X Y Z

knirschen, du knirschst
knistern, es knistert
knittern, es knittert
knobeln, du knobelst
der **Knoblauch**
der **Knochen**
der **Knöchel**
knochig
der **Knödel**
die **Knolle**, die Knollen
der **Knopf**, die Knöpfe
der **Knorpel**
die **Knospe**, die Knospen
der **Knoten**
knuddeln, du knuddelst
knüllen, du knüllst
knüpfen, du knüpfst
der **Knüppel**
knurren, du knurrst
knuspern, du knusperst
knusprig, auch: knusperig
knutschen, du knutschst

Ko

k. o. (Abkürzung für knock-out)
der **Koalabär**, die Koalabären
der **Kobold**, die Kobolde
die **Kobra**, die Kobras
der **Koch**, die Köche
kochen, du kochst
die **Köchin**, die Köchinnen
der **Kode**, die Kodes, auch: Code
der **Köder**
der **Koffer**
der **Kohl**, die Kohle
die **Kohle**, die Kohlen
kohlrabenschwarz
der **Kohlrabi**, die Kohlrabis
die **Koje**, die Kojen
die **Kokosnuss**, die Kokosnüsse
der **Kollege**, die Kollegen
die **Kollegin**, die Kolleginnen
die **Kollektion**, die Kollektionen
der **Kombi**, die Kombis
kombinieren, du kombinierst
der **Komet**, die Kometen
der **Komfort** (sprich: komfor) (Bequemlichkeiten)
komfortabel
komisch
das **Komma**, die Kommas, auch: die Kommata
kommen, du kommst, er kam, sie ist gekommen
der **Kommentar**, die Kommentare
der **Kommissar**, die Kommissare
die **Kommissarin**, die Kommissarinnen
die **Kommode**, die Kommoden
die **Kommunion**
das **Kommunionskind**, die Kommunionskinder
der **Kompass**, die Kompasse
komplett
das **Kompliment**, die Komplimente
kompliziert
der **Kompost**
der **Komposthaufen**
das **Kompott**, die Kompotte
der **Kompromiss**, die Kompromisse
die **Kondensmilch**
die **Kondition**, die Konditionen
der **Konditor**, die Konditoren
die **Konditorei**, die Konditoreien
die **Konditorin**, die Konditorinnen
das **Kondom**, auch: der Kondom, die Kondome

die **Konferenz**, die Konferenzen
das **Konfetti**
der **Konfirmand**, die Konfirmanden
die **Konfirmandin**, die Konfirmandinnen
die **Konfirmation**
konfirmieren, du wirst konfirmiert
die **Konfitüre**, die Konfitüren
der **Konflikt**, die Konflikte
der **König**, die Könige
die **Königin**, die Königinnen
konkret
können, du kannst, er konnte, sie hat gekonnt
der **Konrektor**, die Konrektoren
die **Konrektorin**, die Konrektorinnen
die **Konserve**, die Konserven
der **Konservierungsstoff**, die Konservierungsstoffe
der **Konsonant**, die Konsonanten
konstruieren, du konstruierst
der **Konsum**
der **Kontakt**, die Kontakte
der **Kontinent**, die Kontinente
das **Konto**, die Konten, auch: die Kontos oder Konti
die **Kontonummer**, die Kontonummern
kontra
die **Kontrolle**, die Kontrollen
der **Kontrolleur**, die Kontrolleure
die **Kontrolleurin**, die Kontrolleurinnen
kontrollieren, du kontrollierst
die **Konzentration**
sich **konzentrieren**, du konzentrierst dich
das **Konzert**, die Konzerte

der **Kopf**, die Köpfe
der **Kopfhörer**
das **Kopfkissen**
kopflos
das **Kopfrechnen**
der **Kopfschmerz**, die Kopfschmerzen
die **Kopfstütze**, die Kopfstützen
die **Kopie**, die Kopien
kopieren, du kopierst
das **Kopiergerät**, die Kopiergeräte
die **Koppel**, die Koppeln
der **Koran**
der **Korb**, die Körbe
die **Kordel**, die Kordeln
die **Kordhose**, auch: die Cordhose
der **Kork**, auch: der Korken, die Korken
der **Korkenzieher**
das **Korn**, die Körner
der **Körper**
korrekt
die **Korrektur**, die Korrekturen
korrigieren, du korrigierst
die **Kosmetikerin**, die Kosmetikerinnen
der **Kosmonaut**, die Kosmonauten
die **Kosmonautin**, die Kosmonautinnen
kostbar
kosten, du kostest (probieren)
kosten, es kostet (Geld kosten)
köstlich
das **Kostüm**, die Kostüme
der **Kot**
das **Kotelett**, die Koteletts
der **Köter**
der **Kotflügel**
kotzen, du kotzt

Kr

krabbeln, du krabbelst
der **Krach**, die Kräche
krachen, es kracht
krächzen, du krächzt
die **Kraft**, die Kräfte
das **Kraftfahrzeug**, die Kraftfahrzeuge
kräftig
kraftlos
das **Kraftwerk**, die Kraftwerke
der **Kragen**, die Kragen, auch: die Krägen
die **Krähe**, die Krähen
krähen, du krähst
der **Krake**, die Kraken
die **Kralle**, die Krallen
der **Kram**
kramen, du kramst
der **Krampf**, die Krämpfe
der **Kran**, die Kräne
der **Kranführer**
der **Kranich**, die Kraniche
krank
kränken, du kränkst
das **Krankenhaus**, die Krankenhäuser
der **Krankenpfleger**
die **Krankenschwester**, die Krankenschwestern
der **Krankenwagen**
die **Krankheit**, die Krankheiten
der **Kranz**, die Kränze
der **Krapfen**
der **Krater**
kratzen, du kratzt
kraulen, du kraulst
kraus
das **Kraut**, die Kräuter
der **Kräutertee**, die Kräutertees
die **Krawatte**, die Krawatten
kraxeln, du kraxelst
kreativ
der **Krebs**, die Krebse
die **Kreide**, die Kreiden
kreidebleich
der **Kreis**, die Kreise
kreischen, du kreischst
der **Kreisel**
kreisen, du kreist
die **Kreissäge**, die Kreissägen
die **Kreisstadt**, die Kreisstädte
die **Krem**, die Krems, auch: die Kreme oder Creme
das **Krepppapier**, Krepppapiere
das **Kreuz**, die Kreuze
die **Kreuzung**, die Kreuzungen
das **Kreuzworträtsel**
kribbeln, es kribbelt
kriechen, du kriechst, er kroch, sie ist gekrochen
der **Krieg**, die Kriege
kriegen, du kriegst
der **Krimi**, die Krimis
die **Kriminalpolizei**
kriminell
der **Kringel**
die **Krippe**, die Krippen
das **Krippenspiel**, die Krippenspiele
kritisch
kritzeln, du kritzelst
das **Krokodil**, die Krokodile
der **Krokus**, die Krokusse
die **Krone**, die Kronen
die **Kröte**, die Kröten
die **Krücke**, die Krücken
der **Krug**, die Krüge
der **Krümel**

die/das entries:

krumm
die **Kruste**, die Krusten
das **Kruzifix**, die Kruzifixe

Ku

der **Kübel**
die **Küche**, die Küchen
der **Kuchen**
der **Küchenherd**, die Küchenherde
der **Kuckuck**, die Kuckucke
die **Kufe,** die Kufen
die **Kugel**, die Kugeln
kugelrund
der **Kugelschreiber**
die **Kuh**, die Kühe
kühl
der **Kühlschrank**, die Kühlschränke
kühn
das **Küken**
der **Kuli**, die Kulis
die **Kulisse**, die Kulissen
kullern, es kullert
der **Kümmel**
sich **kümmern**, du kümmerst dich
der **Kumpel**
der **Kunde**, die Kunden
kündigen, du kündigst
die **Kündigung**, die Kündigungen
die **Kundin**, die Kundinnen
künftig
die **Kunst**, die Künste
der **Künstler**
die **Künstlerin**, die Künstlerinnen
das **Kunststück**, die Kunststücke
kunterbunt
die **Kuppel**, die Kuppeln
die **Kur**, die Kuren
die **Kurbel**, die Kurbeln
der **Kürbis**, die Kürbisse

Krake

kurios
der **Kurs**, die Kurse
die **Kurve**, die Kurven
kurvenreich
kurz, kürzer, am kürzesten
kurzärmlig, auch: kurzärmelig
kurzfristig
kurzsichtig
kuscheln, du kuschelst
kuschlig, auch: kuschelig
die **Kusine**, die Kusinen, auch: die Cousine
der **Kuss**, die Küsse
küssen, du küsst
die **Küste**, die Küsten
die **Kutsche**, die Kutschen
der **Kutter**
das **Kuvert** (sprich: kuwär), die Kuverts (Briefumschlag)

L

l (Abkürzung für Liter)

La

das **Labor**, die Labors, auch: die Labore
das **Labyrinth**, die Labyrinthe
lächeln, du lächelst
lachen, du lachst
lächerlich
der **Lachs**, die Lachse
der **Lack**, die Lacke
lackieren, du lackierst
laden, du lädst, er lud, sie hat geladen
der **Laden**, die Läden
das **Lager**
lahm
der **Laib**, die Laibe (ein Laib Brot)
der **Laich** (Froschlaich), die Laiche
das **Laken**
der **Lakritz**, auch: das Lakritz, die Lakritze
lallen, du lallst
das **Lama**, die Lamas
das **Lametta**
das **Lamm**, die Lämmer
die **Lampe**, die Lampen
der **Lampion**, die Lampions
das **Land**, die Länder
die **Landkarte**, die Landkarten
die **Landwirtschaft**
lang, länger, am längsten
langärmlig, auch: langärmelig
langsam
langweilig
die **Lanze**, die Lanzen
der **Lappen**
läppisch
der **Laptop** (sprich: läptop), die Laptops (kleiner tragbarer Computer)
die **Lärche**, die Lärchen (Lärchenzapfen)
der **Lärm**
lärmen, du lärmst
der **Lärmschutz**
die **Larve**, die Larven
die **Lasche**, die Laschen
lassen, du lässt, sie ließ, er hat gelassen
lässig
das **Lasso**, die Lassos
die **Last**, die Lasten
der **Laster**
lästern, du lästerst
lästig
der **Lastkraftwagen**, auch: der Lastwagen
Latein
die **Laterne**, die Laternen
latschen, du latschst
die **Latte**, die Latten
der **Latz**, die Lätze, das Lätzchen
lau
das **Laub**
der **Laubbaum**, die Laubbäume
lauern, du lauerst
der **Lauf**, die Läufe
laufen, du läufst, er lief, sie ist gelaufen

A B C D E F G H I J K L M N O P Q R S T U V W X Y Z

der **Läufer**
die **Läuferin**, die Läuferinnen
das **Laufgitter**
das **Laufwerk**, die Laufwerke
(im Computer)
die **Laune**, die Launen
launisch
die **Laus**, die Läuse
der **Lausbub**, die Lausbuben
lauschen, du lauschst
laut
der **Laut**, die Laute
läuten, es läutet
der **Lautsprecher**
die **Lawine**, die Lawinen

Le

leben, du lebst
das **Leben**
lebendig
lebensgefährlich
die **Lebensmittel**
die **Leber**, die Lebern
der **Leberkäse**
das **Lebewesen**
lebhaft
der **Lebkuchen**
lecken, du leckst
lecker
der **Leckerbissen**
das **Leder**
die **Lederhose**
ledig
lediglich
leer
leeren, du leerst
(den Mülleimer leeren)
legen, du legst
die **Legende**, die Legenden

der **Lehm**
die **Lehne**, die Lehnen
lehren, du lehrst
(ein Sprache lehren)
der **Lehrer**
die **Lehrerin**, die Lehrerinnen
das **Lehrerzimmer**
der **Leib**, die Leiber
die **Leiche**, die Leichen
leichenblass
der **Leichnam**, die Leichname
leicht
die **Leichtathletik**
leichtsinnig
das **Leid**
leiden, du leidest, er litt,
sie hat gelitten
leider
der **Leierkasten**, die Leierkästen
leiern, du leierst
leihen, du leihst, sie lieh,
er hat geliehen
der **Leim**, die Leime
leimen, du leimst
die **Leine**, die Leinen
die **Leinwand**, die Leinwände
leise
die **Leiste**, die Leisten
leisten, du leistest
die **Leistung**, die Leistungen
leiten, du leitest
die **Leiter**, die Leitern
die **Leitung**, die Leitungen
die **Lektion**, die Lektionen
die **Lektüre**, die Lektüren
lenken, du lenkst
der **Leopard**, die Leoparden
die **Lerche**, die Lerchen (ein Vogel)

A B C D E F G H I J K L M N O P Q R S T U V W X Y Z

lernen, du lernst
lesbar
lesen, du liest, sie las, er hat gelesen
leserlich
letzte, letzter, letztes
die **Leuchte**, die Leuchten
leuchten, es leuchtet
die **Leuchtröhre**, die Leuchtröhren
leugnen, du leugnest
die **Leute**
das **Lexikon**, die Lexika, auch: die Lexiken

Li

die **Libelle**, die Libellen
das **Licht**, die Lichter
die **Lichtung**, die Lichtungen
das **Lid**, die Lider (das Augenlid)
lieb
die **Liebe**
lieben, du liebst
lieblich
der **Liebling**, die Lieblinge
das **Lied**, die Lieder
liefern, du lieferst
der **Lieferwagen**
die **Liege**, die Liegen
liegen, du liegst, er lag, sie hat gelegen
die **Liegestütze**, die Liegestützen
der **Lift**, die Lifte, auch: die Lifts
lila
die **Limo**, die Limos
die **Limonade**, die Limonaden
die **Linde**, die Linden
lindern, du linderst
das **Lineal**, die Lineale
die **Linie**, die Linien
liniert
links
der **Linkshänder**
die **Linkshänderin**, die Linkshänderinnen
die **Linse**, die Linsen

Litfaßsäule

die **Lippe**, die Lippen
lispeln, du lispelst
die **Liste**, die Listen
listig
der **Liter**, auch: das Liter
die **Literatur**
die **Litfaßsäule**, die Litfaßsäulen
live (sprich: laif) (direkt)
die **Livesendung** (sprich: laifsendung), die Livesendungen, auch: Live-Sendung

Lk

der **Lkw** (Abkürzung für Lastkraftwagen), die Lkws, auch: der LKW, die LKWs

Lo

das **Lob**, die Lobe
loben, du lobst
das **Loch**, die Löcher
lochen, du lochst
löchrig, auch: löcherig
die **Locke**, die Locken
locken, du lockst
locker
lockig
lodern, es lodert
der **Löffel**
logisch
der **Lohn**, die Löhne
sich **lohnen**, es lohnt sich
die **Loipe**, die Loipen
die **Lok**, die Loks
das **Lokal**, die Lokale
die **Lokomotive**, die Lokomotiven
der **Lolli**, die Lollis
die **Longe**, (sprich: longsche) die Longen (Laufleine fürs Pferd)
los
das **Los**, die Lose
das **Löschblatt**, die Löschblätter
löschen, du löschst
das **Löschfahrzeug**, die Löschfahrzeuge
losen, du lost
lösen, du löst
losfahren, du fährst los, sie fuhr los, er ist losgefahren
losgehen, du gehst los, er ging los, sie ist losgegangen
loslassen, du lässt los, sie ließ los, er hat losgelassen
die **Lösung**, die Lösungen
löten, du lötest
der **Lotse**, die Lotsen
die **Lotterie**, die Lotterien
das **Lotto**
der **Löwe**, die Löwen
der **Löwenzahn**

Lu

der **Luchs**, die Luchse
die **Lücke**, die Lücken
lückenlos
die **Luft**, die Lüfte
der **Luftballon**, die Luftballons, auch: die Luftballone
luftdicht
der **Luftdruck**
luftig
die **Lüftung**, die Lüftungen
die **Luftverschmutzung**, die Luftverschmutzungen
die **Lüge**, die Lügen
lügen, du lügst
der **Lügner**
die **Lügnerin**, die Lügnerinnen
die **Luke**, die Luken
der **Lümmel**
sich **lümmeln**, du lümmelst dich
der **Lumpen**
die **Lunge**, die Lungen
die **Lungenentzündung**, die Lungenentzündungen
die **Lupe**, die Lupen
der **Lurch**, die Lurche
die **Lust**
lustig
lutschen, du lutschst
der **Lutscher**
Luxemburg
luxemburgisch
der **Luxus**

M

m (Abkürzung für Meter)

Ma

machen, du machst
mächtig
das **Mädchen**
die **Made**, die Maden
madig
die **Madonna**, die Madonnen
der **Magen**, die Magen, auch: die Mägen
mager
der **Magier**
der **Magnet**, die Magneten, auch: die Magnete
magnetisch
der **Mähdrescher**
mähen, du mähst
mahlen, du mahlst (Mehl mahlen)
die **Mahlzeit**, die Mahlzeiten
die **Mähne**, die Mähnen
mahnen, du mahnst
die **Mahnung**, die Mahnungen
der **Mai**
die **Mailbox** (sprich: mäilbox), die Mailboxen (Briefkasten)
mailen (sprich: mäilen), du mailst (Post mit dem Computer verschicken)
der **Main**
der **Mais**
der **Maiskolben**
die **Majonäse**, auch: die Mayonnaise, die Majonäsen
das **Make-up** (sprich: mäikapp), die Make-ups (Schminke)
die **Makkaroni**
mal
das **Mal**, die Male (ein Muttermal)
malen, du malst (ein Bild malen)
der **Maler**
das **Malzbier**, die Malzbiere
die **Mama**, die Mamas, auch: die Mami, die Mamis
das **Mammut**, die Mammuts
man
manch, manche, **mancher**, manches
manchmal
die **Mandarine**, die Mandarinen
die **Manege** (sprich: maneesche), die Manegen
mangelhaft
der **Mann**, die Männer
männlich
die **Mannschaft**, die Mannschaften
manschen, du manschst
der **Mantel**, die Mäntel
das **Mäppchen**
die **Mappe**, die Mappen
der **Marathon**, die Marathons
das **Märchen**
märchenhaft
die **Margarine**
die **Margerite**, die Margeriten
der **Marienkäfer**
die **Marionette**, die Marionetten
die **Mark**
die **Marke**, die Marken
markieren, du markierst

die **Markise**, die Markisen
der **Markt**, die Märkte
der **Marktplatz**, die Marktplätze
die **Marmelade**, die Marmeladen
das **Marmeladenbrot**, die Marmeladenbrote
das **Marmeladenglas**, die Marmeladengläser
der **Marmor**
der **Marmorkuchen**
der **Mars**
der **Marsch**, die Märsche
marschieren, du marschierst
der **Marterpfahl**, die Marterpfähle
das **Martinshorn**, die Martinshörner
der **März**
das **Marzipan**
die **Masche**, die Maschen
der **Maschendraht**, die Maschendrähte
die **Maschine**, die Maschinen
die **Masern**
die **Maske**, die Masken
der **Maskenbildner**
die **Maskenbildnerin**, die Maskenbildnerinnen
sich **maskieren**, du maskierst dich
das **Maskottchen**
das **Maß**, die Maße
die **Massage** (sprich: masaasche), die Massagen
die **Masse**, die Massen
massenweise
massieren, du massierst
mäßig
massiv
der **Maßstab**, die Maßstäbe
mästen, du mästest
der **Mast**, die Masten, auch: die Maste
das **Match** (sprich: mätsch), die Matches, auch: die Matche (Wettkampf)
das **Material**, die Materialien
die **Mathematik**
die **Matratze**, die Matratzen
der **Matrose**, die Matrosen
matschig
matt
die **Matte**, die Matten
die **Mauer**, die Mauern
das **Maul**, die Mäuler
maulen, du maulst
der **Maulwurf**, die Maulwürfe
der **Maurer**
die **Maus**, die Mäuse
die **Mayonnaise**, auch: die Majonäse, die Mayonnaisen

Me

der **Mechaniker**
die **Mechanikerin**, die Mechanikerinnen
meckern, du meckerst
Mecklenburg-Vorpommern
die **Medaille** (sprich: medallje), die Medaillen
das **Medikament**, die Medikamente
die **Medizin**
das **Meer**, die Meere
der **Meerrettich**
das **Meerschweinchen**
das **Meerwasser**
das **Mehl**
mehr – viel
mehrere
das **Mehrkornbrot**, die Mehrkornbrote
mehrmals

die **Mehrzahl**
mein, meine
meinen, du meinst
die **Meinung**, die Meinungen
die **Meise**, die Meisen
der **Meißel**
am **meisten** – viel
meistens
der **Meister**
die **Meisterin**, die Meisterinnen
die **Meisterschaft**, die Meisterschaften
sich **melden**, du meldest dich
die **Meldung**, die Meldungen
melken, du melkst
die **Melkmaschine**, die Melkmaschinen
die **Melodie**, die Melodien
die **Melone**, die Melonen
das **Memory**, die Memorys
die **Menge**, die Mengen
der **Mensch**, die Menschen
die **Menschlichkeit**
die **Menstruation**
das **Menü**, die Menüs
merken, du merkst
der **Merksatz**, die Merksätze
der **Merkur**
merkwürdig
die **Messe**, die Messen
messen, du misst, er maß, sie hat gemessen
das **Messer**
das **Messgerät**
das **Messing**
das **Metall**, die Metalle
metallisch
die **Metallverarbeitung**
der **Meteorit**, die Meteoriten
der **Meteorologe**, die Meteorologen
die **Meteorologin**, die Meteorologinnen
der **Meter**, auch: das Meter
meterlang
das **Metermaß**, die Metermaße
die **Methode**, die Methoden
die **Mettwurst**, die Mettwürste
der **Metzger**
die **Metzgerei**, die Metzgereien
meutern, du meuterst

Mi

miauen, du miaust
mich
mickrig, auch: mickerig
die **Mickymaus**, die Mickymäuse
die **Miene**, die Mienen (eine fröhliche Miene)
mies
die **Miete**, die Mieten
mieten, du mietest
der **Mieter**
die **Mieterin**, die Mieterinnen
das **Mikado**, die Mikados
das **Mikrofon**, die Mikrofone, auch: das Mikrophon, die Mikrophone
das **Mikroskop**, die Mikroskope
die **Mikrowelle**, die Mikrowellen
die **Milch**
die **Milchflasche**, die Milchflaschen
der **Milchzahn**, die Milchzähne
mild, auch: milde
die **Milliarde**, die Milliarden
der **Millimeter**
die **Million**, die Millionen
der **Millionär**, die Millionäre

Minigolf

die **Minderheit**, die Minderheiten
mindestens
das **Mineralwasser**
mini
das **Minigolf**
der **Minister**
die **Ministerin**, die Ministerinnen
der **Ministrant**, die Ministranten
die **Ministrantin**, die Ministrantinnen
minus
das **Minuszeichen**
die **Minute**, die Minuten
mir
die **Mirabelle**, die Mirabellen
mischen, du mischst
der **Mischmasch**
die **Mischung**, die Mischungen
miserabel
der **Missbrauch**, die Missbräuche
der **Misserfolg**, die Misserfolge
das **Missgeschick**, die Missgeschicke
die **Mission**, die Missionen
das **Misstrauen**
misstrauisch
das **Missverständnis**, die Missverständnisse
der **Mist**
mit
die **Mitarbeit**
mitarbeiten, du arbeitest mit
mitbringen, du bringst mit, er brachte mit, sie hat mitgebracht
der **Mitbürger**
die **Mitbürgerin**, die Mitbürgerinnen
miteinander
mitgehen, du gehst mit, sie ging mit, er ist mitgegangen
das **Mitglied**, die Mitglieder
mithilfe, auch: mit Hilfe
der **Mitlaut**, die Mitlaute
das **Mitleid**
mitmachen, du machst mit
mitnehmen, du nimmst mit, er nahm mit, sie hat mitgenommen
der **Mitschüler**
die **Mitschülerin**, die Mitschülerinnen
der **Mittag**, die Mittage, eines Mittags, heute Mittag
das **Mittagessen**
mittags
die **Mitte**, die Mitten
mitteilen, du teilst mit
das **Mittelalter**
das **Mittelmeer**
mitten
die **Mitternacht**, die Mitternächte
der **Mittwoch**, die Mittwoche
mittwochs
mixen, du mixt
der **Mixer**

A B C D E F G H I J K L M N O P Q R S T U V W X Y Z

Mm

mm (Abkürzung für Millimeter)

Mo

das **Möbel**
die **Mode**, die Moden
das **Model**, die Models (auf dem Laufsteg)
das **Modell**, die Modelle
das **Modem**, die Modems
der **Moderator**, die Moderatoren
die **Moderatorin**, die Moderatorinnen
modern
modisch
das **Mofa**, die Mofas
mogeln, du mogelst
mögen, du magst, er mochte, sie hat gemocht, ich möchte
möglich
die **Möglichkeit**, die Möglichkeiten
der **Mohn**
die **Möhre**, die Möhren
der **Mohrenkopf**, die Mohrenköpfe
die **Mohrrübe**, die Mohrrüben
der **Molch**, die Molche
die **Molkerei**, die Molkereien
mollig
der **Moment**, die Momente
momentan
der **Monat**, die Monate
monatelang
monatlich
die **Monatskarte**
der **Mönch**, die Mönche
der **Mond**, die Monde
der **Mondschein**
der **Monitor**, die Monitore
das **Monster**
der **Montag**, die Montage
die **Montage** (sprich: montaasche), die Montagen
montags
der **Monteur** (sprich: montör), die Monteure (Facharbeiter)
die **Monteurin**, die Monteurinnen
montieren, du montierst
das **Moor**, die Moore
das **Moos**, die Moose
das **Moped**, die Mopeds
der **Mops**, die Möpse
die **Moral**
moralisch
der **Morast**
der **Mord**, die Morde
der **Mörder**
die **Mörderin**, die Mörderinnen
morgen
der **Morgen**, eines Morgens, heute Morgen
morgens
morsch
morsen, du morst
der **Mörtel**
das **Mosaik**, die Mosaike, auch: die Mosaiken
die **Moschee**, die Moscheen
die **Mosel**
der **Moslem**, die Moslems
die **Moslime**, die Moslimen
der **Most**
das **Motiv**, die Motive
der **Motor**, die Motoren
das **Motorboot**, die Motorboote
das **Motorrad**, die Motorräder
die **Motte**, die Motten
das **Motto**, die Mottos
motzen, du motzt

das **Mountainbike** (sprich: mauntenbeik), die Mountainbikes
die **Möwe**, die Möwen

Mu

die **Mücke**, die Mücken
der **Mückenstich**, die Mückenstiche
mucksmäuschenstill
müde
muffig
die **Müdigkeit**
die **Mühe**, die Mühen
mühelos
die **Mühle**, die Mühlen
mühsam
die **Mulde**, die Mulden
der **Müll**
die **Müllabfuhr**
der **Müllberg**, die Müllberge
die **Mullbinde**, die Mullbinden
der **Müllcontainer**
die **Mülldeponie**, die Mülldeponien
der **Mülleimer**
der **Müllmann**, die Müllmänner
die **Mülltonne**, die Mülltonnen
die **Mülltrennung**
mulmig
die **Multiplikation**, die Multiplikationen
multiplizieren, du multiplizierst
die **Mumie**, die Mumien
mümmeln, du mümmelst
der **Mumps**
der **Mund**, die Münder
die **Mundharmonika**, die Mundharmonikas
die **Mündung**, die Mündungen
munkeln, du munkelst
munter
die **Münze**, die Münzen
der **Münzfernsprecher**
mürbe
die **Murmel**, die Murmeln
murmeln, du murmelst
das **Murmeltier**, die Murmeltiere
murren, du murrst
mürrisch
das **Mus**, die Muse
die **Muschel**, die Muscheln
das **Museum**, die Museen
das **Musical** (sprich: mjusikel), die Musicals
die **Musik**
musikalisch
der **Musikant**, die Musikanten
die **Musikantin**, die Musikantinnen
der **Musiker**
die **Musikerin**, die Musikerinnen
Musik hören, du hörst Musik
musizieren, du musizierst
der **Muskel**, die Muskeln
das **Müsli**, die Müslis
müssen, du musst
das **Muster**
der **Mut**
mutig
mutlos
die **Mutprobe**, die Mutproben
die **Mutter**, die Mütter (meine Mutter)
die **Mutter**, die Muttern (Mutter und Schraube)
mütterlich
das **Muttermal**, die Muttermale
die **Muttersprache**, die Muttersprachen
die **Mütze**, die Mützen

Na

der **Nabel**

nach

der **Nachbar**, die Nachbarn

die **Nachbarin**, die Nachbarinnen

die **Nachbarschaft**

nachdem

nachdenken, du denkst nach, sie dachte nach, er hat nachgedacht

nacheinander

die **Nacherzählung**, die Nacherzählungen

der **Nachfolger**

die **Nachfolgerin**, die Nachfolgerinnen

nachgucken, du guckst nach

nach Hause, auch: nachhause

nachher

die **Nachhilfe**

der **Nachkomme**, die Nachkommen

nachlässig

nachmachen, du machst nach

der **Nachmittag**, die Nachmittage

nachmittags

der **Nachname**, die Nachnamen

die **Nachricht**, die Nachrichten

die **Nachrichtensendung**, die Nachrichtensendungen

nachschlagen, du schlägst nach, sie schlug nach, er hat nachgeschlagen

die **Nachsilbe**, die Nachsilben

nachsitzen, du sitzt nach, er saß nach, sie hat nachgesessen

die **Nachspeise**, die Nachspeisen

als **Nächste**

der **Nächste**, die Nächsten

die **Nächste**, die Nächsten

nächste, nächster, nächstes

am **nächsten** – nah

nächstens

als **Nächster**

die **Nacht**, die Nächte

der **Nachteil**, die Nachteile

das **Nachthemd**, die Nachthemden

die **Nachtigall**, die Nachtigallen

der **Nachtisch**, die Nachtische

nachträglich

nachts

die **Nachtwanderung**, die Nachtwanderungen

der **Nachwuchs**

nachzählen, du zählst nach

der **Nacken**

nackt

die **Nadel**, die Nadeln

der **Nadelbaum**, die Nadelbäume

das **Nadelöhr**, die Nadelöhre

der **Nagel**, die Nägel

der **Nagellack**

nageln, du nagelst

nagelneu

nagen, du nagst

das **Nagetier**, die Nagetiere

nah, auch: nahe, **näher**, am nächsten

die **Nähe**

nähen, du nähst

näher – nah

die **Nähmaschine**, die Nähmaschinen
die **Nahrung**, die Nahrungen
das **Nahrungsmittel**
die **Naht**, die Nähte
das **Nähzeug**
naiv
na ja!
der **Name**, die Namen
der **Namenstag**, die Namenstage
das **Namenwort**, die Namenwörter
nämlich
der **Napf**, die Näpfe
die **Narbe**, die Narben
die **Narkose**, die Narkosen
der **Narr**, die Narren
die **Närrin**, die Närrinnen
närrisch
die **Narzisse**, die Narzissen
naschen, du naschst
die **Nase**, die Nasen
das **Nasenbluten**
das **Nashorn**, die Nashörner
nass, nasser, am nassesten, auch: nässer, am nässesten
die **Nation**, die Nationen
die **Natter**, die Nattern
die **Natur**, die Naturen
natürlich
der **Naturschutz**
das **Naturschutzgebiet**, die Naturschutzgebiete

Ne

der **Neandertaler**
der **Nebel**
neben
nebenan
nebeneinander
nebenher
neblig, auch: nebelig
necken, du neckst
der **Neffe**, die Neffen
negativ
der **Negerkuss**, die Negerküsse
nehmen, du nimmst, sie nahm, er hat genommen
der **Neid**
neidisch
sich **neigen**, es neigt sich
nein
der **Nektar**, die Nektare
die **Nektarine**, die Nektarinen
die **Nelke**, die Nelken
nennen, du nennst, er nannte, sie hat genannt
der **Nerv**, die Nerven
nerven, du nervst
nervig
nervös
das **Nest**, die Nester

Nest

nett
das **Netz**, die Netze
das **Netzwerk**, die Netzwerke
neu
neuerdings
die **Neugier**
neugierig
die **Neuigkeit**, die Neuigkeiten
Neujahr
neulich
neun, neunmal
neunzehn
neunzig
der **Neuschnee**
neutral

Ni

nicht
die **Nichte**, die Nichten
der **Nichtraucher**
die **Nichtraucherin**, die Nichtraucherinnen
nichts
nicken, du nickst
das **Nickerchen**
nie
nieder
die **Niederlage**, die Niederlagen
die **Niederlande**
der **Niederländer**
die **Niederländerin**, die Niederländerinnen
niederländisch
der **Niederschlag**, die Niederschläge
niedlich
niedrig
niemals
niemand
die **Niere**, die Nieren
nieseln, es nieselt
niesen, du niest
das **Niespulver**
die **Niete**, die Nieten
der **Nikolaus**
der **Nikolaustag**
das **Nikotin**
der **Nil** (Fluss in Ägypten)
das **Nilpferd**, die Nilpferde
nippen, du nippst
nirgends
nirgendwo
die **Nische**, die Nischen
nisten, er nistet
der **Nistkasten**, die Nistkästen
die **Nixe**, die Nixen

No

nobel
noch
noch mal
das **Nomen**, die Nomen, auch: die Nomina
der **Nominativ**
die **Nonne**, die Nonnen
das **Nonnenkloster**
nonstop
der **Norden**
nördlich
der **Nordpol**
Nordrhein-Westfalen
die **Nordsee**
die **Nordseeinsel**, die Nordseeinseln
die **Nörgelei**, die Nörgeleien
nörgeln, du nörgelst
normal
Norwegen
der **Norweger**
die **Norwegerin**, die Norwegerinnen

Nixe

	norwegisch
die	**Not**, die Nöte
der	**Notarzt**, die Notärzte
die	**Notärztin**, die Notärztinnen
der	**Notarztwagen**
die	**Notbremse**, die Notbremsen
die	**Note**, die Noten
das	**Notebook** (sprich: noutbuk), die Notebooks (tragbarer Computer)
das	**Notenheft**, die Notenhefte
der	**Notenschlüssel**
der	**Notenständer**
der	**Notfall**, die Notfälle
	notieren, du notierst
	nötig
der	**Notizblock**, die Notizblöcke
die	**Notlage**, die Notlagen
die	**Notlösung**, die Notlösungen
die	**Notlüge**, die Notlügen
der	**Notruf**
die	**Notwehr**
	notwendig
das	**Nougat**, auch: der Nougat, auch: Nugat
der	**November**

Nu

	im Nu
	nüchtern
der	**Nuckel**
	nuckeln, du nuckelst
die	**Nudel**, die Nudeln
das	**Nudelholz**, die Nudelhölzer
der	**Nudelsalat**, die Nudelsalate
der	**Nudelteig**
das	**Nugat**, auch: der Nugat, auch: Nougat
	null
die	**Null**, die Nullen
die	**Nummer**, die Nummern
	nummerieren, du nummerierst
das	**Nummernschild**, die Nummernschilder
	nun
	nur
	nuscheln, du nuschelst
die	**Nuss**, die Nüsse
der	**Nussbaum**, die Nussbäume
der	**Nussknacker**
der	**Nusskuchen**
die	**Nussschale**, die Nussschalen
die	**Nüster**, die Nüstern
der	**Nutzen**
	nutzen, du nutzt
	nützen, du nützt
das	**Nutztier**, die Nutztiere
	nützlich
	nutzlos

Oa

die **Oase**, die Oasen

Ob

ob
obdachlos
der **Obdachlose**, die Obdachlosen
die **Obdachlose**, die Obdachlosen
die **O-Beine**
oben
der **Ober**
der **Oberarm**, die Oberarme
die **Oberfläche**, die Oberflächen
oberflächlich
oberhalb
das **Oberhaupt**, die Oberhäupter
der **Oberkiefer**
der **Oberkörper**
der **Oberschenkel**
das **Oberteil**, die Oberteile
die **Obhut**
das **Objekt**, die Objekte
objektiv
die **Oblate**, die Oblaten
die **Oboe**, die Oboen (Musikinstrument)
das **Obst**
der **Obstbaum**, die Obstbäume
die **Obstkonserven**
der **Obstsaft**, die Obstsäfte
der **Obstsalat**, die Obstsalate
die **Obstsorte**, die Obstsorten
obwohl

Oc

der **Ochse**, die Ochsen
ocker

Od

öd, auch: öde
oder
die **Oder**

Of

der **Ofen**, die Öfen
offen
öffentlich
die **Öffentlichkeit**
offiziell
öffnen, du öffnest
die **Öffnung**, die Öffnungen
oft, öfter, am öftesten

Oh

oh!
ohne
ohnmächtig
das **Ohr**, die Ohren

Oj

oje!

Ok

die **Ökologie**
ökologisch
o. k. (Abkürzung für okay)
okay
der **Oktober**

Ol

das **Öl**, die Öle
der **Oldtimer** (altes Auto)
ölen, du ölst
ölig
die **Olive**, die Oliven
der **Öltank**, die Öltanks
die **Olympiade**, die Olympiaden
die **Olympischen Spiele**

Om

die **Oma**, die Omas,
auch: die Omi, die Omis
das **Omelett**, die Omeletts
der **Omnibus**, die Omnibusse

On

der **Onkel**

Op

der **Opa**, die Opas,
auch: der Opi, die Opis
das **Open Air** (sprich: oupenär),
die Open Airs, (Freiluft . . .)
die **Oper**, die Opern
die **Operation**, die Operationen
der **Operationssaal**,
die Operationssäle
operieren, du wirst operiert
das **Opfer**
der **Optiker**
die **Optikerin**, die Optikerinnen
optimal (am besten)

Or

orange
die **Orange**, die Orangen
der **Orangensaft**, die Orangensäfte
der **Orang-Utan**, die Orang-Utans
das **Orchester**
die **Orchidee**, die Orchideen
ordentlich
ordinär
ordnen, du ordnest
die **Ordnung**, die Ordnungen
in **Ordnung** bringen,
du bringst in Ordnung
das **Organ**, die Organe
die **Organisation**, die Organisationen
organisieren, du organisierst
die **Orgel**, die Orgeln
der **Orient**
orientalisch
sich **orientieren**, du orientierst dich
das **Original**, die Originale
original
originell
der **Orkan**, die Orkane
der **Ort**, die Orte
örtlich
die **Ortschaft**, die Ortschaften

Os

der **Osten**
das **Osterei**, die Ostereier
der **Osterhase**, die Osterhasen
Ostern
Österreich
der **Österreicher**
die **Österreicherin**,
die Österreicherinnen
österreichisch
östlich
die **Ostsee**
out (sprich: aut), das ist out
(unmodern)

Ov

oval
der **Overall**, die Overalls
der **Overheadprojektor**,
die Overheadprojektoren

Ow

o weh!, auch: oh weh!

Oz

der **Ozean**, die Ozeane
das **Ozon**, auch: der Ozon
das **Ozonloch**, die Ozonlöcher
die **Ozonschicht**
der **Ozonwert**, die Ozonwerte

Pa

ein paar (ein paar Dinge)
das **Paar**, die Paare
(ein Paar Socken)
das **Päckchen**
packen, du packst
das **Packpapier**
die **Packung**, die Packungen
das **Paddel**
das **Paddelboot**, die Paddelboote
paddeln, du paddelst
das **Paket**, die Pakete
der **Palast**, die Paläste
die **Palme**, die Palmen
die **Pampelmuse**, die Pampelmusen
der **Panda**, die Pandas
die **Panik**, die Paniken
panisch
die **Panne**, die Pannen
das **Panorama**, die Panoramen
panschen, du panschst,
auch: pantschen
der **Panther**, auch: der Panter
der **Pantoffel**, die Pantoffeln
die **Pantomime**, die Pantomimen
der **Panzer**
der **Papa**, die Papas,
auch: der Papi, die Papis
der **Papagei**, die Papageien
das **Papier**, die Papiere
der **Papierkorb**, die Papierkörbe
der **Papierschnipsel**
die **Papiertonne**, die Papiertonnen
der **Pappdeckel**,
auch: der Pappendeckel
die **Pappe**, die Pappen
die **Pappel**, die Pappeln
der **Paprika**, die Paprika,
auch: die Paprikas
der **Papst**, die Päpste
das **Paradies**, die Paradiese
parallel
das **Pärchen**
das **Parfüm**, die Parfüme,
auch: die Parfüms;
auch: das Parfum, die Parfums
der **Park**, die Parks
parken, du parkst
das **Parkett**, die Parkette,
auch: die Parketts
der **Parkplatz**, die Parkplätze
das **Parlament**, die Parlamente
die **Partei**, die Parteien
der **Partner**
die **Partnerin**, die Partnerinnen
die **Party**, die Partys
der **Pass**, die Pässe
der **Passagier** (sprich: passaschiir),
die Passagiere (Fahrgast)
der **Passant**, die Passanten
die **Passantin**, die Passantinnen
das **Passbild**, die Passbilder
passen, du passt
passieren, es passiert
passiv
der **Pastor**, die Pastoren
die **Pastorin**, die Pastorinnen
der **Pate**, die Paten
der **Patient**, die Patienten
die **Patientin**, die Patientinnen

die **Patin**, die Patinnen
die **Patrone**, die Patronen
pauken, du paukst
die **Pause**, die Pausen
der **Pavian**, die Paviane
der **Pazifik**
der **Pazifische Ozean**

Pc

der **PC** (Abkürzung für Personal Computer), die PCs

Pe

das **Pech**
der **Pechvogel**, die Pechvögel
das **Pedal**, die Pedale
peinlich
die **Peitsche**, die Peitschen
der **Pelikan**, die Pelikane
die **Pelle**, die Pellen
pellen, du pellst
die **Pellkartoffel**, die Pellkartoffeln
der **Pelz**, die Pelze
pelzig
das **Pendel**
der **Pendler**
peng!
der **Penis**, die Penisse
pennen, du pennst
die **Pension**, die Pensionen
perfekt
das **Perfekt**
die **Periode**, die Perioden
die **Perle**, die Perlen
die **Person**, die Personen
der **Personalausweis**, die Personalausweise
das **Personalpronomen**, die Personalpronomen, auch: die Personalpronomina
persönlich
die **Perücke**, die Perücken
die **Pest**
die **Petersilie**
das **Petroleum**
petzen, du petzt

Pf

der **Pfad**, die Pfade
der **Pfadfinder**
der **Pfahl**, die Pfähle
das **Pfand**, die Pfänder
die **Pfandflasche**, die Pfandflaschen
das **Pfandglas**, die Pfandgläser
die **Pfanne**, die Pfannen
der **Pfannkuchen**
der **Pfarrer**
die **Pfarrerin**, die Pfarrerinnen
der **Pfau**, die Pfauen
der **Pfeffer**
der **Pfefferkuchen**
die **Pfefferminze**
die **Pfeife**, die Pfeifen
pfeifen, du pfeifst, sie pfiff, er hat gepfiffen
der **Pfeil**, die Pfeile
der **Pfeiler**
der **Pfennig**, die Pfennige
das **Pferd**, die Pferde
der **Pferdeschwanz**, die Pferdeschwänze
der **Pfiff**, die Pfiffe
der **Pfifferling**, die Pfifferlinge
pfiffig
Pfingsten
der **Pfirsich**, die Pfirsiche
die **Pflanze**, die Pflanzen
pflanzen, du pflanzt
das **Pflaster**

die **Pflaume**, die Pflaumen
pflegen, du pflegst
der **Pfleger**
die **Pflegerin**, die Pflegerinnen
die **Pflicht**, die Pflichten
pflücken, du pflückst
der **Pflug**, die Pflüge
pflügen, du pflügst
die **Pforte**, die Pforten
der **Pfosten**
die **Pfote**, die Pfoten
pfui!
das **Pfund**, die Pfunde
pfuschen, du pfuschst
die **Pfütze**, die Pfützen

Ph

die **Phantasie**, die Phantasien, auch: die Fantasie
phantastisch, auch: fantastisch
das **Phantom**, die Phantome
der **Pharao**, die Pharaonen, (Könige im alten Ägypten)
die **Physik**

Pi

der **Pickel**
picken, er pickt
das **Picknick**, die Picknicks
piekfein
piepen, es piept
piepsen, es piepst
der **Pilger**
die **Pille**, die Pillen
der **Pilot**, die Piloten
die **Pilotin**, die Pilotinnen
das **Pils** (Bier)
der **Pilz**, die Pilze (Pilze suchen)
der **Pinguin**, die Pinguine
pink
die **Pinnwand**, die Pinnwände
der **Pinsel**
die **Pinzette**, die Pinzetten
der **Pirat**, die Piraten
die **Piratin**, die Piratinnen
die **Piste**, die Pisten
die **Pistole**, die Pistolen
die **Pizza**, die Pizzas, auch: die Pizzen
die **Pizzeria**, die Pizzerien, auch: die Pizzerias

Pk

der **Pkw** (Abkürzung für Personenkraftwagen), die Pkws, auch: der PKW, die PKWs

Pl

sich **plagen**, du plagst dich
das **Plakat**, die Plakate
die **Plakette**, die Plaketten
der **Plan**, die Pläne
planen, du planst
der **Planet**, die Planeten

Planeten

die **Planke**, die Planken

das **Plantschbecken**, auch: das Planschbecken

plantschen, du plantschst, auch: planschen

plappern, du plapperst

plärren, du plärrst

das **Plastik** (ein Plastikeimer)

plätschern, es plätschert

platt

die **Platte**, die Platten

der **Platz**, die Plätze

das **Plätzchen**

platzen, es platzt

plaudern, du plauderst

das **Play-back** (sprich: pläibäck), die Play-backs, auch: das Playback (Bandaufzeichnung)

die **Playstation** (sprich: pläistäischn), die Playstations (Spielkonsole)

pleite

die **Plombe**, die Plomben

plombieren, er plombiert

plötzlich

plump

plumpsen, du plumpst

plündern, du plünderst

der **Plural**

plus

der **Pluto**

Po

der **Po**, die Pos, auch: der Popo

pochen, du pochst

das **Podium**, die Podien

das **Poesiealbum**, die Poesiealben

der **Pokal**, die Pokale

das **Pokalspiel**, die Pokalspiele

der **Pol**, die Pole

der **Polarstern**

der **Pole**, die Polen

Polen

polieren, du polierst

die **Polin**, die Polinnen

die **Politesse**, die Politessen

die **Politik**

der **Politiker**

die **Politikerin**, die Politikerinnen

die **Polizei**

der **Polizist**, die Polizisten

die **Polizistin**, die Polizistinnen

der **Pollen**

polnisch

das **Polster**

poltern, du polterst

die **Pommes frites** (sprich: pommfrit)

das **Pony**, die Ponys (kleines Pferd)

der **Pony**, die Ponys (Frisur)

der **Pool** (sprich: puul), die Pools

das **Popcorn**

die **Popmusik**, auch: der Pop

der **Popo**, die Popos, auch: der Po

populär

die **Pore**, die Poren

die **Portion**, die Portionen

das **Portmonee**, die Portmonees, auch: das Portemonnaie

das **Porto**, die Portos, auch: die Porti

Portugal

der **Portugiese**, die Portugiesen

die **Portugiesin**, die Portugiesinnen

portugiesisch

das **Porzellan**, die Porzellane

die **Posaune**, die Posaunen

positiv

die **Post**

A B C D E F G H I J K L M N O P Q R S T U V W X Y Z

das **Postamt**, die Postämter
der **Postbote**, die Postboten
die **Postbotin**, die Postbotinnen
das **Poster**
die **Postkarte**, die Postkarten
die **Power** (sprich: pauer) (Kraft, Stärke)
powern (sprich: pauern), du powerst

Pr

prächtig
das **Prädikat**, die Prädikate
prahlen, du prahlst
praktisch
die **Praline**, die Pralinen
prall
die **Prämie**, die Prämien
die **Präposition**, die Präpositionen
die **Prärie**, die Prärien
das **Präsens**
der **Präsident**, die Präsidenten
die **Präsidentin**, die Präsidentinnen
prasseln, es prasselt
das **Präteritum**
die **Praxis**, die Praxen
die **Predigt**, die Predigten
der **Preis**, die Preise
das **Preisausschreiben**
preiswert
prellen, du prellst
die **Prellung**, die Prellungen
die **Presse**, die Pressen
pressen, du presst
prickeln
der **Priester**
die **Priesterin**, die Priesterinnen
prima
primitiv
der **Prinz**, die Prinzen
die **Prinzessin**, die Prinzessinnen
das **Prinzip**, die Prinzipien
die **Prise**, die Prisen (eine Prise Salz)
die **Pritsche**, die Pritschen
privat
die **Probe**, die Proben
probieren, du probierst
das **Problem**, die Probleme
problemlos
das **Produkt**, die Produkte
produzieren, du produzierst
der **Professor**, die Professoren
die **Professorin**, die Professorinnen
der **Profi**, die Profis
der **Profifußballer**
das **Programm**, die Programme
programmieren, du programmierst
das **Projekt**, die Projekte
der **Projektor**, die Projektoren
prominent
prompt
das **Pronomen**, die Pronomen, auch: die Pronomina
der **Propeller**
der **Prophet**, die Propheten
die **Prophetin**, die Prophetinnen
prosit!, auch: prost!
der **Prospekt**, die Prospekte
der **Protestant**, die Protestanten
die **Protestantin**, die Protestantinnen
protestantisch
protestieren, du protestierst
das **Protokoll**, die Protokolle
der **Prozess**, die Prozesse
prüfen, du prüfst

die **Prüfung**, die Prüfungen
die **Prügel**
prügeln, du prügelst
prusten, du prustest

Ps

PS (Abkürzung für Pferdestärke)

Pu

die **Pubertät**
das **Publikum**
der **Pudding**, die Puddinge, auch: die Puddings
der **Pudel**
der **Puder**
der **Pulli**, die Pullis
der **Pullover**
der **Pullunder**
der **Puls**
der **Pulsschlag**, die Pulsschläge
das **Pult**, die Pulte
das **Pulver**
die **Pumpe**, die Pumpen
pumpen, du pumpst
der **Punkt**, die Punkte
pünktlich
die **Pupille**, die Pupillen
die **Puppe**, die Puppen
pur
der **Purzelbaum**, die Purzelbäume
purzeln, du purzelst
pusten, du pustest
putzen, du putzt
putzig
puzzeln, du puzzelst
das **Puzzle**, die Puzzles

Py

der **Pyjama** (sprich: püdschama), die Pyjamas (Schlafanzug)
die **Pyramide**, die Pyramiden

Qu

das **Quadrat**, die Quadrate
quadratisch
quaken, er quakt
quälen, du quälst
die **Quälerei**, die Quälereien
die **Qualifikation**, die Qualifikationen
die **Qualität**, die Qualitäten
die **Qualle**, die Quallen
der **Qualm**
qualmen, es qualmt
der **Quark**
das **Quartett**, die Quartette
das **Quartier**, die Quartiere
quasseln, du quasselst
der **Quatsch**
quatschen, du quatschst
das **Quecksilber**
die **Quelle**, die Quellen
quellen, es quillt, es quoll, es ist gequollen
quer
querfeldein
quetschen, du quetschst
quicklebendig
quieken, du quiekst
quietschen, du quietschst
quietschvergnügt
der **Quirl**, die Quirle
quitt
die **Quittung**, die Quittungen
das **Quiz**

Ra

der **Rabatt**, die Rabatte
der **Rabbiner**
der **Rabe**, die Raben
rabenschwarz
rabiat
die **Rache**
der **Rachen**
sich **rächen**, du rächst dich
das **Rad**, die Räder
der **Radar**, die Radare, auch: das Radar
der **Radau**
radeln, du radelst
das **Radfahren**
der **Radfahrer**
die **Radfahrerin**, die Radfahrerinnen
radieren, du radierst
der **Radiergummi**, die Radiergummis
das **Radieschen**
radikal
das **Radio**, die Radios
radioaktiv
die **Radioaktivität**
der **Radius**, die Radien
raffen, du raffst
die **Raffgier**
raffgierig
raffiniert
ragen, es ragt
der **Rahm**
der **Rahmen**
sich **räkeln**, du räkelst dich, auch: sich rekeln
die **Rakete**, die Raketen
die **Rallye** (sprich: rälli), die Rallyes (Autorennen)
der **Ramadan**
rammen, du rammst
die **Ranch** (sprich: ränsch), die Ranchs, auch: die Ranches
der **Rand**, die Ränder
der **Rang**, die Ränge
die **Rangelei**, die Rangeleien
rangeln, du rangelst
rangieren, du rangierst
der **Ranzen**
ranzig
der **Rap** (sprich: räpp) (Musikrichtung)
der **Rappe**, die Rappen
der **Raps**
rar
rasant
rasch
rascheln, du raschelst
rasen, du rast
der **Rasen**
der **Rasenmäher**
der **Rasierapparat**, die Rasierapparate
sich **rasieren**, du rasierst dich
raspeln, du raspelst
die **Rasse**, die Rassen
die **Rassel**, die Rasseln
rasseln, du rasselst
die **Rast**
rasten, du rastest
die **Raststätte**, die Raststätten
die **Rate**, die Raten (eine Rate zahlen)

raten, du rätst, sie riet, er hat geraten
das **Rathaus**, die Rathäuser
das **Rätsel**
rätselhaft
die **Ratte**, die Ratten
rattern, du ratterst
rau
rauben, du raubst
der **Räuber**
das **Raubtier**, die Raubtiere
der **Rauch**
rauchen, du rauchst
rauf
der **Raufbold**, die Raufbolde
raufen, du raufst
die **Rauferei**, die Raufereien
der **Raum**, die Räume
räumen, du räumst
das **Raumschiff**, die Raumschiffe
die **Raupe**, die Raupen
der **Raureif**
raus
rauschen, es rauscht
das **Rauschgift**
rauskommen, du kommst raus, sie kam raus, er ist rausgekommen
sich **räuspern**, du räusperst dich
die **Ravioli**
die **Razzia**, die Razzien

Re

reagieren, du reagierst
die **Reaktion**, die Reaktionen
der **Reaktor**, die Reaktoren
real (wirklich)
die **Realschule**, die Realschulen
der **Realschüler**
die **Realschülerin**, die Realschülerinnen
die **Rebe**, die Reben
rechen, du rechst (das Beet rechen)
der **Rechen**
der **Rechenfehler**
rechnen, du rechnest
die **Rechnung**, die Rechnungen
recht
das **Recht**, die Rechte
das **Rechteck**, die Rechtecke
rechts
die **Rechtschreibung**
rechtzeitig
das **Reck**, die Recks, auch: die Recke
sich **recken**, du reckst dich
der **Recorder**, auch: der Rekorder
das **Recycling** (sprich: rissaikling) (Wiederverwertung)
die **Rede**, die Reden
reden, du redest
das **Referat**, die Referate
der **Refrain** (sprich: refrää), die Refrains (Kehrreim)
das **Regal**, die Regale
die **Regatta**, die Regatten
die **Regel**, die Regeln
regelmäßig
der **Regen**
sich **regen**, du regst dich
der **Regenbogen**
der **Regenschirm**, die Regenschirme
der **Regentropfen**
der **Regenwurm**, die Regenwürmer
regieren, sie regiert
der **Regisseur**, die Regisseure
die **Regisseurin**, die Regisseurinnen

A B C D E F G H I J K L M N O P Q R S T U V W X Y Z

reglos
regnen, es regnet
das **Reh**, die Rehe
die **Reibe**, die Reiben
reiben, du reibst, sie rieb, er hat gerieben
reibungslos
reich
reichen, du reichst
reif
der **Reif** (gefrorener Tau)
der **Reifen**
die **Reifenpanne**, die Reifenpannen
die **Reihe**, die Reihen
die **Reihenfolge**, die Reihenfolgen
der **Reiher**
der **Reim**, die Reime
reimen, du reimst
sich **reimen**, es reimt sich
rein
der **Reinfall**, die Reinfälle
reinfallen, du fällst rein, er fiel rein, sie ist reingefallen
reinigen, du reinigst
reinkommen, du kommst rein, sie kam rein, er ist reingekommen
der **Reis**
die **Reise**, die Reisen
das **Reisebüro**, die Reisebüros
reisen, du reist (nach Italien reisen)
das **Reiskorn**, die Reiskörner
reißen, du reißt, er riss, sie hat gerissen (etwas in Stücke reißen)
der **Reißverschluss**, die Reißverschlüsse
die **Reißzwecke**, die Reißzwecken
reiten, du reitest, sie ritt, er ist geritten
der **Reiter**
die **Reiterin**, die Reiterinnen
der **Reiz**, die Reize
reizen, du reizt
reizend
sich **rekeln**, du rekelst dich, auch: sich räkeln
die **Reklame**, die Reklamen
reklamieren, du reklamierst
der **Rekord**, die Rekorde
der **Rekorder**, auch: der Recorder
der **Rektor**, die Rektoren
das **Rektorat**, die Rektorate
die **Rektorin**, die Rektorinnen
relativ
die **Religion**, die Religionen
die **Remoulade**, die Remouladen
rempeln, du rempelst
das **Rennauto**, die Rennautos
rennen, du rennst, sie rannte, er ist gerannt
der **Renner**
renovieren, du renovierst
die **Rente**, die Renten
der **Rentner**
die **Rentnerin**, die Rentnerinnen
die **Reparatur**, die Reparaturen
reparieren, du reparierst
die **Reportage** (sprich: reportaasche), die Reportagen (Berichterstattung)
der **Reporter**
die **Reporterin**, die Reporterinnen
das **Reptil**, die Reptilien
die **Republik**, die Republiken
reservieren, du reservierst
der **Respekt**

respektlos
der **Rest**, die Reste
das **Restaurant** (sprich: restorang), die Restaurants
restlos
die **Restmülltonne**, die Restmülltonnen
das **Resultat**, die Resultate
retten, du rettest
der **Rettich**, die Rettiche
das **Rettungsboot**, die Rettungsboote
die **Reue**
das **Revier**, die Reviere
der **Revolver**
das **Rezept**, die Rezepte

Rh

der **Rhabarber**
der **Rhein**
Rheinland-Pfalz
rhythmisch
der **Rhythmus**, die Rhythmen

Ri

richten, du richtest
der **Richter**
die **Richterin**, die Richterinnen
richtig
die **Richtung**, die Richtungen
riechen, es riecht, es roch, es hat gerochen
der **Riegel**
der **Riemen**
der **Riese**, die Riesen
rieseln, es rieselt
riesengroß
das **Riesenrad**, die Riesenräder
riesig (ein riesiger Berg)
das **Riff**, die Riffe
die **Rille**, die Rillen
das **Rind**, die Rinder
die **Rinde**, die Rinden
der **Rinderwahnsinn**
der **Ring**, die Ringe
das **Ringbuch**, die Ringbücher
ringen, du ringst
der **Ringkampf**, die Ringkämpfe
ringsherum

Ritterburg

die **Rinne**, die Rinnen
rinnen, es rinnt, es rann, es ist geronnen
die **Rippe**, die Rippen
riskieren, du riskierst
das **Risiko**, die Risikos, auch: die Risiken
riskant
der **Riss**, die Risse
rissig (eine rissige Wand)
der **Ritter**
die **Ritterburg**, die Ritterburgen
die **Ritterrüstung**, die Ritterrüstungen
die **Ritterzeit**
die **Ritze**, die Ritzen
ritzen, du ritzt

der **Rivale**, die Rivalen
die **Rivalin**, die Rivalinnen
die **Rivalität**, die Rivalitäten

Ro

die **Robbe**, die Robben
robben, du robbst
der **Roboter**
robust
röcheln, du röchelst
der **Rock**, die Röcke (Kleidungsstück)
der **Rocker**
das **Rockkonzert**, die Rockkonzerte
die **Rockmusik**
die **Rodelbahn**, die Rodelbahnen
rodeln, du rodelst
der **Rodeo**, auch: das Rodeo, die Rodeos
der **Roggen**
das **Roggenbrot**, die Roggenbrote
das **Roggenmehl**
roh
die **Rohkost**
der **Rohstoff**, die Rohstoffe
das **Rohr**, die Rohre
die **Röhre**, die Röhren
der **Rohrkolben**
die **Rolle**, die Rollen
rollen, du rollst
der **Roller**
die **Rollerblades**
die **Rollerskates**
der **Rollkragen**
der **Rollladen**, die Rollläden
der **Rollmops**, die Rollmöpse
der **Rollschuh**, die Rollschuhe
der **Rollstuhl**, die Rollstühle
der **Roman**, die Romane
romantisch
der **Römer**
die **Römerin**, die Römerinnen
röntgen, du wirst geröntgt
rosa
die **Rose**, die Rosen
der **Rosenkohl**
die **Rosine**, die Rosinen
das **Rosinenbrötchen**
das **Ross**, die Rösser
der **Rost**, die Roste
rosten, es rostet
rösten, du röstest
rostig
rot
das **Rote Kreuz**
das **Rotkehlchen**
der **Rotkohl**
das **Rotkraut**
rötlich
die **Roulade**, (sprich: rulaade), die Rouladen (Fleischgericht)

Ru

rubbeln, du rubbelst

Ruine

die **Rübe**, die Rüben
der **Rückblick**, die Rückblicke
rücken, du rückst
der **Rücken**
die **Rückenschmerzen**
rückenschwimmen, auch: Rücken schwimmen
die **Rückfahrkarte**, die Rückfahrkarten
die **Rückfahrt**, die Rückfahrten
die **Rückgabe**, die Rückgaben
rückgängig
das **Rückgrat**
der **Rucksack**, die Rucksäcke
die **Rücksicht**, die Rücksichten
rücksichtslos
rücksichtsvoll
der **Rücksitz**, die Rücksitze
der **Rückspiegel**
der **Rückstrahler**
rückwärts
der **Rückwärtsgang**, die Rückwärtsgänge
der **Rüde**, die Rüden
das **Rudel**
das **Ruder**
das **Ruderboot**, die Ruderboote
rudern, du ruderst
der **Ruf**, die Rufe
rufen, du rufst, sie rief, er hat gerufen
die **Ruhe**
ruhig
der **Ruhm**
rühren, du rührst
die **Ruine**, die Ruinen
rülpsen, du rülpst
Rumänien
rumänisch
der **Rummelplatz**, die Rummelplätze
rumoren, du rumorst
die **Rumpelkammer**, die Rumpelkammern
rumpeln, es rumpelt
das **Rumpelstilzchen**
der **Rumpf**, die Rümpfe
rund
die **Runde**, die Runden
die **Rundfahrt**, die Rundfahrten
der **Rundfunk**
rundlich
runter
runterladen, du lädst runter, er lud runter, sie hat runtergeladen auch: herunterladen
runzeln, du runzelst
runzlig, auch: runzelig
rupfen, du rupfst
ruppig
die **Rushhour** (sprich: raschauer), die Rushhours (Hauptverkehrszeit)
der **Ruß**, die Ruße
der **Russe**, die Russen
der **Rüssel**
rußig
die **Russin**, die Russinnen
russisch
Russland
rustikal
die **Rüstung**, die Rüstungen
die **Rute**, die Ruten
die **Rutschbahn**, die Rutschbahnen
die **Rutsche**, die Rutschen
rutschen, du rutschst
rütteln, du rüttelst

Sa

der **Saal**, die Säle

Saarland

die **Saat**, die Saaten

der **Sabbat**, die Sabbate

sabbern, du sabberst

der **Säbel**

die **Sache**, die Sachen

die **Sachkunde**, auch: der Sachunterricht

sächlich

der **Sachschaden**, die Sachschäden

Sachsen

Sachsen-Anhalt

sächsisch

sacht, auch: sachte

der **Sachunterricht**, auch: die Sachkunde

der **Sack**, die Säcke

die **Sackgasse**, die Sackgassen

säen, du säst

die **Safari**, die Safaris

der **Safaripark**, die Safariparks

der **Safe** (sprich: säif), die Safes

der **Saft**, die Säfte

saftig

die **Sage**, die Sagen

die **Säge**, die Sägen

sagen, du sagst

sägen, du sägst

sagenhaft

die **Sägespäne**

das **Sägewerk**

die **Sahara**

die **Sahne**

die **Sahnesoße**, die Sahnesoßen

die **Sahnetorte**, die Sahnetorten

sahnig

die **Saison**, die Saisons

die **Saite**, die Saiten (die Saite der Gitarre)

der **Salamander**

die **Salami**, die Salamis

der **Salat**, die Salate

die **Salatschüssel**, die Salatschüsseln

die **Salbe**, die Salben

der **Salto**, die Saltos, auch: die Salti

das **Salz**, die Salze

das **Salzbergwerk**, die Salzbergwerke

salzen, du salzt

salzig

die **Salzstange**, die Salzstangen

das **Salzwasser**

der **Samen**, auch: der Same

sammeln, du sammelst

die **Sammlung**, die Sammlungen

am **Samstag**

der **Samstag**, die Samstage

am **Samstagabend**

samstags

der **Samt**

sämtlich, sämtliche

das **Sanatorium**, die Sanatorien

der **Sand**

die **Sandale**, die Sandalen

sandig

der **Sandkasten**, die Sandkasten, auch: die Sandkästen

der **Sandstrand**, die Sandstrände
das **Sandwich** (sprich: sändwitsch), auch: der Sandwich, die Sandwichs, auch: die Sandwiches, auch: die Sandwiche
sanft
die **Sänfte**, die Sänften
der **Sänger**
die **Sängerin**, die Sängerinnen
der **Sanitäter**
die **Sanitäterin**, die Sanitäterinnen
die **Sardine**, die Sardinen
der **Sarg**, die Särge
der **Satellit**, die Satelliten
das **Satellitenfoto**, die Satellitenfotos
satt
der **Sattel**, die Sättel
der **Sattelschlepper**
der **Saturn**
der **Satz**, die Sätze
die **Satzaussage**, die Satzaussagen
der **Satzgegenstand**, die Satzgegenstände
das **Satzzeichen**
die **Sau**, die Säue, auch: die Sauen
sauber
die **Sauberkeit**
säubern, du säuberst
saublöd
die **Sauce** (sprich: sooße), die Saucen, auch: die Soße
sauer
die **Sauerei**, die Sauereien
die **Sauerkirsche**, die Sauerkirschen
das **Sauerkraut**
säuerlich
der **Sauerstoff**
die **Sauerstoffflasche**, die Sauerstoffflaschen
saufen, du säufst, er soff, sie hat gesoffen
saugen, du saugst
säugen, du säugst
das **Säugetier**, die Säugetiere
der **Säugling**, die Säuglinge
die **Säule**, die Säulen
der **Saum**, die Säume

Saurier

die **Sauna**, die Saunas, auch: die Saunen
die **Säure**, die Säuren
der **Saurier**
säuseln, du säuselst
sausen, du saust
das **Saxofon**, auch: das Saxophon, die Saxofone

Sb

die **S-Bahn**, die S-Bahnen

Sc

der **Scanner** (sprich: skänner) (Computerzubehör)

Scha

schäbig
die **Schablone**, die Schablonen
das **Schach**
das **Schachbrett**, die Schachbretter
der **Schacht**, die Schächte
die **Schachtel**, die Schachteln
schade
der **Schädel**
schaden, du schadest
der **Schaden**, die Schäden
die **Schadenfreude**
schadenfroh
schädlich
das **Schaf**, die Schafe
der **Schäferhund**, die Schäferhunde
schaffen, du schaffst es
schaffen, du schaffst, er schuf, sie hat geschaffen (ein Kunstwerk schaffen)
der **Schaffner**
die **Schaffnerin**, die Schaffnerinnen
der **Schafkäse**, auch: der Schafskäse
der **Schal**, die Schale, auch: die Schals
die **Schale**, die Schalen
schälen, du schälst
der **Schall**
die **Schallplatte**, die Schallplatten
schalten, du schaltest
der **Schalter**
das **Schaltjahr**, die Schaltjahre
die **Schaltung**, die Schaltungen
sich **schämen**, du schämst dich
die **Schande**
die **Schanze**, die Schanzen
die **Schar**, die Scharen
scharf, schärfer, am schärfsten
scharfsinnig
der **Scharlach**
das **Scharnier**, die Scharniere
scharren, du scharrst
der **Schaschlik**, auch: das Schaschlik, die Schaschliks
der **Schatten**
schattig
der **Schatz**, die Schätze
schätzen, du schätzt
die **Schatztruhe**, die Schatztruhen
schauderhaft
schauen, du schaust
der **Schauer**
die **Schaufel**, die Schaufeln
schaufeln, du schaufelst
das **Schaufenster**
die **Schaukel**, die Schaukeln
schaukeln, du schaukelst
das **Schaukelpferd**, die Schaukelpferde
der **Schaum**, die Schäume
schäumen, es schäumt
der **Schaumstoff**, die Schaumstoffe
schaurig
der **Schauspieler**
die **Schauspielerin**, die Schauspielerinnen

Sche

der **Scheck**, die Schecks
scheckig
die **Scheibe**, die Scheiben
der **Scheich**, die Scheiche, auch: die Scheichs

die **Scheide**, die Scheiden
scheiden, du scheidest, er schied, sie hat geschieden
sich **scheiden** lassen, du lässt dich scheiden, sie ließ sich scheiden, er hat sich scheiden lassen
die **Scheidung**, die Scheidungen
scheinbar
scheinen, es scheint, es schien, es hat geschienen
der **Scheitel**
scheitern, du scheiterst
schellen, du schellst
der **Schelm**, die Schelme
schelten, du schiltst, er schalt, sie hat gescholten
das **Schema**, die Schemas oder: die Schemata
der **Schemel**
der **Schenkel**
schenken, du schenkst
scheppern, es scheppert
die **Scherbe**, die Scherben
die **Schere**, die Scheren
die **Schererei**, die Scherereien
der **Scherz**, die Scherze
scherzen, du scherzt
die **Scherzfrage**, die Scherzfragen
scheu
scheuen, das Pferd scheut
sich **scheuen**, du scheust dich
die **Scheu**
scheuchen, du scheuchst
scheuern, du scheuerst
die **Scheune**, die Scheunen
das **Scheusal**, die Scheusale
scheußlich

Schi

der **Schi**, die Schi, auch: die **Schier**, auch: der Ski
die **Schicht**, die Schichten
schick, auch: chic
schicken, du schickst
das **Schicksal**, die Schicksale
schieben, du schiebst, sie schob
die **Schiebetür**, die Schiebetüren
der **Schiedsrichter**
die **Schiedsrichterin**, die Schiedsrichterinnen
schief
schielen, du schielst
das **Schienbein**, die Schienbeine
die **Schiene**, die Schienen
schießen, du schießt, er schoss, sie hat geschossen
das **Schiff**, die Schiffe
die **Schifffahrt**, die Schifffahrten
die **Schikane**, die Schikanen
schikanieren, du schikanierst
das **Schild**, die Schilder
schildern, du schilderst
die **Schildkröte**, die Schildkröten
das **Schilf**
schillern, die Feder schillert
der **Schimmel**
schimmern, es schimmert
schimmlig
der **Schimpanse**, die Schimpansen
schimpfen, du schimpfst
das **Schimpfwort**, die Schimpfwörter
der **Schinken**
die **Schippe**, die Schippen
schippen, du schippst
der **Schirm**, die Schirme
der **Schirmständer**

Schl

die **Schlacht**, die Schlachten
schlachten, du schlachtest
der **Schlaf**
der **Schlafanzug**, die Schlafanzüge
die **Schläfe**, die Schläfen
schlafen, du schläfst, sie schlief, er hat geschlafen
schlaff
der **Schlag**, die Schläge
schlagen, du schlägst, er schlug, sie hat geschlagen
der **Schlager**
der **Schläger**
die **Schlägerei**, die Schlägereien
schlagfertig
die **Schlagsahne**
der **Schlamassel**, auch: das Schlamassel
der **Schlamm**
die **Schlamperei**, die Schlampereien
schlampig
die **Schlange**, die Schlangen
sich **schlängeln**, du schlängelst dich
schlank
schlapp
das **Schlaraffenland**
schlau
der **Schlauch**, die Schläuche
das **Schlauchboot**, die Schlauchboote
die **Schlaufe**, die Schlaufen
schlecht
schlecken, du schleckst
das **Schleckermäulchen**
schleichen, du schleichst, sie schlich, er ist geschlichen
der **Schleier**
die **Schleife**, die Schleifen
schleifen, du schleifst (etwas über den Boden schleifen)
schleifen, du schliffst, er schliff, sie hat geschliffen (ein Messer schleifen)
der **Schleim**
schleimig
schlendern, du schlenderst
die **Schleppe**, die Schleppen
schleppen, du schleppst
Schleswig-Holstein
schleudern, du schleuderst
schleunigst
die **Schleuse**, die Schleusen
schlicht
schlichten, du schlichtest
schließen, du schließt, er schloss, sie hat geschlossen
schließlich
schlimm

Schmetterling

die **Schlinge**, die Schlingen

schlingen, du schlingst, sie schlang, er hat geschlungen

die **Schlingpflanze**, die Schlingpflanzen

der **Schlips**, die Schlipse

der **Schlitten**

der **Schlittschuh**, die Schlittschuhe

der **Schlitz**, die Schlitze

das **Schlitzohr**, die Schlitzohren

das **Schloss**, die Schlösser

der **Schlosser**

die **Schlosserei**, die Schlossereien

die **Schlosserin**, die Schlosserinnen

schlottern, du schlotterst

die **Schlucht**, die Schluchten

schluchzen, du schluchzt

der **Schluck**, die Schlucke

der **Schluckauf**, die Schluckbeschwerden

schlucken, du schluckst

schlummern, du schlummerst

schlüpfen, du schlüpfst

das **Schlupfloch**, die Schlupflöcher

schlurfen, du schlurfst

schlürfen, du schlürfst

der **Schluss**, die Schlüsse

der **Schlüssel**

das **Schlüsselloch**, die Schlüssellöcher

der **Schlussverkauf**

Schm

schmächtig

schmackhaft

schmal, schmaler, am schmalsten, auch: am schmälsten

schmatzen, du schmatzt

schmecken, du schmeckst

schmeicheln, du schmeichelst

schmeißen, du schmeißt, er schmiss, sie hat geschmissen

schmelzen, es schmilzt, es schmolz, es ist geschmolzen

der **Schmerz**, die Schmerzen

schmerzen, es schmerzt

schmerzhaft

das **Schmerzmittel**

der **Schmetterling**, die Schmetterlinge

der **Schmied**, die Schmiede

die **Schmiedin**, die Schmiedinnen

schmieren, du schmierst

der **Schmierfink**, die Schmierfinken

sich **schminken**, du schminkst dich

schmökern, du schmökerst

schmollen, du schmollst

der **Schmuck**

schmücken, du schmückst

das **Schmuckstück**, die Schmuckstücke

schmuggeln, du schmuggelst

schmunzeln, du schmunzelst

schmusen, du schmust

der **Schmutz**

schmutzig

Schn

der **Schnabel**, die Schnäbel

die **Schnake**, die Schnaken

die **Schnalle**, die Schnallen

schnalzen, du schnalzt

schnappen, du schnappst

der **Schnappschuss**, die Schnappschüsse

schnarchen, du schnarchst

schnattern, du schnatterst

schnaufen, du schnaufst

die **Schnauze**, die Schnauzen
sich **schnäuzen**, du schnäuzt dich, auch: schneuzen
die **Schnecke**, die Schnecken
der **Schnee**
der **Schneeball**, die Schneebälle
schneebedeckt
der **Schneemann**, die Schneemänner
schneeweiß
schneiden, du schneidest, sie schnitt, er hat geschnitten
der **Schneider**
die **Schneiderin**, die Schneiderinnen
der **Schneidezahn**, die Schneidezähne
schneien, es schneit
schnell
die **Schnelligkeit**
schniefen
schnippeln, du schnippelst
schnippisch
der **Schnitt**, die Schnitte
die **Schnitte**, die Schnitten
der **Schnittlauch**
die **Schnittwunde**, die Schnittwunden
das **Schnitzel**
schnitzen, du schnitzt
der **Schnorchel**
schnorcheln, du schnorchelst
der **Schnörkel**
schnüffeln, du schnüffelst
der **Schnuller**
der **Schnupfen**
schnuppern, du schnupperst
die **Schnur**, die Schnüre
schnüren, du schnürst
der **Schnurrbart**, die Schnurrbärte
schnurren, sie schnurrt
der **Schnürsenkel**

Scho

der **Schock**, die Schocks
schocken, es schockt
schockiert
die **Schokolade**, die Schokoladen
die **Scholle**, die Schollen
schon
schön
schonen, du schonst
schöpfen, du schöpfst
der **Schornstein**, die Schornsteine
der **Schornsteinfeger**
die **Schornsteinfegerin**, die Schornsteinfegerinnen
der **Schoß**, die Schöße
die **Schote**, die Schoten

Schr

schräg
die **Schramme**, die Schrammen
der **Schrank**, die Schränke
die **Schranke**, die Schranken
die **Schraube**, die Schrauben
schrauben, du schraubst
der **Schraubverschluss**, die Schraubverschlüsse
der **Schrebergarten**, die Schrebergärten
der **Schreck**, die Schrecke, auch: die Schrecken
schrecklich
der **Schrei**, die Schreie
schreiben, du schreibst, er schrieb, sie hat geschrieben
die **Schreibmaschine**, die Schreibmaschinen
schreien, du schreist, sie schrie, er hat geschrien

der **Schreiner**
die **Schreinerin**, die Schreinerinnen
schreiten, du schreitest, er schritt, sie ist geschritten
die **Schrift**, die Schriften
der **Schritt**, die Schritte
der **Schrott**
schrubben, du schrubbst

Schu

die **Schubkarre**, die Schubkarren
die **Schublade**, die Schubladen
schubsen, du schubst, auch: schupsen
schüchtern
die **Schüchternheit**
der **Schuft**, die Schufte
schuften, du schuftest
der **Schuh**, die Schuhe
die **Schuhcreme**, auch: die Schuhkreme oder: die Schuhkrem
die **Schularbeiten**
der **Schulbus**, die Schulbusse
die **Schuld** (es ist meine Schuld)
die **Schulden** (ich habe Schulden)
schuld (ich bin schuld)
schuldig
die **Schule**, die Schulen
der **Schüler**
die **Schülerin**, die Schülerinnen
das **Schuljahr**, die Schuljahre
der **Schulleiter**
die **Schulleiterin**, die Schulleiterinnen
die **Schultasche**, die Schultaschen
die **Schulter**, die Schultern
schummeln, du schummelst
schunkeln, du schunkelst
die **Schuppe**, die Schuppen (Haarschuppen)
der **Schuppen** (Geräteschuppen)
schupsen, du schupst, auch: schubsen
die **Schürze**, die Schürzen
der **Schuss**, die Schüsse
die **Schüssel**, die Schüsseln
der **Schuster**
die **Schusterin**, die Schusterinnen
der **Schutt**
schütteln, du schüttelst
schütten, du schüttest
der **Schutz**
das **Schutzblech**, die Schutzbleche
der **Schütze**, die Schützen
schützen, du schützt
die **Schutzkleidung**
der **Schutzmann**, die Schutzleute

Schw

schwach, schwächer, am schwächsten
der **Schwager**, die Schwäger
die **Schwägerin**, die Schwägerinnen
die **Schwalbe**, die Schwalben
der **Schwamm**, die Schwämme
der **Schwan**, die Schwäne
schwanger
die **Schwangerschaft**, die Schwangerschaften
schwanken, du schwankst
der **Schwanz**, die Schwänze
schwärmen, du schwärmst
schwarz, schwärzer, am schwärzesten

A B C D E F G H I J K L M N O P Q R S T U V W X Y Z

schwatzen, du schwatzt, auch: schwätzen
der **Schwebebalken**
schweben, du schwebst
der **Schwede**, die Schweden
Schweden
die **Schwedin**, die Schwedinnen
schwedisch
der **Schweif**, die Schweife
schweigen, du schweigst, er schwieg, sie hat geschwiegen
schweigsam
das **Schwein**, die Schweine
die **Schweinerei**, die Schweinereien
der **Schweiß**
schweißen, du schweißt
die **Schweiz**
der **Schweizer**
die **Schweizerin**, die Schweizerinnen
schwelen, es schwelt (Feuer)
schwellen, es schwillt, es schwoll, es ist geschwollen
schwenken, du schwenkst
schwer
schwerhörig
das **Schwert**, die Schwerter
die **Schwertlilie**, die Schwertlilien
die **Schwester**, die Schwestern
der **Schwiegersohn**, die Schwiegersöhne
die **Schwiegertochter**, die Schwiegertöchter
schwierig
die **Schwierigkeit**, die Schwierigkeiten
das **Schwimmbad**, die Schwimmbäder
schwimmen, du schwimmst, sie schwamm, er ist geschwommen
die **Schwimmflosse**, die Schwimmflossen
der **Schwindel**
schwindeln, du schwindelst
schwindlig, auch: schwindelig
schwingen, du schwingst, sie schwang, er hat geschwungen
schwitzen, du schwitzt
schwören, du schwörst, sie schwor, er hat geschworen
schwül
der **Schwung**, die Schwünge
der **Schwur**, die Schwüre

Sci

die **Science-Fiction** (sprich: sseinsfiktschn) auch: Sciencefiction

Se

sechs, sechsmal
das **Sechskornbrot**, die Sechskornbrote
sechzehn
sechzig
die **See** (Meer)
der **See**, die Seen
die **Seele**, die Seelen
der **Seemann**, die Seeleute
die **Seerose**, die Seerosen
das **Segelboot**, die Segelboote
segeln, du segelst
der **Segen**
sehen, du siehst, er sah, sie hat gesehen
die **Sehenswürdigkeit**, die Sehenswürdigkeiten
die **Sehne**, die Sehnen

sich **sehnen**, du sehnst dich
die **Sehnsucht**, die Sehnsüchte
sehnsüchtig
sehr
seicht
ihr **seid** – sein
die **Seide**, die Seiden
die **Seife**, die Seifen
die **Seifenblase**, die Seifenblasen
das **Seil**, die Seile
die **Seilbahn**, die Seilbahnen
sein, ich bin, du bist, er ist,
wir sind, ihr seid, sie sind, ich war,
du warst, ihr wart, sie ist gewesen
sein, seine, seiner
seit (seit gestern)
seitdem
die **Seite**, die Seiten
(Buchseite)
seitwärts
der **Sekretär**, die Sekretäre
das **Sekretariat**, die Sekretariate
die **Sekretärin**, die Sekretärinnen

Sessellift

der **Sekt**
die **Sekte**, die Sekten
die **Sekunde**, die Sekunden
sekundenlang
selber
selbst
der **Selbstlaut**, die Selbstlaute
selbstständig,
auch: selbständig
selbstverständlich
selig
selten
seltsam
das **Semester**
das **Seminar**, die Seminare
die **Semmel**, die Semmeln
die **Semmelbrösel**
senden, du sendest, er sandte,
auch: er sendete, sie hat gesandt,
auch: sie hat gesendet
der **Sender**
die **Sendung**, die Sendungen
der **Senf**
senkrecht
die **Senkrechte**, die Senkrechten
die **Sensation**, die Sensationen
sensationell
die **Sense**, die Sensen
der **Sensor**, die Sensoren
der **September**
die **Serie**, die Serien
der **Service** (sprich: sörwiss)
(Betreuung)
servieren, du servierst
die **Serviette**, die Servietten
der **Sessel**
der **Sessellift**, die Sessellifte,
auch: die Sessellifts

sich **setzen**, du setzt dich
die **Seuche**, die Seuchen
seufzen, du seufzt
die **Sexualität**
sexy

Sh

das **Shampoo** (sprich: schampuu), die Shampoos, auch: Shampoon
der **Sheriff**, die Sheriffs
der **Shop**, die Shops
die **Shorts**
die **Show**, die Shows

Si

sich
die **Sichel**, die Sicheln
sicher
die **Sicherheit**, die Sicherheiten
der **Sicherheitsgurt**, die Sicherheitsgurte
die **Sicherung**, die Sicherungen
die **Sicht**
sichtbar
sie
das **Sieb**, die Siebe
sieben, du siebst (Mehl sieben)
sieben, siebenmal
siebzehn
siebzig
die **Siedlung**, die Siedlungen
der **Sieg**, die Siege
siegen, du siegst
der **Sieger**
die **Siegerehrung**, die Siegerehrungen
die **Siegerin**, die Siegerinnen
das **Signal**, die Signale
die **Silbe**, die Silben
das **Silber**
die **Silbermedaille**, die Silbermedaillen
silbern
das **Silo**, die Silos
der **Silvester**, auch: das Silvester
der **Silvesterabend**, die Silvesterabende
simpel
sie **sind** – sein
singen, du singst, sie sang, er hat gesungen
der **Single** (sprich: ssingl), die Singles (Mensch ohne Partner)
der **Singular**
sinken, du sinkst, er sank, sie ist gesunken
der **Sinn**, die Sinne
sinnlos
sinnvoll
die **Sintflut**
die **Sirene**, die Sirenen
der **Sirup**
die **Situation**, die Situationen
der **Sitz**, die Sitze
sitzen, du sitzt, sie saß, er hat gesessen
die **Sitzung**, die Sitzungen

Sk

die **Skala**, die Skalen, auch: die Skalas
der **Skandal**, die Skandale
der **Skat**, auch: das Skatspiel, die Skatspiele
das **Skateboard**, (sprich: skäitbord), die Skateboards
das **Skelett**, die Skelette
der **Sketch**, die Sketche, auch: der Sketsch

der **Ski**, auch: der Schi, die Ski, auch: die Skier
die **Skizze**, die Skizzen
der **Sklave**, die Sklaven
die **Sklaverei**
die **Sklavin**, die Sklavinnen

Sl

der **Slalom**, die Slaloms
der **Slip**, die Slips
slowakisch
die **Slowakische Republik**
der **Slum** (sprich: der slamm), die Slums (Armenviertel)

Sm

der **Smog**

So

so
sobald
die **Socke**, auch: der Socken, die Socken
das **Söckchen**
der **Sockel**
sodass, auch: so dass
soeben
das **Sofa**, die Sofas
sofort
das **Softeis**
die **Software** (sprich: softwär) (Computerprogramm)
sogar
so genannt
sogleich
die **Sohle**, die Sohlen
der **Sohn**, die Söhne
solange (Solange ich schlafe, kann ich nicht ...)
so lange (Ich bleibe so lange zu Hause, bis ...)

die **Solarenergie**
solch, solche,
solcher, solches
der **Soldat**, die Soldaten
die **Soldatin**, die Soldatinnen
sollen, du sollst
solo
der **Sommer**
die **Sommerferien**
die **Sommersprosse**, die Sommersprossen
das **Sonderangebot**, die Sonderangebote
sonderbar
der **Sondermüll**
sondern
die **Sonderschule**, die Sonderschulen
der **Song**, die Songs
der **Sonnabend**, die Sonnabende
sonnabends
die **Sonne**, die Sonnen
sich **sonnen**, du sonnst dich
der **Sonnenbrand**, die Sonnenbrände
sonnig
der **Sonntag**, die Sonntage
am **Sonntag**
sonntags
sonst
sonstige
sonst wo
sooft (sooft ich kann ...)
so oft (Ich habe das Buch so oft gelesen, dass ...)
der **Sopran**, die Soprane
die **Sorge**, die Sorgen
sich **sorgen**, du sorgst dich
sorgfältig
die **Sorte**, die Sorten

sortieren, du sortierst
SOS
die **Soße**, auch: die Sauce, die Soßen
der **Sound** (sprich: saund), die Sounds
das **Souvenir** (sprich: ssuweniir),
die Souvenirs (Erinnerungsstück)
soviel (soviel ich weiß ...)
so viel (so viel Spaß)
soweit (soweit ich weiß ...)
so weit (Der Weg ist so weit.)
sowieso
sowohl
sozial

Spa

der **Spagat**, auch: das Spagat
die **Spaghetti**, auch: die Spagetti
spähen, du spähst
die **Spalte**, auch: der Spalt,
die Spalten
spalten, du spaltest
der **Span**, die Späne
die **Spange**, die Spangen
Spanien
der **Spanier**
die **Spanierin**, die Spanierinnen
spanisch
spannen, du spannst
spannend
die **Spannung**, die Spannungen
sparen, du sparst
der **Spargel**
die **Sparkasse**, die Sparkassen
spärlich
sparsam
der **Spaß**, die Späße
spaßig
der **Spaßvogel**, die Spaßvögel
spät

Spiegel

der **Spaten**
spätestens
der **Spatz**, die Spatzen
spazieren, du spazierst
spazieren gehen,
du gehst spazieren,
er ging spazieren,
sie ist spazieren gegangen
der **Spaziergang**, die Spaziergänge

Spe

der **Specht**, die Spechte
der **Speck**
der **Speer**, die Speere
die **Speiche**, die Speichen
der **Speichel**
der **Speicher**
speichern, du speicherst
die **Speise**, die Speisen
die **Speisekarte**, die Speisekarten
auch: die Speisenkarte
speisen, du speist

das **Spektakel**

die **Spende**, die Spenden

spenden, du spendest

spendieren, du spendierst

das **Sperma**, die Spermen, auch: die Spermata

sperren, du sperrst

der **Sperrmüll**

sich **spezialisieren**, du spezialisierst dich

der **Spezialist**, die Spezialisten

die **Spezialistin**, die Spezialistinnen

die **Spezialität**, die Spezialitäten

speziell

Spi

spicken, du spickst

der **Spickzettel**

der **Spiegel**

sich **spiegeln**, du spiegelst dich

das **Spiel**, die Spiele

spielen, du spielst

spielerisch

der **Spielfilm**, die Spielfilme

der **Spielplatz**, die Spielplätze

die **Spielsachen**

das **Spielzeug**

der **Spieß**, die Spieße

spießig

der **Spinat**

die **Spindel**, die Spindeln

spindeldürr

die **Spinne**, die Spinnen

der **Spion**, die Spione

die **Spionin**, die Spioninnen

die **Spirale**, die Spiralen

das **Spital**, die Spitäler

spitz

spitze

die **Spitze**, die Spitzen

spitzen, du spitzt

der **Spitzer**

der **Spitzname**, die Spitznamen

Spl

der **Splitter**

Spo

der **Sport**

der **Sportler**

die **Sportlerin**, die Sportlerinnen

sportlich

der **Sportplatz**, die Sportplätze

der **Sportverein**, die Sportvereine

der **Spot**, die Spots (ein Werbespot)

der **Spott**

spottbillig

spotten, du spottest

Spr

die **Sprache**, die Sprachen

der **Sprachfehler**

sprachlos

der **Spray** (sprich: spräi), auch: das Spray, die Sprays

sprechen, du sprichst, sie sprach, er hat gesprochen

sprengen, du sprengst

die **Spreu**

das **Sprichwort**, die Sprichwörter

sprießen, es sprießt, es spross, es ist gesprossen

der **Springbrunnen**

springen, du springst, er sprang, sie ist gesprungen

der **Sprit**

die **Spritze**, die Spritzen

spritzen, du spritzt

der **Spross**, die Sprossen (Pflanzenspross)

die **Sprosse**, die Sprossen
(Sprossen der Leiter)
der **Spruch**, die Sprüche
der **Sprudel**
sprudeln, es sprudelt
sprühen, du sprühst
der **Sprung**, die Sprünge
das **Sprungbrett**, die Sprungbretter
die **Sprungschanze**,
die Sprungschanzen
das **Sprungtuch**, die Sprungtücher

Spu

die **Spucke**
spucken,
du spuckst (Kirschkerne spucken)
der **Spuk**
spuken, es spukt
(Das Gespenst spukt.)
die **Spukgeschichte**,
die Spukgeschichten
die **Spüle**, die Spülen
spülen, du spülst
die **Spülmaschine**,
die Spülmaschinen
die **Spur**, die Spuren
spüren, du spürst
spurlos

Sta

der **Staat**, die Staaten
staatlich
der **Stab**, die Stäbe
der **Stabhochsprung**
stabil
der **Stachel**, die Stacheln
die **Stachelbeere**, die Stachelbeeren
stachlig, auch: stachelig
das **Stadion**, die Stadien
die **Stadt**, die Städte
die **Stadtbücherei**,
die Stadtbüchereien
städtisch
der **Stadtplan**, die Stadtpläne
die **Staffel**, die Staffeln
die **Staffelei**, die Staffeleien
der **Staffellauf**, die Staffelläufe
der **Stahl**, die Stähle (hart wie Stahl)
der **Stall**, die Ställe (ein Kuhstall)
der **Stamm**, die Stämme
der **Stammbaum**, die Stammbäume
stammeln, du stammelst
stampfen, du stampfst
der **Stand**, die Stände
der **Ständer**
das **Standesamt**, die Standesämter
ständig
die **Stange**, die Stangen
der **Stängel**
stänkern, du stänkerst
der **Stapel**
stapeln, du stapelst
stapfen, du stapfst
der **Star**, die Stare (der Vogel)
der **Star**, die Stars (der Filmstar)
stark, stärker, am stärksten
starr
starren, du starrst
der **Start**, die Starts
starten, du startest
der **Startschuss**, die Startschüsse
die **Station**, die Stationen
statt
stattdessen
stattfinden,
es findet statt, es fand statt,
es hat stattgefunden
die **Statue**, die Statuen

der **Stau**, die Staus, auch: die Staue
der **Staub**
staubig
der **Staubsauger**
die **Staude**, die Stauden
staunen, du staunst

Ste

das **Steak** (sprich: stäik), die Steaks
stechen, du stichst, er stach, sie hat gestochen
die **Stechmücke**, die Stechmücken
der **Steckbrief**, die Steckbriefe
die **Steckdose, die Steckdosen**
stecken, du steckst
der **Stecker**
die **Stecknadel**, die Stecknadeln
der **Steg**, die Stege
stehen, du stehst, sie stand, er hat gestanden

Statue

die **Stehlampe**, die Stehlampen
stehlen, du stiehlst, er stahl, sie hat gestohlen
der **Stehplatz**, die Stehplätze
steif
steigen, du steigst, sie stieg, er ist gestiegen
steigern, du steigerst
die **Steigerung**, die Steigerungen
steil
der **Stein**, die Steine
der **Steinbruch**, die Steinbrüche
steinig
die **Steinzeit**
die **Stelle**, die Stellen
stellen, du stellst
der **Stellvertreter**
die **Stellvertreterin**, die Stellvertreterinnen
die **Stelze**, die Stelzen
stemmen, du stemmst
der **Stempel**
das **Stempelkissen**
stempeln, du stempelst
die **Steppe**, die Steppen
steppen, du steppst
sterben, du stirbst, er starb, sie ist gestorben
sterblich
die **Stereoanlage**, die Stereoanlagen
der **Stern**, die Sterne
der **Sternenhimmel**
die **Sternschnuppe**, die Sternschnuppen
das **Stethoskop**, die Stethoskope
stetig
stets
das **Steuer** (das Steuer des Autos)

die **Steuer**, die Steuern (Steuern zahlen)
der **Steuermann**, die Steuermänner
das **Steuerrad**, die Steuerräder
steuern, du steuerst
der **Steward** (sprich: stjuart), die Stewards
die **Stewardess** (sprich: stjuardess), die Stewardessen

Sti

der **Stich**, die Stiche
das **Stichwort**, die Stichwörter
sticken, du stickst
der **Sticker**
stickig
der **Stiefel**
die **Stiefmutter**, die Stiefmütter
der **Stiefvater**, die Stiefväter
der **Stiel**, die Stiele (Besenstiel)
der **Stier**, die Stiere
der **Stift**, die Stifte
der **Stil**, die Stile
still
stillen, sie stillt (das Baby)
der **Stille Ozean**
die **Stimme**, die Stimmen
stimmen, es stimmt
die **Stimmgabel**, die Stimmgabeln
stinken, es stinkt, es stank, es hat gestunken
stinkfaul
die **Stirn**, auch: die Stirne, die Stirnen
das **Stirnband**, die Stirnbänder

Sto

stöbern, du stöberst
der **Stock**, die Stöcke (Holzstock)
der **Stock**, auch: das Stockwerk, die Stockwerke
stockdunkel
stocken, er stockt
der **Stoff**, die Stoffe
stöhnen, du stöhnst
stolpern, du stolperst
der **Stolz**
stolz
stolzieren, du stolzierst
STOP (auf Verkehrsschildern)
stopfen, du stopfst
die **Stoppel**, die Stoppeln
stoppen, du stoppst
die **Stoppuhr**, die Stoppuhren
der **Stöpsel**
der **Storch**, die Störche
das **Storchennest**, die Storchennester
stören, du störst
der **Störenfried**, die Störenfriede
die **Störung**, die Störungen
die **Story**, die Storys (Geschichte)
der **Stoßdämpfer**
stoßen, du stößt, sie stieß, er hat gestoßen
stottern, du stotterst

Str

die **Strafe**, die Strafen
straff
der **Strafstoß**, die Strafstöße
der **Strafzettel**
der **Strahl**, die Strahlen
strahlen, du strahlst
die **Strähne**, die Strähnen
stramm
strampeln, du strampelst
der **Strand**, die Strände
die **Strapaze**, die Strapazen
die **Straße**, die Straßen
die **Straßenbahn**, die Straßenbahnen

die **Straßenkreuzung**, die Straßenkreuzungen
der **Straßenverkehr**
die **Strategie**, die Strategien
sich **sträuben**, du sträubst dich
der **Strauch**, die Sträucher
straucheln, du strauchelst
der **Strauß**, die Sträuße (Blumenstrauß)
der **Strauß**, die Strauße (Vogel)
strebsam
die **Strecke**, die Strecken
sich **strecken**, du streckst dich
der **Streetball** (sprich: striitbool) (Basketball auf der Straße)
der **Streich**, die Streiche
streicheln, du streichelst
der **Streichelzoo**, die Streichelzoos
streichen, du streichst, er strich, sie hat gestrichen
das **Streichholz**, die Streichhölzer
streifen, du streifst
der **Streifen**
der **Streik**, die Streiks
streiken, du streikst
der **Streit**, die Streite
streiten, du streitest, sie stritt, er hat gestritten
streng
der **Stress**
stressig
streuen, du streust
streunen, du streunst
der **Streuselkuchen**
der **Strich**, die Striche
stricheln, du strichelst
der **Strichpunkt**, die Strichpunkte
der **Strick**, die Stricke
stricken, du strickst
die **Strickleiter**, die Strickleitern
das **Stroh**
der **Strohhalm**, die Strohhalme
der **Strolch**, die Strolche
der **Strom**, die Ströme
der **Stromkreis**, die Stromkreise
die **Strömung**, die Strömungen
die **Strophe**, die Strophen
der **Strudel**
der **Strumpf**, die Strümpfe
die **Strumpfhose**, die Strumpfhosen
struppig

Stu

die **Stube**, die Stuben
das **Stück**, die Stücke
der **Student**, die Studenten
die **Studentin**, die Studentinnen
studieren, du studierst
das **Studio**, die Studios
das **Studium**
die **Stufe**, die Stufen
der **Stuhl**, die Stühle
stumm
stumpf
die **Stunde**, die Stunden
die **Stundenkilometer**
stundenlang
das **Stuntgirl** (sprich: stantgörl), die Stuntgirls (beim Film)
der **Stuntman** (sprich: stantmän), die Stuntmen (beim Film)
stupsen, du stupst
stur
der **Sturm**, die Stürme
stürmen, du stürmst
stürmisch
der **Sturz**, die Stürze

stürzen, du stürzt
der **Sturzhelm**, die Sturzhelme
die **Stute**, die Stuten
stutzen, du stutzt
stützen, du stützt
die **Stütze**, die Stützen
stutzig

Sty

das **Styropor**

Su

das **Subjekt**, die Subjekte
das **Substantiv**, die Substantive
subtrahieren, du subtrahierst
die **Subtraktion**, die Subtraktionen
die **Suche**, die Suchen
suchen, du suchst
die **Sucht**, die Süchte
süchtig
der **Süden**
südlich
der **Südpol**
die **Sülze**, die Sülzen
die **Summe**, die Summen
summen, du summst
der **Sumpf**, die Sümpfe
die **Sünde**, die Sünden
sündigen, du sündigst
super
der **Supermarkt**, die Supermärkte
die **Suppe**, die Suppen
die **Suppennudel**, die Suppennudeln
das **Surfbrett** (sprich: sörfbrett), die Surfbretter
der **Surfer**
die **Surferin**, die Surferinnen
surfen (sprich: sörfen), du surfst
surren, du surrst
süß
Süßes
die **Süßigkeit**, die Süßigkeiten

Sw

das **Sweatshirt** (sprich: swettschört), die Sweatshirts (Pullover)
der **Swimmingpool**, die Swimmingpools

Sy

das **Symbol**, die Symbole
symbolisch
die **Symmetrie**, die Symmetrien
symmetrisch
die **Sympathie**, die Sympathien
sympathisch
die **Synagoge**, die Synagogen (jüdisches Gotteshaus)
das **System**, die Systeme
systematisch

Sz

die **Szene**, die Szenen

Surfer

T

t (Abkürzung für Tonne)

Ta

der **Tabak**

die **Tabelle**, die Tabellen

tabellarisch

das **Tablett**, die Tabletts, auch: die Tablette (auf dem Tablett tragen)

die **Tablette**, die Tabletten (eine Tablette nehmen)

der **Tacho** (Abkürzung für Tachometer), die Tachos

der **Tadel**

tadeln, du tadelst

die **Tafel**, die Tafeln

der **Tag**, die Tage

tagelang

die **Tagesmutter**, die Tagesmütter

die **Tageszeit**, die Tageszeiten

täglich

tagsüber

der **Takt**, die Takte

die **Taktik**, die Taktiken

taktisch

das **Tal**, die Täler

das **Talent**, die Talente

der **Talisman**, die Talismane

der **Talkmaster** (sprich: tokmaster)

die **Talkmasterin** (sprich: tokmasterin), die Talkmasterinnen

die **Talkshow** (sprich: tokschou), die Talkshows (Fernsehsendung)

das **Tamburin**, die Tamburine

das **Tandem**, die Tandems

der **Tank**, die Tanks

tanken, du tankst

die **Tankstelle**, die Tankstellen

der **Tankwart**, die Tankwarte

die **Tanne**, die Tannen

die **Tante**, die Tanten

der **Tanz**, die Tänze

tanzen, du tanzt

der **Tänzer**

die **Tänzerin**, die Tänzerinnen

die **Tapete**, die Tapeten

tapezieren, du tapezierst

tapfer

die **Tapferkeit**

sich **tarnen**, du tarnst dich

die **Tarnung**, die Tarnungen

die **Tasche**, die Taschen

der **Taschenrechner**

das **Taschentuch**, die Taschentücher

die **Tasse**, die Tassen

die **Tastatur**, die Tastaturen

die **Taste**, die Tasten

tasten, du tastest

die **Tat**, die Taten

tätig

die **Tätigkeit**, die Tätigkeiten

das **Tätigkeitswort**, die Tätigkeitswörter

die **Tatsache**, die Tatsachen

tatsächlich

das **Tattoo** (sprich: tatuu), die Tattoos (Tätowierung)

die **Tatze**, die Tatzen

der **Tau** (Morgentau)

das **Tau**, die Taue (dickes Seil)
taub
die **Taube**, die Tauben
tauchen, du tauchst
der **Taucher**
die **Taucherin**, die Taucherinnen
der **Taucheranzug**, die Taucheranzüge
tauen, es taut
die **Taufe**, die Taufen
taufen, du wirst getauft
taugen, das taugt etwas
tauschen, du tauschst
täuschen, du täuschst
tausend
das **Tauwetter**
das **Tauziehen**
das **Taxi**, die Taxis

Te

das **Team** (sprich: tiim), die Teams (Arbeitsgruppe, Mannschaft)
die **Technik**, die Techniken
der **Techniker**
die **Technikerin**, die Technikerinnen
der **Techno** (sprich: tekno), auch: das Techno (Musikrichtung)
der **Teddy**, die Teddys
der **Tee**, die Tees
der **Teenager** (sprich: tiinäidscher) (Jugendlicher)
der **Teer**
der **Teich**, die Teiche (der Fischteich)
der **Teig**, die Teige (der Brotteig)
der **Teil**, auch: das Teil, die Teile
teilen, du teilst
der **Teilnehmer**
die **Teilnehmerin**, die Teilnehmerinnen
teilweise
das **Telefax**, die Telefaxe
das **Telefon**, die Telefone
telefonieren, du telefonierst
das **Telegramm**, die Telegramme
der **Teller**
der **Tempel**
das **Temperament**, die Temperamente
die **Temperatur**, die Temperaturen
das **Tempo**, die Tempos, auch: die Tempi
das **Tennis**
der **Teppich**, die Teppiche
der **Termin**, die Termine
das **Terrarium**, die Terrarien
die **Terrasse**, die Terrassen
der **Terror**
der **Test**, die Tests, auch: die Teste
das **Testament**, die Testamente
testen, du testest
teuer
der **Teufel**
teuflisch
der **Text**, die Texte

Th

das **Theater**
die **Theke**, die Theken
das **Thema**, die Themen, auch: die Themata
die **Theorie**, die Theorien
theoretisch
die **Therapie**, die Therapien
das **Thermometer**
der **Thermostat**, die Thermostate
der **Thron**, die Throne
der **Thunfisch**, auch: der Tunfisch, die Thunfische
Thüringen

Ti

der **Tick**, die Ticks
ticken, es tickt
das **Ticket**, die Tickets
tief
tiefgekühlt
das **Tier**, die Tiere
der **Tierarzt**, die Tierärzte
die **Tierärztin**, die Tierärztinnen
der **Tiger**
die **Tinte**, die Tinten
der **Tintenfisch**, die Tintenfische
der **Tipp**, die Tipps
tippen, du tippst
der **Tippfehler**
tipptopp
der **Tisch**, die Tische
die **Tischdecke**, die Tischdecken
das **Tischtennis**
der **Titel**

Tourist

To

der **Toast** (sprich: toost), die Toasts, auch: die Toaste (geröstetes Brot)
toben, du tobst
die **Tochter**, die Töchter
der **Tod**, die Tode
tödlich
die **Toilette**, die Toiletten
tolerant
toll
der **Tollpatsch**, die Tollpatsche
die **Tollwut** (Krankheit)
die **Tomate**, die Tomaten
die **Tombola**, die Tombolas
der **Ton** (Lehmart)
der **Ton**, die Töne (Laut, auch: Farbton)
tönen, es tönt
die **Tonne**, die Tonnen
der **Topf**, die Töpfe
topfit
der **Tor**, die Toren (der Narr im Märchen)
das **Tor**, die Tore (ein Tor schießen)
der **Torf**
torkeln, du torkelst
der **Tornado**, die Tornados
die **Torte**, die Torten
der **Torwart**, die Torwarte
tot
total
totenblass
totenstill
sich **totlachen**, du lachst dich tot
totsicher
die **Tour**, die Touren
der **Tourist**, die Touristen
die **Touristin**, die Touristinnen

Tr

der **Trab**
traben, du trabst
die **Tracht**, die Trachten
die **Tradition**, die Traditionen
träg, auch: träge
die **Trage**, die Tragen
tragen, du trägst, er trug, sie hat getragen
tragisch
der **Trainer** (sprich: träner)
die **Trainerin** (sprich: tränerin), die Trainerinnen
trainieren (sprich: träniiren), du trainierst
das **Training** (sprich: träning), die Trainings
der **Traktor**, die Traktoren, auch: der Trecker
die **Tram**, die Trams auch: die Trambahn, die Trambahnen
trampeln, du trampelst
trampen (sprich: trämpen), du trampst (per Anhalter fahren)
das **Trampolin**, die Trampoline
die **Träne**, die Tränen
transportieren, du transportierst
die **Traube**, die Trauben
der **Traubenzucker**
sich **trauen**, du traust dich
die **Trauer**
trauern, du trauerst
der **Traum**, die Träume
träumen, du träumst
traurig
die **Traurigkeit**
die **Trauung**, die Trauungen

der **Trecker**, auch: der Traktor, die Traktoren
treffen, du triffst, sie traf, er hat getroffen
der **Treffer**
der **Treffpunkt**, die Treffpunkte
treiben, du treibst, er trieb, sie hat getrieben
trennen, du trennst
die **Treppe**, die Treppen
das **Treppengeländer**
der **Tresor**, die Tresore
treten, du trittst, sie trat, er hat getreten
der **Tretroller**
treu
die **Treue**
der **Triangel**, auch: die Triangel
die **Tribüne**, die Tribünen
der **Trichter**
der **Trick**, die Tricks
tricksen, du trickst
der **Trieb**, die Triebe
triefen, du triefst
das **Trikot**, die Trikots
trillern, du trillerst
der **Trimm-dich-Pfad**, die Trimm-dich-Pfade
trinken, du trinkst, sie trank, er hat getrunken
das **Trinkwasser**
trippeln, du trippelst
trist
der **Tritt**, die Tritte
der **Triumph**, die Triumphe
triumphieren, du triumphierst
trocken
trocknen, du trocknest

trödeln, du trödelst
der **Trog**, die Tröge
die **Trommel**, die Trommeln
trommeln, du trommelst
die **Trompete**, die Trompeten
tröpfeln, es tröpfelt
tropfen, es tropft
der **Tropfen**
tropfnass
die **Tropfsteinhöhle**, die Tropfsteinhöhlen
der **Trost**
trösten, du tröstest
trostlos
der **Trottel**
trotten, du trottest
der **Trotz**
trotz
trotzdem
trüb, auch: trübe
der **Trubel**
die **Truhe**, die Truhen
die **Trümmer**
der **Trumpf**, die Trümpfe
die **Truppe**, die Truppen
der **Truthahn**, die Truthähne

Ts

tschau!, auch: ciao!
die **Tschechische Republik**
tschüs, auch: tschüss
das **T-Shirt** (sprich: tiischört), die T-Shirts

Tu

die **Tube**, die Tuben
das **Tuch**, die Tücher
tüchtig
die **Tücke**, die Tücken
tückisch
die **Tüftelei**, die Tüfteleien
tüfteln, du tüftelst
die **Tulpe**, die Tulpen
sich **tummeln**, du tummelst dich
der **Tumor**, die Tumoren
der **Tümpel**
der **Tumult**, die Tumulte
tun, du tust, er tat, sie hat getan
der **Tuner** (sprich: tjuner) (Kanalwähler)
der **Tunfisch**, auch: der Thunfisch, die Tunfische
tunken, du tunkst
der **Tunnel**, die Tunnel, auch: die Tunnels
die **Tür**, die Türen
der **Turban**, die Turbane
turbulent
der **Türke**, die Türken
die **Türkei**
die **Türkin**, die Türkinnen
türkis
türkisch
die **Türklinke**, die Türklinken
der **Turm**, die Türme
turnen, du turnst
der **Turner**
die **Turnerin**, die Turnerinnen
das **Turnier**, die Turniere
der **Turnschuh**, die Turnschuhe
das **Turnzeug**
die **Tusche**, die Tuschen
tuscheln, du tuschelst
die **Tüte**, die Tüten
tuten, du tutest

Ty

der **Typ**, die Typen
typisch

Ub

die **U-Bahn**, die U-Bahnen
übel
die **Übelkeit**
üben, du übst
über
überall
der **Überblick**
überdurchschnittlich
übereinander
überfahren, du überfährst, er überfuhr, sie hat überfahren
der **Überfall**, die Überfälle
überfallen, du überfällst, sie überfiel, er hat überfallen
überflüssig
übergeben, du übergibst, er übergab, sie hat übergeben
übergeschnappt
das **Übergewicht**
überhaupt
überheblich
überholen, du überholst
überlegen, du überlegst
überlisten, du überlistest
übermorgen
übermüdet
übermütig
übernachten, du übernachtest
übernehmen, du übernimmst, sie übernahm, er hat übernommen
überprüfen, du überprüfst
überqueren, du überquerst
überraschen, du überraschst
überrascht
die **Überraschung**, die Überraschungen
überreden, du überredest
die **Überschrift**, die Überschriften
der **Überschwang**
überschwänglich
die **Überschwemmung**, die Überschwemmungen
übersehen, du übersiehst, sie übersah, er hat übersehen
übersetzen, du übersetzt einen Text
die **Übersetzung**, die Übersetzungen
übersichtlich
die **Überstunde**, die Überstunden
übertreiben, du übertreibst, sie übertrieb, er hat übertrieben
die **Übertreibung**, die Übertreibungen
übertreten, du übertrittst, er übertrat, sie hat übertreten
überwinden, du überwindest, sie überwand, er hat überwunden
die **Überwindung**
überzeugen, du überzeugst
die **Überzeugung**, die Überzeugungen
üblich
das **U-Boot**, die U-Boote
übrig
übrigens
die **Übung**, die Übungen

Uf

das **Ufer**
das **Ufo**, die Ufos

A B C D E F G H I J K L M N O P Q R S T U V W X Y Z

Uh

die **Uhr**, die Uhren
die **Uhrzeit**, die Uhrzeiten
der **Uhu**, die Uhus

Ul

ulkig

Uhr

Um

um
umarmen, du umarmst
umblättern, du blätterst um
umdrehen, du drehst dich um
umfallen, du fällst um,
sie fiel um, er ist umgefallen
der **Umfang**, die Umfänge
umfangreich
die **Umfrage**, die Umfragen
die **Umgebung**, die Umgebungen
umgekehrt
der **Umhang**, die Umhänge
umher
umkehren, du kehrst um
umkippen, du kippst um
der **Umlaut**, die Umlaute
die **Umleitung**, die Umleitungen
der **Umriss**, die Umrisse
der **Umschlag**, die Umschläge
umschulen, du schulst um
umso
umsonst
umständlich
umtauschen, du tauschst um
der **Umweg**, die Umwege
die **Umwelt**
umweltfreundlich
der **Umweltschutz**
umziehen, du ziehst um,
sie zog um, er ist umgezogen
der **Umzug**, die Umzüge

Un

unabhängig
unangenehm
unauffällig
unaufmerksam
unausstehlich
unbarmherzig
unbedingt
unbekannt
unbeliebt
unbequem
und
undankbar
undeutlich
unendlich
unentwegt
unerwartet
unfähig
unfair (sprich: unfär) (ungerecht)
der **Unfall**, die Unfälle
der **Unfug**
ungarisch

A B C D E F G H I J K L M N O P Q R S T U V W X Y Z

Ungarn

ungeduldig

ungefähr

das **Ungeheuer**

ungerade

ungeschickt

ungestüm

ungesund

ungewiss

ungewöhnlich

das **Ungeziefer**

ungezogen

unglaublich

das **Unglück**, die Unglücksfälle

unglücklich

unheimlich

die **Uniform**, die Uniformen

die **Universität**, die Universitäten

unklar

unkonzentriert

das **Unkraut**

unlogisch

unmöglich

das **Unrecht**

unruhig

uns, unser, unsere

unschuldig

unsicher

der **Unsinn**

unten

unter

die **Unterbrechung**,
die Unterbrechungen

unterdessen

untereinander

untergehen,
du gehst unter, er ging unter,
sie ist untergegangen

sich **unterhalten**, du unterhältst dich,
sie unterhielt sich,
er hat sich unterhalten

der **Unterkiefer**

der **Unterricht**

unterrichten, du unterrichtest

unterscheiden,
du unterscheidest, er unterschied,
sie hat unterschieden

der **Unterschied**, die Unterschiede

die **Unterschrift**, die Unterschriften

untersuchen, du untersuchst

die **Unterwäsche**

unterwegs

unverschämt

unwesentlich

das **Unwetter**

unzählig

Ur

uralt

der **Urenkel**

die **Urenkelin**, die Urenkelinnen

die **Urgroßeltern**

der **Urin**

die **Urkunde**, die Urkunden

der **Urlaub**, die Urlaube

die **Ursache**, die Ursachen

der **Ursprung**, die Ursprünge

das **Urteil**, die Urteile

urteilen, du urteilst

der **Urwald**, die Urwälder

die **Urzeit**, die Urzeiten

Us

USA (Abkürzung für
United States of America)

Uv

die **UV-Strahlen**
(UV = ultraviolett)

Va

vage
die **Vagina**, die Vaginen
der **Vampir**, die Vampire
die **Vanille**
die **Vase**, die Vasen
der **Vater**, die Väter
das **Vaterunser**

Ve

der **Vegetarier**
die **Vegetarierin**, die Vegetarierinnen
vegetarisch
das **Veilchen**
die **Vene**, die Venen
das **Ventil**, die Ventile
der **Ventilator**, die Ventilatoren

Ver

sich **verabreden**, du verabredest dich
die **Verabredung**, die Verabredungen
sich **verabschieden**, du verabschiedest dich
verachten, du verachtest
die **Verachtung**
die **Veranda**, die Veranden
veranstalten, du veranstaltest
die **Veranstaltung**, die Veranstaltungen
verantwortlich
das **Verb**, die Verben
der **Verband**, die Verbände
der **Verbandskasten**, die Verbandskästen
verbergen, du verbirgst, er verbarg, sie hat verborgen
verbessern, du verbesserst
verbieten, du verbietest, sie verbot, er hat verboten
verbinden, du verbindest, er verband, sie hat verbunden
verblüfft
das **Verbot**, die Verbote
verbrauchen, du verbrauchst
verbraucht
das **Verbrechen**
verbrennen, es verbrennt, es verbrannte, es ist verbrannt
der **Verdacht**
verdächtig
verdächtigen, du verdächtigst
verdammt
verdauen, du verdaust
die **Verdauung**
verderben, es verdirbt, es verdarb, es ist verdorben, sie hat verdorben
verdienen, du verdienst
der **Verdienst**, die Verdienste
verdoppeln, du verdoppelst
verdorben
verdorrt
verdunkeln, du verdunkelst
verdunsten, es verdunstet
die **Verdunstung**, die Verdunstungen
verdutzt
der **Verein**, die Vereine
vereinbaren, du vereinbarst
die **Vereinbarung**, die Vereinbarungen
verflixt
verfolgen, du verfolgst

A B C D E F G H I J K L M N O P Q R S T U V W X Y Z

die **Verfolgung**, die Verfolgungen
die **Vergangenheit**
vergeben, du vergibst, sie vergab, er hat vergeben
vergebens
vergeblich
vergessen, du vergisst, er vergaß, sie hat vergessen
vergesslich
vergeuden, du vergeudest
das **Vergissmeinnicht**
vergleichen, du vergleichst, sie verglich, er hat verglichen
das **Vergnügen**
vergnügt
die **Vergrößerung**, die Vergrößerungen
verhaften, er wird verhaftet
sich **verhalten**, du verhältst dich, sie verhielt sich, er hat sich verhalten
das **Verhältniswort**, die Verhältniswörter
verheimlichen, du verheimlichst
verheiratet
verhext
verhindern, du verhinderst
verhungern, du verhungerst
sich **verirren**, du verirrst dich
verkaufen, du verkaufst
der **Verkäufer**
die **Verkäuferin**, die Verkäuferinnen
der **Verkehr**
das **Verkehrschaos**
das **Verkehrsschild**, die Verkehrsschilder
der **Verkehrsunfall**, die Verkehrsunfälle
das **Verkehrszeichen**
verkehrt
sich **verkleiden**, du verkleidest dich
verkrampft
der **Verlag**, die Verlage
verlangen, du verlangst
verlassen, du verlässt, sie verließ, er hat verlassen
sich **verlaufen**, du verläufst dich, er verlief sich, sie hat sich verlaufen
die **Verlegenheit**, die Verlegenheiten
verlegen
verleihen, du verleihst, sie verlieh, er hat verliehen
verletzen, du verletzt
sich **verletzen**, du verletzt dich
verletzt
die **Verletzung**, die Verletzungen
sich **verlieben**, du verliebst dich
verliebt
verlieren, du verlierst, er verlor, sie hat verloren
das **Verlies**, die Verliese
die **Verlobung**, die Verlobungen
sich **verloben**, du hast dich verlobt
verloren
die **Verlosung**, die Verlosungen
der **Verlust**, die Verluste
die **Vermehrung**
vermeiden, du vermeidest, sie vermied, er hat vermieden
vermieten, du vermietest
vermissen, du vermisst
das **Vermögen**
vermuten, du vermutest
vermutlich
die **Vermutung**, die Vermutungen

vernachlässigen, du vernachlässigst
vernünftig
verpacken, du verpackst
die **Verpackung**, die Verpackungen
verpassen, du verpasst
verpetzen, du verpetzt
verpflegen, du verpflegst
die **Verpflichtung**, die Verpflichtungen
der **Verputz**
der **Verrat**
verraten, du verrätst, er verriet, sie hat verraten
sich **verrechnen**, du verrechnest dich
verreisen, du verreist
verrenken, du verrenkst
verrückt
der **Vers**, die Verse (Verse im Gedicht)
versagen, du versagst
die **Versammlung**, die Versammlungen
der **Versand**
versäumen, du versäumst
das **Versäumnis**, die Versäumnisse
verschenken, du verschenkst
verscheuchen, du verscheuchst
verschieden
verschlafen, du verschläfst, sie verschlief, er hat verschlafen
verschließen, du verschließt, er verschloss
der **Verschluss**, die Verschlüsse
verschollen
verschwenden, du verschwendest
die **Verschwendung**
verschwiegen
verschwinden, du verschwindest, sie verschwand, er ist verschwunden
versehentlich
die **Versetzung**, die Versetzungen
die **Versicherung**, die Versicherungen
sich **versöhnen**, du versöhnst dich
versorgen, du versorgst
verspätet
die **Verspätung**, die Verspätungen
versprechen, du versprichst, er versprach, sie hat versprochen
der **Verstand**
verständlich
das **Verständnis**
verstauchen, du verstauchst
verstaucht
das **Versteck**, die Verstecke
verstecken, du versteckst
verstehen, du verstehst, sie verstand, er hat verstanden
versuchen, du versuchst
vertauschen, du vertauschst
verteidigen, du verteidigst
die **Verteidigung**
der **Vertrag**, die Verträge
sich **vertragen**, du verträgst dich, er vertrug sich, sie hat sich vertragen
vertrauen, du vertraust
vertraulich
verträumt
der **Vertreter**
die **Vertreterin**, die Vertreterinnen
verursachen, du verursachst
verurteilen, du verurteilst
vervielfachen, du vervielfachst

A B C D E F G H I J K L M N O P Q R S T U V W X Y Z

A B C D E F G H I J K L M N O P Q R S T U V W X Y Z

sich **verwandeln**, du verwandelst dich

die **Verwandlung**, die Verwandlungen

verwandt

der **Verwandte**, die Verwandten

die **Verwandte**, die Verwandten

die **Verwandtschaft**

verwechseln, du verwechselst

der **Verweis**, die Verweise

verwelken, sie verwelkt

verwirrt

verwöhnen, du verwöhnst

verwundert

verzaubern, du verzauberst

verzaubert

verzehren, du verzehrst

das **Verzeichnis**, die Verzeichnisse

verzeihen, du verzeihst, er verzieh, sie hat verziehen

verzichten, du verzichtest

verzieren, du verzierst

verziert

verzweifeln, du verzweifelst

die **Verzweiflung**, die Verzweiflungen

verzwickt

der **Vetter**, die Vettern

Vi

das **Video**, die Videos

der **Videoclip**, die Videoclips

der **Videorekorder**, auch: der Videorecorder

die **Videothek**, die Videotheken

das **Vieh**

viel, mehr, am meisten

vielfach

vielleicht

vier, viermal

das **Viereck**, die Vierecke

das **Viertel**

vierzehn

vierzig

die **Villa**, die Villen

violett

die **Violine**, die Violinen

die **Viper**, die Vipern

der **Virus**, auch: das Virus, die Viren

das **Visum**, die Visa, auch: die Visen

vital

das **Vitamin**, die Vitamine

Vo

der **Vogel**, die Vögel

die **Vokabel**, die Vokabeln

der **Vokal**, die Vokale

das **Volk**, die Völker

voll, voller, am vollsten

das **Vollbad**, die Vollbäder

die **Vollbremsung**, die Vollbremsungen

der **Volleyball**, die Volleybälle

völlig

Vogel

vollkommen
das **Vollkornbrot**, die Vollkornbrote
das **Vollkornbrötchen**
vollständig
voltigieren (sprich: woltischiiren), du voltigierst (auf dem Pferd turnen)
vom (von dem)
von
voneinander

Vor

vor
voran
voraus
voraussichtlich
vorbei
vorbeikommen, du kommst vorbei, er kam vorbei, sie ist vorbeigekommen
vorbereiten, du bereitest vor
das **Vorbild**, die Vorbilder
voreinander
vorerst
der **Vorfahr**, auch: der Vorfahre, die Vorfahren
die **Vorfahrin**, die Vorfahrinnen
die **Vorfahrt**
der **Vorfall**, die Vorfälle
vorgestern
vorhanden
der **Vorhang**, die Vorhänge
vorher
vorhersagen, du sagst vorher
vorhin
vorige, voriger
vorkommen, es kommt vor, es kam vor, es ist vorgekommen
vorläufig
vorlaut
vorlesen, du liest vor, sie las vor, er hat vorgelesen
vormachen, du machst vor
der **Vormittag**, die Vormittage
vormittags
vorn, auch: vorne
der **Vorname**, die Vornamen
vornehm
sich **vornehmen**, du nimmst dir vor, er nahm sich vor, sie hat sich vorgenommen
der **Vorort**, die Vororte
der **Vorrat**, die Vorräte
vorsagen, du sagst vor
der **Vorsatz**, die Vorsätze
der **Vorschlag**, die Vorschläge
vorschlagen, du schlägst vor, sie schlug vor, er hat vorgeschlagen
die **Vorschrift**, die Vorschriften
die **Vorsicht**
vorsichtig
die **Vorsilbe**, die Vorsilben
der **Vorsprung**, die Vorsprünge
der **Vorstand**, die Vorstände
vorstellen, du stellst vor
die **Vorstellung**, die Vorstellungen
der **Vorteil**, die Vorteile
der **Vortrag**, die Vorträge
vorüber
das **Vorurteil**, die Vorurteile
die **Vorwahl**, die Vorwahlen
vorwärts
vorwiegend
der **Vorwurf**, die Vorwürfe
der **Vorzug**, die Vorzüge

Vu

der **Vulkan**, die Vulkane

Wa

die **Waage**, die Waagen

waagrecht, auch: waagerecht

wabbelig

die **Wabe**, die Waben

wach

wachen, du wachst

das **Wachs**

wachsam

die **Wachsamkeit**

wachsen, du wächst, er wuchs, sie ist gewachsen

der **Wachsmalstift**, die Wachsmalstifte

das **Wachstum**

wacklig, auch: wackelig

wackeln, du wackelst

der **Wackelpudding**, die Wackelpuddinge, auch: die Wackelpuddings

die **Wade**, die Waden

der **Wadenkrampf**, die Wadenkrämpfe

der **Wadenmuskel**, die Wadenmuskeln

die **Waffe**, die Waffen

die **Waffel**, die Waffeln

das **Waffeleisen**

wagen, du wagst

der **Wagen**

der **Waggon**, auch: der Wagon, die Waggons, auch: die Waggone

waghalsig

das **Wagnis**

die **Wahl**, die Wahlen (Klassensprecherwahl)

wählen, du wählst

der **Wahnsinn**

wahnsinnig

wahr (Die Geschichte ist wahr.)

während

die **Wahrheit**, die Wahrheiten

wahrnehmen, du nimmst wahr, er nahm wahr, sie hat wahrgenommen

wahrscheinlich

die **Währung**, die Währungen

das **Wahrzeichen**

die **Waise**, die Waisen

der **Wal**, die Wale (Der Wal ist ein Säugetier.)

der **Wald**, die Wälder

die **Waldlichtung**, die Waldlichtungen

das **Waldsterben**

der **Walkman** (sprich: wokmän), die Walkmans, auch: die Walkmen (tragbarer Rekorder mit Kopfhörer)

die **Walnuss**, die Walnüsse

das **Walross**, die Walrosse

die **Walze**, die Walzen

walzen, du walzt

wälzen, du wälzt

die **Wand**, die Wände

sich **wandeln**, du wandelst dich

der **Wanderer**

wandern, du wanderst

die **Wanderung**, die Wanderungen

die **Wange**, die Wangen

wanken, du wankst

wann

die **Wanne**, die Wannen
die **Wanze**, die Wanzen
das **Wappen**
ich **war** – sein (Ich war froh.)
die **Ware**, die Waren
ich **wäre** – sein
warm, wärmer, am wärmsten
die **Wärme**
das **Warndreieck**, die Warndreiecke
warnen, du warnst
die **Warnung**, die Warnungen
warten, du wartest
der **Wärter**
die **Wärterin**, die Wärterinnen
das **Wartezimmer**
warum
die **Warze**, die Warzen
was
die **Wäsche**
waschen, du wäschst, sie wusch, er hat gewaschen
der **Waschlappen**
die **Waschmaschine**, die Waschmaschinen
das **Wasser**
der **Wasserfall**, die Wasserfälle
der **Wasserhahn**, die Wasserhähne
die **Wasserleitung**, die Wasserleitungen
der **Wasserrohrbruch**, die Wasserrohrbrüche
die **Wasserschnecke**, die Wasserschnecken
waten, du watest
watscheln, du watschelst
das **Watt**
die **Watte**
das **Wattenmeer**

Wc

das **WC**, die WCs (Wasserklosett)

We

weben, du webst
das **Wechselgeld**, die Wechselgelder
wechseln, du wechselst
wecken, du weckst
der **Wecker**
wedeln, du wedelst
weder
weg
der **Weg**, die Wege
wegen
wegfahren, du fährst weg, sie fuhr weg, er ist weggefahren
weggehen, du gehst weg, er ging weg, sie ist weggegangen
weglaufen, du läufst weg, sie lief weg, er ist weggelaufen
wegnehmen, du nimmst weg, er nahm weg, sie hat weggenommen
der **Wegweiser**
wegwerfen, du wirfst weg, sie warf weg, er hat weggeworfen
weh (es tut weh)
wehen, er weht
der **Wehrdienst**
sich **wehren**, du wehrst dich
wehtun, auch: weh tun, es tut weh, es tat weh
weiblich
weich
die **Weiche**, die Weichen
weichen, du weichst, er wich, sie ist gewichen
die **Weide**, die Weiden

A B C D E F G H I J K L M N O P Q R S T U V W X Y Z

sich **weigern**, du weigerst dich
weihen
der **Weiher**
Weihnachten
der **Weihnachtsbaum**, die Weihnachtsbäume
der **Weihnachtsmann**, die Weihnachtsmänner
der **Weihrauch**
das **Weihwasser**
weil
die **Weile**
der **Wein**, die Weine
weinen, du weinst
die **Weinlese**, die Weinlesen
die **Weintraube**, die Weintrauben
weise (klug und weise)
die **Weisheit**, die Weisheiten
weiß (die Farbe)
weit
weiter
weiterfahren, du fährst weiter, sie fuhr weiter, er ist weitergefahren
weitergehen, du gehst weiter, er ging weiter, sie ist weitergegangen
weitersagen, du sagst weiter
der **Weitsprung**
der **Weizen**
das **Weizenmehl**
welch, welche, welcher, welches
welk
die **Welle**, die Wellen
der **Wellensittich**, die Wellensittiche
der **Welpe**, die Welpen
die **Welt**, die Welten
das **Weltall**
der **Weltmeister**
die **Weltmeisterin**, die Weltmeisterinnen
die **Weltmeisterschaft**, die Weltmeisterschaften
der **Weltraum**
wem
wen
die **Wende**, die Wenden
wenden, du wendest
wenig
wenigstens
wenn
wer, wem, wen
werben, du wirbst, sie warb, er hat geworben
die **Werbung**, die Werbungen
werden, du wirst, er wurde, sie ist geworden
werfen, du wirfst, sie warf, er hat geworfen
die **Werft**, die Werften
das **Werk**, die Werke
die **Werkstatt**, die Werkstätten
der **Werktag**, die Werktage
werktags
das **Werkzeug**, die Werkzeuge
die **Werkzeugfabrik**, die Werkzeugfabriken
wert
der **Wert**, die Werte
der **Wertstoff**, die Wertstoffe
wertvoll
wesentlich
die **Weser**
weshalb
die **Wespe**, die Wespen
wessen

Wikingerschiff

die **Weste**, die Westen
der **Westen**
der **Western**
westfälisch
westlich
die **Wette**, die Wetten
wetten, du wettest
das **Wetter**
der **Wetterbericht**, die Wetterberichte
die **Wetterstation**, die Wetterstationen
die **Wettervorhersage**, die Wettervorhersagen
der **Wettkampf**, die Wettkämpfe
das **Wettrennen**
wetzen, du wetzt

Wi

der **Wicht**, die Wichte
wichtig
wickeln, du wickelst
der **Widder**
wider (gegen)
widerlich
die **Widerrede**, die Widerreden
widersprechen, du widersprichst, sie widersprach, er hat widersprochen
wie
wieder (noch einmal)
wiederholen, du wiederholst
auf **Wiedersehen**
die **Wiederverwertung**, die Wiederverwertung
die **Wiege**, die Wiegen
wiegen, du wiegst, er wog, sie hat gewogen
wiehern, es wiehert
die **Wiese**, die Wiesen
wieso
wie viel
wie weit
der **Wikinger**
das **Wikingerschiff**, die Wikingerschiffe
das **Wild**

wild
das **Wildgehege**
die **Wildnis**
das **Wildschwein**, die Wildschweine
der **Wille**
willkommen
die **Willkür**
willkürlich
wimmeln, es wimmelt
wimmern, du wimmerst
der **Wimpel**
die **Wimper**, die Wimpern
der **Wind**, die Winde
die **Windmühle**, die Windmühlen
die **Windrichtung**, die Windrichtungen
windstill
die **Windstärke**, die Windstärken
die **Windel**, die Windeln
die **Windpocken**
die **Windschutzscheibe**, die Windschutzscheiben
die **Windstärke**, die Windstärken
windstill
der **Winkel**
winken, du winkst
winseln, du winselst
der **Winter**
winterlich
der **Winterschlaf**
der **Wintersport**
der **Winzer**
die **Winzerin**, die Winzerinnen
winzig
der **Wipfel**
die **Wippe**, die Wippen
wippen, du wippst
wir
der **Wirbel**
die **Wirbelsäule**, die Wirbelsäulen
wirbeln, du wirbelst
der **Wirbelsturm**, die Wirbelstürme
es **wird** – werden
wirken, es wirkt
wirklich
die **Wirklichkeit**
wirr
der **Wirrwarr**
der **Wirsing**, die Wirsings
du **wirst** – werden
der **Wirt**, die Wirte
die **Wirtin**, die Wirtinnen
die **Wirtschaft**, die Wirtschaften
das **Wirtshaus**, die Wirtshäuser
wischen, du wischst
wispern, du wisperst
wissen, du weißt, sie wusste, er hat gewusst
wittern, er wittert
die **Witterung**, die Witterungen
die **Witwe**, die Witwen
der **Witwer**
der **Witz**, die Witze
der **Witzbold**, die Witzbolde
witzig

Wo

wo
woanders
wobei
die **Woche**, die Wochen
wochenlang
wöchentlich
wofür
woher
wohin
wohl
wohlhabend

wohnen, du wohnst
wohnlich
der **Wohnort**, die Wohnorte
die **Wohnung**, die Wohnungen
der **Wohnwagen**
das **Wohnzimmer**
der **Wolf**, die Wölfe
die **Wolke**, die Wolken
wolkig
die **Wolle**, die Wollen
wollen, du willst, sie wollte, er hat gewollt
womit
woraus
worin
das **Wort**, die Wörter, auch: die Worte
das **Wörterbuch**, die Wörterbücher
die **Wortfamilie**, die Wortfamilien
wörtlich
worüber
wozu

Wolf

Wr

das **Wrack**, die Wracks
wringen, du wringst, sie wrang, er hat gewrungen

Wu

der **Wuchs**
die **Wucht**
wuchtig
wühlen, du wühlst
die **Wühlmaus**, die Wühlmäuse
wund
die **Wunde**, die Wunden
das **Wunder**
wunderbar
die **Wunderkerze**, die Wunderkerzen
sich **wundern**, du wunderst dich
wunderschön
der **Wunsch**, die Wünsche
wünschen, du wünschst
der **Wunschzettel**
er wurde – werden
er würde – werden
die **Würde**
würdigen, du würdigst
der **Wurf**, die Würfe
der **Würfel**
würfeln, du würfelst
würgen, du würgst
der **Wurm**, die Würmer
die **Wurst**, die Würste
das **Würstchen**
die **Wurzel**, die Wurzeln
würzen, du würzt
wuschelig, auch: wuschlig
wuseln, du wuselst
die **Wüste**, die Wüsten
die **Wut**
wütend

X-b

die **X-Beine**
x-beinig, auch: X-beinig
x-beliebig

X-f

x-fach

X-m

x-mal

Xy

das **Xylofon**, die Xylofone, auch: das Xylophon

Ya

die **Yacht**, auch: die Jacht, die Yachten
der **Yak**, auch: der Jak, die Yaks (Hochgebirgsrind)

Yo

das **Yoga**, auch: Joga, auch: der Yoga
das **Yo-Yo**, auch: das Jo-Jo, die Yo-Yos

Yp

das **Ypsilon**, die Ypsilons

Yacht

Za

die **Zacke**, die Zacken
zaghaft
zäh
die **Zahl**, die Zahlen
zahlen, du zahlst
zählen, du zählst
zahllos
zahlreich
das **Zahlwort**, die Zahlwörter
zahm
der **Zahn**, die Zähne
der **Zahnarzt**, die Zahnärzte
die **Zahnärztin**, die Zahnärztinnen
die **Zahnbürste**, die Zahnbürsten
die **Zahnpasta**, auch: die Zahnpaste, die Zahnpasten
das **Zahnweh**
die **Zange**, die Zangen
sich **zanken**, du zankst dich
das **Zäpfchen**
zapfen, du zapfst
der **Zapfen**
die **Zapfsäule**, die Zapfsäulen
zappeln, du zappelst
zapplig, auch: zappelig
zart
zärtlich
die **Zauberei**, die Zaubereien
der **Zauberer**, auch: der Zaubrer
die **Zauberin**, die Zauberinnen auch: die Zaubrerin
zaubern, du zauberst
das **Zaumzeug**, die Zaumzeuge
der **Zaun**, die Zäune

Ze

das **Zebra**, die Zebras
der **Zebrastreifen**
die **Zecke**, die Zecken
der **Zeh**, auch: die Zehe, die Zehen
die **Zehenspitze**, die Zehenspitzen
zehn, zehnmal
das **Zeichen**
der **Zeichenblock**, die Zeichenblocks, auch: die Zeichenblöcke
zeichnen, du zeichnest
die **Zeichnung**, die Zeichnungen
der **Zeigefinger**
zeigen, du zeigst
die **Zeile**, die Zeilen
die **Zeit**, die Zeiten
zeitig
die **Zeitmaschine**, die Zeitmaschinen
die **Zeitschrift**, die Zeitschriften
die **Zeitung**, die Zeitungen
der **Zeitvertreib**, die Zeitvertreibe
das **Zeitwort**, die Zeitwörter
die **Zelle**, die Zellen
das **Zelt**, die Zelte
zelten, du zeltest
der **Zement**
zensieren, du zensierst
die **Zensur**, die Zensuren
der **Zentimeter** (cm)
der **Zentner**
zentral
die **Zentrale**, die Zentralen
zerbrechen, du zerbrichst, sie zerbrach, er hat zerbrochen
zerfetzt

A B C D E F G H I J K L M N O P Q R S T U V W X Y Z

zerknirscht
zerknüllt
zerkratzt
zerquetschen, du zerquetschst
zerreißen, du zerreißt, er zerriss, sie hat zerrissen
zerren, du zerrst
die **Zerrung**, die Zerrungen
zerschmettern, du zerschmetterst
zerstören, du zerstörst
die **Zerstörung**, die Zerstörungen
zerstritten
zerzaust
zetern, du zeterst
der **Zettel**
der **Zeuge**, die Zeugen
die **Zeugin**, die Zeuginnen
das **Zeugnis**, die Zeugnisse

Zi

der **Zickzack**
die **Ziege**, die Ziegen
der **Ziegel**
ziehen, du ziehst, sie zog, er hat gezogen
das **Ziel**, die Ziele
zielen, du zielst
zielstrebig
ziemlich
sich **zieren**, du zierst dich
zierlich
die **Ziffer**, die Ziffern
die **Zigarette**, die Zigaretten
die **Zigarre**, die Zigarren
der **Zigeuner** (Sinti und Roma)
die **Zigeunerin**, die Zigeunerinnen
das **Zimmer**
zimperlich
der **Zimt**
das **Zinn**
der **Zins**, die Zinsen
der **Zipfel**
die **Zipfelmütze**, die Zipfelmützen
zirka, auch: circa
der **Zirkel**
der **Zirkus**, die Zirkusse, auch: der Circus
zirpen, es zirpt
zischen, du zischst
die **Zitrone**, die Zitronen
zittern, du zitterst
zittrig, auch: zitterig
die **Zitze**, die Zitzen
zivil
die **Zivilisation**, die Zivilisationen

Zo

der **Zoff**
zögern, du zögerst
der **Zoll**, die Zölle
der **Zollstock**, die Zollstöcke
die **Zone**, die Zonen
der **Zoo**, die Zoos
der **Zopf**, die Zöpfe
der **Zorn**
zornig
zottlig, auch: zottelig

Zu

zu
zuallererst
das **Zubehör**
zubereiten, du bereitest zu
züchten, du züchtest
zucken, du zuckst
der **Zucker**
der **Zuckerzusatz**
die **Zudecke**, die Zudecken

Zitrone

zudecken, du deckst zu
zueinander
zu Ende
zuerst
die **Zufahrt**, die Zufahrten
der **Zufall**, die Zufälle
zufällig
die **Zuflucht**
zufrieden
zufrieren, es friert zu, es fror zu, es ist zugefroren
der **Zug**, die Züge
die **Zugabe**, die Zugaben
die **Zugbrücke**, die Zugbrücken
zugeben, du gibst zu, er gab zu, sie hat zugegeben
der **Zügel**
zugig
zügig
zugleich
zu Haus, auch: zuhaus, auch: zu Hause
zuhören, du hörst zu
der **Zuhörer**
die **Zuhörerin**, die Zuhörerinnen
die **Zukunft**
zukünftig
zuletzt
zuliebe
zum (zu dem)
zumachen, du machst zu
zum Beispiel, Abkürzung: z. B.
zumeist
zumindest
zumuten, du mutest zu
zunächst
der **Zuname**, die Zunamen
zünden, du zündest
das **Zündholz**, die Zündhölzer
die **Zuneigung**
die **Zunge**, die Zungen
zunichte
zupfen, du zupfst
zur (zu der)
zurück
zurückgehen, du gehst zurück, sie ging zurück, er ist zurückgegangen
zurückhaltend
zurückkommen, du kommst zurück, er kam zurück, sie ist zurückgekommen
zusammen
der **Zusammenhang**, die Zusammenhänge
zusätzlich
zuschauen, du schaust zu
der **Zuschauer**
die **Zuschauerin**, die Zuschauerinnen
zuständig
die **Zutat**, die Zutaten
zutiefst

A B C D E F G H I J K L M N O P Q R S T U V W X Y Z

A B C D E F G H I J K L M N O P Q R S T U V W X Y Z

das **Zutrauen**
zutraulich
der **Zutritt**
zuverlässig
die **Zuverlässigkeit**
zuversichtlich
zu viel
zuvor
zuwenden, du wendest dich zu
die **Zuwendung**, die Zuwendungen
zu wenig
zuwider

Zw

der **Zwang**, die Zwänge
zwanglos
sich **zwängen**, du zwängst dich
zwanzig
zwar
der **Zweck**, die Zwecke
zwecklos
zweckmäßig
zwei, zweimal
zweierlei
zweifach
der **Zweifel**
zweifellos
zweifeln, du zweifelst
der **Zweig**, die Zweige
das **Zwerchfell**, die Zwerchfelle
der **Zwerg**, die Zwerge
der **Zwerghase**, die Zerghasen
die **Zwetsche**, die Zwetschen, auch: die Zwetschge oder: die Zwetschke
der **Zwetschgenkuchen**
zwicken, du zwickst
der **Zwieback**, die Zwiebacke, auch: die Zwiebäcke
die **Zwiebel**, die Zwiebeln
die **Zwiebelschale**, die Zwiebelschalen
der **Zwilling**, die Zwillinge
zwingen, du zwingst, er zwang, sie hat gezwungen
zwinkern, du zwinkerst
der **Zwirn**, die Zwirne
zwischen
zwischendurch
der **Zwischenfall**, die Zwischenfälle
der **Zwischenraum**, die Zwischenräume
das **Zwitschern**
zwitschern, er zwitschert
zwölf, zwölfmal

Zy

der **Zyklus**, die Zyklen
der **Zylinder**

Zwerg

Schwierige Wörter schwer zu finden

Wörter aus anderen Sprachen sind manchmal schwer zu finden.
Denn sie werden oft anders ausgesprochen, als man sie schreibt. Schau hier nach!

A

äids	das	Aids
ährbäg	der	Airbag
äktschn	die	Action
aut		out

B

bäbi	das	Baby
baggi	der	Buggy
bänd	die	Band
bandschidschamping	das	Bungee-Jumping
battn	der	Button
beesch		beige
blamaasche	die	Blamage
börger	der	Burger
brongse	die	Bronze
bungalo	der	Bungalow
butik	die	Boutique

D

diskdschockej	der	Diskjockey
dissplüi	das	Display
dschäs	der	Jazz
dschiins	die	Jeans
dschiip	der	Jeep
dschob	der	Job
dschoggen		joggen
dschouker	der	Joker
dschockej	der	Jockey

E

etaasche	die	Etage

F

faastfuud	das	Fastfood
fän	der	Fan
fänklub	der	Fanclub
fär		fair
faul	das	Foul
frissbi	das	Frisbee

G

gäg	der	Gag
gängster	der	Gangster
garaasche	die	Garage
goldmedallje	die	Goldmedaille
gräipfruut	die	Grapefruit

H

haadwär	die	Hardware
händi	das	Handy
häppi		happy
houmpäitsch	die	Homepage

I

iimäil	die	E-Mail
inleinskäits	die	Inlineskates
inschenjör	der	Ingenieur
inschenjörin	die	Ingenieurin
installatör	der	Installateur
installatörin	die	Installateurin
interwju	das	Interview
isi		easy

K

kaos	das	Chaos
kätschen		catchen
kauboi	der	Cowboy
kauntdaun	der	Countdown
kautsch	die	Couch
kiiboord	das	Keyboard
klaun	der	Clown
klike	die	Clique
komfor	der	Komfort
kornflejks	die	Cornflakes
körri	das	Curry
körriwurst	die	Currywurst
körser	der	Cursor
kroasoo	das	Croissant
kusäng	der	Cousin
kuul		cool
kuwär	das	Kuvert

L

laif		live
laifsendung	die	Livesendung
läptop	der	Laptop
longsche	die	Longe

M

mäikapp	das	Make-up
mäilbox	die	Mailbox
mäilen		mailen
maneesche	die	Manege
masaasche	die	Massage
mätsch	das	Match
mauntenbeik	das	Mountainbike
medallje	die	Medaille
mjusikel	das	Musical
montör	der	Monteur

N

noutbuk	das	Notebook

O

oupenär	das	Open Air

P

passaschiir	der	Passagier
pauer	die	Power
pauern		powern
pläibäck	das	Play-back
pläistäischn	die	Playstation
pommfrit	die	Pommes frites
püdschama	der	Pyjama
puul	der	Pool

R

rälli	die	Rallye
ränsch	die	Ranch
räpp	der	Rap
raschauer	die	Rushhour
refrää	der	Refrain
reportaasche	die	Reportage
restorang	das	Restaurant
rissaikling	das	Recycling
rulaade	die	Roulade

S

säif	der	Safe
sändwitsch	das	Sandwich
saund	der	Sound
schalusi	die	Jalousie
schampinjong	der	Champignon
schampuu	das	Shampoo
schelee	das	Gelee
scheniiren		genieren
schofför	der	Chauffeur
schongliiren		jonglieren
schoos	die	Chance
schurnalist	der	Journalist
schurnalistin	die	Journalistin
ssenter	das	Center
skäitbord	das	Skateboard
skänner	der	Scanner
slamm	der	Slum
softwär	die	Software
sooße	die	Sauce
sörfbrett	das	Surfbrett
sörfen		surfen
sörwiss	der	Service
spräi	der	Spray
sseinsfiktschn	die	Science-Fiction
ssingl	der	Single
stäik	das	Steak
stantgörl	das	Stuntgirl
stantmän	der	Stuntman
stjuart	der	Steward
stjuardess	die	Stewardess
ssuweniir	das	Souvenir
swettschört	das	Sweatshirt

T

tatuu	das	Tattoo
tekno	der	Techno
tiim	das	Team
tiinäidscher	der	Teenager
tiischört	das	T-Shirt
tjuner	der	Tuner
tokmaster	der	Talkmaster
tokmasterin	die	Talkmasterin
tokschou	die	Talkshow
toost	der	Toast
trämpen		trampen
träner	der	Trainer
tränerin	die	Trainerin
träniiren		trainieren
träning	das	Training
tschäken		checken
tschämpjen	der	Champion
tscharts	die	Charts
tschello	das	Cello
tschip	der	Chip

U

unfär		unfair

W

wokmän	der	Walkman
woltischiiren		voltigieren